크 로 스 미 디 어 시 대 의 출 판 비 즈 니 스 책은

진화한다

KB057093

크로스미디어시대의출판비즈니스 **책**은

진화한다

한 기 호 지 음

한국출판마케팅연구소

책은 진화한다

크로스미디어 시대의 출판 비즈니스

2008년 4월 30일   1판 1쇄 발행

지은이   한기호
펴낸곳   한국출판마케팅연구소
             출판등록 2000년 11월 6일 제10-2065호
             주소 121-818 서울시 마포구 동교동 184-17 경문사빌딩 4층
             전화 02-336-5675 팩스 02-337-5347
             이메일 kpm@kpm21.co.kr
             홈페이지 www.kpm21.co.kr

인쇄   예림인쇄
총판   ㈜송인서적 전화 02-491-2555 팩스 02-439-5088

ISBN 978-89-89420-52-1 03300

＊잘못 만들어진 책은 바꾸어 드립니다.

책이여 영원하라!

미래를 예측하려면 작게 생각하라, 단기적으로 생각하라, 모른다고 말하라, 덜 말하고 더 많이 경청하라, 는 글을 읽은 적이 있다. 그만큼 미래를 예측하는 일이 어렵다는 뜻이리라. 하지만 나는 이런 조언을 듣지 못했기에 엄청난 분량의 글을 써대며 책의 미래에 대해 무모한 예측을 일삼았다. 그래서인지 나는 저돌적인 운동가라는 낙인을 여러 차례 받았다. 잘 알지도 못하면서 책에 대한 애정만으로 마구 나서는 사람이라는 말도 들었다.

하지만 출판계에 종사하는 사람이면 누구나 미래를 내다보려 애쓴다. 당장의 트렌드를 읽는 일부터 3년 뒤, 5년 뒤의 시장흐름이 어떻게 흘러 갈 것인지에 촉각을 곤두세운다. 회사 안에서건 밖에서건 서너 명 이상만 모여도 인간의 욕망이 어떻게 바뀔지 서로 추측하기 바쁘다. 나도 요즘은 사후약방문식 예측이 아니라 연초에 한 해 트렌드를 먼저 선정한 다음 연말에 그에 대한 평가를 해보려고 노력한다.

한 해를 예측하는 일은 사실 피가 마른다. 혹여나 잘못 진단하면 하루 아침에 전문가라는 문패를 접어야 한다. 게다가 시장 흐름도 유동적이다. 유통시장의 집중화가 극심해지면서 출판시장은 철저하게 자본의 힘으로 움직이고 있다. 돈과 이익이라는 힘의 논리에 따라 책의 진열이 바뀌는 한국의 서점에서는 책의 흐름을 도통 읽어낼 수가 없다. 오죽하면 작년 연말에는 일본의 대형서점을 돌아다니다 2008년의 키워드로 '선택과 집중'을 찾아냈을까? 그 단어를 찾아내고 지친 다리에 생기가 돋았던 경험이 새롭다.

내가 그나마 출판계에서 전문가 소리를 듣게 된 것은 공격적으로 목청껏 내지른 소리가 어느 정도 맞아떨어졌기 때문인 듯하다. 2000년 전자책 열풍 때도 그랬다. 전자책이 곧 종이책을 대체할 것이라는 말이 나돌자 너나없이 이 '새로운 물건'에 줄을 대지 못해 안달이었다. 한 전자책 회사 직원은 전세금에 형제들 돈까지 빌려 자기 회사에 투자를 했다고 한다. 그러고 나서 우리 회사는 1년 안에 10배의 투자효과를 창출할 것이라 주장했다는데 이것은 차라리 애교에 가깝다. 심지어 문명을 냉철하게 바라봐야 하는 원로 중진 작가들까지 빛바랜 종이 위에 놓여 있는 자신들의 소설들이 빛나는 디지털 공간으로 옮겨가면 떼돈을 벌 것이라 착각하는 사태마저 벌어졌다. 그 당시 우후죽순 등장했던 전자책 회사는 줄줄이 사라졌고 몇 회사가 그나마 명맥을 잇고 있지만 대단한 수익을 올렸다는 얘기는 아직 듣지 못했다. 오죽하면 국가의 세금에 목숨을 담보하는 세금산업이라 부를까?

인간복제를 이야기할 정도로 기술이 발전했고 대부분의 분야에서 기술이 상품을 만들어내지만 문화상품은 예외인 경우다. 문화시장에서는 인위적으로 사과를 만들어낼 수 없다. 사과가 열리게 하려면 사과나무가 성숙될 때까지 기다려야 한다. 그래서 우리는 앞으로도 계속 새로운

6

사과나무를 심어야 한다.

기술 발전으로 급속하게 변화한 부분도 있다. 빠르게 성장한 전자상거래가 대표적인 예다. 더군다나 우리는 전자상거래를 빨리 정착시키려고 온라인서점에 특혜를 주었다. 오프라인서점은 정가판매를 하게 하면서 온라인서점에는 엄청난 할인과 경품, 마일리지 등을 허용했으니 온라인서점의 급성장은 당연한 일이다. 하지만 온갖 특혜를 받으며 성장한 온라인서점으로 말미암아 책 시장은 결국 베스트셀러 중심의 기형적 시장으로 변해버렸다.

인터넷을 중심으로 다양한 커뮤니케이션 미디어가 등장해 세를 넓히면서 인간이 책을 찾는 이유가 달라지고 있다. 메신저나 문자, 미니홈피, 휴대전화, 블로그, 카페 등을 통해 사람들은 사소한 이야기를 쏟아놓는다. 인간관계의 중심에는 이제 개인이 우뚝 서 있다. 대중은 개인을 중심으로 일상적인 소소한 대화를 나누며 수많은 관계망을 형성해가고 있다. 그 개인을 우리는 개중이라 부른다. 개인과 대중을 합성한 이 단어는 오늘날 인간의 속성을 정확하게 꿰뚫는다. 따라서 개중의 욕망을 제대로 읽어야 시장성 있는 책을 펴낼 수 있을 것이다.

지금까지 새로운 기술은 출판업 종사자에게 희망보다는 불안을 안겨주었다. 출판사들의 불안감은 날로 커지고 있다. 이제 "『조선왕조실록』을 비롯한 온갖 사료와 선인들의 방대한 문집, 저 비할 데 없이 거창한 『사고전서四庫全書』까지 연구실에 앉아 컴퓨터로 읽고 검색할 수 있는 세상"이 되었다. 뿐만 아니라 『조선왕조실록』과 『사고전서』가 CD에 담겨 여기저기 떠돌아다닌다. 『사고전서』는 정품 가격이 한때 3,000만 원을 호가했지만 지금은 주변의 도움을 받으면 무료로 컴퓨터에 깔아 활용할 수 있다. 이렇게 인류가 생산한 '모든' 지식이 데이터베이스화될지도 모르는 환경에서 과연 출판업은 살아남을 수 있을까, 라고 회의하는 것은 당연하다.

하지만 희망이 없는 것은 아니다. 일본의 이와나미쇼텐은 올해 초에 국어대사전인『고지엔廣辭苑』6판의 종이책과 DVD-ROM판 전자사전을 동시에 내놓았다. 또『고지엔』의 휴대전화 사이트판을 2001년부터 운영하고 있다. 이 사이트에 접속하려면 매달 기본요금 105엔을 내야 하는데 회원수가 수십만 명에 달한다고 한다.『고지엔』은 인문학의 위기로 고난을 겪고 있는 이와나미의 젖줄이 되고 있다. 전자시대의 도래만 믿고 포털사이트에 국어사전을 싼값에 넘겨준 우리와 비교되는 대목이다.

내가 기술의 발달로 말미암아 등장하는 새로운 책의 모습을 언급한 것은 이번이 처음이 아니다.『디지털과 종이책의 행복한 만남』『디지털 시대의 책 만들기』『한국출판의 활로, 바로 이것이다』『디지로그 시대 책의 행방』등에서 이미 '날 것'(아날로그)도 아니고 '익힌 것'(디지털)도 아닌 '삭힌 것'(새로운 아날로그, 즉 디지로그)을 찾아보고자 노력했다. 이번에 내놓는『책은 진화한다— 크로스미디어시대의 출판비즈니스』는 그 작업의 중간결산이라 할 수 있다. 나는 이제 책의 종말론이라는 공포감에서 놓여났으며, 새 시대에 부합하는 새로운 책을 펴내기만 한다면 책의 가능성은 여전하다는 인식이 형성됐다고 본다. 또 출판업이 어떤 방향으로 나아가야 할지에 대해 이 책이 몇 가지 시사점을 던져줄 것이라고 믿는다.

그렇다면 '새로운 책'은 어떤 형태로 우리에게 다가왔을까? 지금까지 확인된 바는 책이 시장에서 살아남기 위한 거의 '유일한' 해결책은 스토리텔링이라는 점이다. 따라서 1부에서는 미래 책 시장의 가능성으로 등장한 스토리텔링의 구체적인 모습을 살펴본다. 과거에는 도저히 공존할 수 없을 것 같았던 사실적 상상력fact과 허구적 상상력fiction은 이제 책이라는 사각의 장ground에서 찰떡처럼 결합되고 있다. 그것이 바로 팩션faction이다. 사실보다 상상력을 중시하는 팩션적 글쓰기는 소설뿐만 아니라 거의 모든 분야에서 나타나고 있다. 팩션이 출현한 이유를 짚어보면 오늘날 시장에서 통하는 스토리텔링의 전모를 구체적으로 살펴볼 수 있을 것이다.

오늘날 거의 모든 텍스트는 처음부터 디지털 데이터로 생산된다. 이것이 종이책으로 출간되거나 영상, 모바일, 인터넷, 게임, 애니메이션 등과 결합하면서 새로운 시장을 열어가고 있다. 세계 출판계는 모든 미디어가 결합되는 크로스미디어 전략을 세우기 시작했다. 이 전략의 확대에 결정적으로 기여한 것은 휴대전화다. 이처럼 휴대전화로 촉발된 크로스미디어 전략은 종이와 펜이 아닌 마우스와 스크린에 익숙한 젊은 세대를 책으로 끌어들이는 데 중요한 역할을 할 것이다.

2부에서는 책을 만드는 구체적 방법론을 알아보았다. 검색이라는 읽기, 엄지손가락으로 누르는 글쓰기, 블로그의 활용 등은 책의 모습을 바꾸고 있다. 나아가 책의 세계는 기존의 편집 개념을 뛰어넘는 '초편집'의 자세를 요구하고 있다. 초편집이 이루어지려면 정보를 교환하는 정보네트워크의 구축과 내부 인재가 아닌 리소스를 철저하게 활용하는, 오픈마인드를 지향하는 패러다임 수용과 실천이 필수적이다. 〈위키피디아〉는 그렇게 자발적으로 움직이는 엄청난 숫자의 인간을 조직적으로 동원한 초편집으로 만든 새로운 유형의 백과사전이다. 하워드 라인골드는 인터넷이나 휴대전화를 이용하여 집단적인 행동을 하려드는 사람을 참여군중이라 불렀는데 이런 '참여군중'을 잘 활용하면 〈위키피디아〉 같은 방대한 책도 쉽게 만들 수 있다. 라디오 방송에서 실시간으로 청취자의 휴대전화 문자를 받아 프로그램을 진행하는 것과 비슷한 방식이다. 이것은 책을 만드는 환경이 혁명적으로 바뀌었음을 뜻한다. 베스트셀러를 만드는 데 가장 강력한 힘을 발휘하는 이가 알파블로거라는 말이 나온다. 필자 고르기에서부터 마케팅까지 책 만들기 과정의 대부분이 블로그에서 이루어지고 있을 정도로 편집자의 블로그 활용은 일상이 되었다. 2부에서는 이 밖에도 제목, 머리말, 띠지, 손글씨 등 책 만들기에서 중요하게 등장한 영역에 대해서 다뤘다.

정보화사회와 정보문명이라는 용어를 세계 최초로 발표한 바 있는 우메사오 다다오梅棹忠夫는 문명을 "인간을 둘러싸는 장치계와 제도계, 그리고 인간이 만드는 체제"로 정의했다. "장치계는 정보통신, 교통 같은 사회적 인프라를 포함하고, 제도계는 장치계를 운영하는 소프트웨어, 법률, 언어를 가리킨다. 두 계통을 시스템으로 제어하는 인간은 둘을 통합하는 가치체계로서 문화를 창출했다. 이런 관점에서 정보화를 생각하면 현재로서는 제도계가 장치계의 발전 속도를 따라잡지 못함을 알 수"(우메사오 다다오 외, 『IT는 인간을 행복하게 만드는가』, 한국출판마케팅연구소) 있다고 한다. 지금 출판시장을 변화시키는 또 다른 '주범'은 온라인 유통으로 대표되는 시스템의 변화다. 즉 우메사오가 말하는 제도계다. 그러나 우리 출판시장은 아직까지 그런 합리적 시스템을 만들어내지 못했다. 3부에서는 사재기로 베스트셀러를 만들 만큼 머니게임이 심각한, 아직도 생존권적인 단말마를 외쳐야 하는 출판시스템의 모습을 정리해보았다. 또 시니어출판의 가능성과 프로젝트 리더형 기획의 중요성도 함께 다뤘다.

4부에서는 최근 출판시장의 흐름을 살펴보았다. 너무 시의적인 글이라 책에 담기에는 조금 부족해보이지만 그것 또한 출판시장의 한 역사가 될 것이라는 생각에 포함시켰다.

여기 실린 글들은 〈기획회의〉를 비롯한 잡지에 그때그때 쓴 글이다. 처음부터 하나의 체계를 세워 쓴 글이 아니기에 산만해 보이는 것이 사실이다. 또 부분적으로 중복되는 내용이 없지 않다. 이번에 책을 펴내면서 다시 한 번 읽어보니 자기복제가 심하다는 사실을 절감했다. 검토하는 과정에서 최대한 걸러내려 애썼지만 논지의 틀이 크게 흔들리는 경우에는 그대로 두었다. 이점을 널리 이해해주셨으면 한다.

2008년 9월 14일은 연구소가 문을 연 지 만 10년이 되는 날이다. 내년 2월 5일은 〈기획회의〉가 창간 10주년을 맞이한다. 이 책은 내가 출판에 대해 쓴 열 번째 책이다. 늘 그랬듯이 결손투성이의 책을 또 한 번 세상에 내놓는 것에 두려움이 없지 않다. 그러나 책의 미래를 고민하는 사람들에게 어느 정도 위안과 자신감을 안겨줄 수도 있으리라 기대해본다. 이 책의 부족함은 독자들이 스스로 채울 수 있기를 바란다.

마지막으로 늘 어려운 살림에도 열심히 일해 준 김지영 부장 이하 연구소 식구들에게 고맙다는 말을 전하고자 한다.

2008년 춘 3월에 한기호

1부●정보의 시대에서 이야기의 시대로

21세기의 키워드, 스토리텔링

인터넷이 일반화된 이후 역설적으로 중요해진 것은 글쓰기 능력이다. 이제 글쓰기는 '그들만의 것'이 아니라 인터넷 문화, 대중문화, 비즈니스 등에서 필요한 '우리들의 것'이다. 글쓰기야말로 한 개인의 경쟁력이자 문화지수를 높여주는 중요한 척도다. 휴대전화로 문자를 보내거나 이메일을 보내거나 블로그를 운영하거나 일상에서 무엇인가를 써야 하는 행위는 갈수록 늘어나고 있다. 글쓰기야말로 디지털 시대의 생존전략이 된 것이다.

스토리텔링은 책이 살아남을 수 있는 최선의 해결책

오늘날 학자나 저널리스트가 아닌 평범한 개인이 전문적인 분야의 글을 써서 하루아침에 스타가 되는 사회적 패러다임의 변화도 일어났다. 출판사 기획자들도 평범한 개인이 운영하는 블로그를 뒤져 맞춤한 필자를 찾기에 혈안이 되어 있다. 하지만 한 분야의 전문가라 해도 글 쓰는 능력까지 갖춘 경우는 많지 않다. 그래서 전문가의 이미지만 빌리고 글은 전문 집필집단이 대신 써주는 '스타마케팅'으로 책을 만들기도 한다. 그러나 스타가 된 저자가 얻는 명성이나 이익에 비해 실제로 일을 한 사람이 얻는 열매는 너무나 초라할 수 있다. 이런 풍토에 회의를 느낀 사람들이 양심선언 비슷하게 실체를 공개해서 문제가 되기도 한다. 블로그 같은 1인 미디어가 갈수록 위력을 발휘하고 있어 이제 마음만 먹으면 언제든 양심선언을 할 수 있는 환경이 조성됐기 때문이다.

1987년 출판자유화조치 이후 출판시장의 확대와 함께 밀리언셀러가 해마다 몇 종씩 등장하던 1990년대 초반부터 강조된 것이 기획출판이다. 타이밍, 타이틀, 타깃을 중시하는 3T 전략이 등장하고, 원고소개에서 광고전략까지 토털시스템을 판매하는 이너서클(편집자, 영업자, 작가, 카피라이터 등으로 구성)의 존재가 언론에 소개되기도 했다. 언제부턴가 출판마케팅을 광고드라이브, 언론플레이, 사재기, 밀어내기 등 매우 부정적인 행위로 인식하게 된 것도 사실이다.

1990년대 이후 이너서클이 '조작'한 소설이 몇 백만 부나 팔리며 독서계를 강타하는 일이 연이어 터졌다. 출판계 속설로 밀리언셀러는 한 번 만들면 망하고 세 번은 만들어야 안심이라는 이야기도 나왔다. 그 말의 이면에는 로또 당첨과 다름없는 밀리언셀러가 실제로는 출판사에 독이 될 수도 있다는 의식이 깔려있다. 무리해서 밀리언셀러를 만들 수는 있으나 그렇게 만들어봤자 이익을 내기 힘든데다 한번 단맛을 본 사람들이 계속해서 밀리언셀러를 바라다 결국 주저앉는 일도 적지 않았다.

예나 지금이나 절차나 과정은 무시하고 많이 팔았다는 결과만 중시하는 것이 사실이다. 그러나 세상이 바뀌고 있다. 이제는 출판사나 저자나 '도덕적 치명상'을 입으면 다시 회복하기 어려운 처지로 전락하고 만다. 이런 도박을 하지 않으려면 책의 경쟁력을 키워야 한다.

책의 경쟁력을 키우는 방법 가운데 가장 중요한 것이 책의 이야기성이다. 스토리텔링은 이제 책이 살아남을 수 있는 최선의 해결책으로 인식된다. 이야기성이 없는 책으로는 대박을 꿈꾸기 어렵다. 사실 이야기성은 출판뿐 아니라 모든 분야에서 소비자에게 감동을 선사하고 제품을 인지시키는 능력으로 비즈니스의 중심에 우뚝 서게 되었다. 그만큼 출판시장에서 '이야기'는 대세다. 아동서는 지난 세기말부터 이야기의 힘을 강하게 받았지만 최근에는 그 힘이 출판 전 분야로 확산된 듯 보인다. 우화 형식의 자기계발서가 베스트셀러 상위를 점령한 것이 대표적인 사례다. 또한 외국의 우화를 놓고 거액의 로열티 경쟁을 벌이는가 하면 '한국형' 우화도 속속 등장하고 있다.

마케팅에서도 스토리텔링은 필연적

고용자를 위해 일하는 것이 아니라 스스로를 위해 일하는 사람을 뜻하는 '프리에이전트'의 시대가 왔음을 알린 세계적인 석학 다니엘 핑크는 『새로운 미래가 온다』(한국경제신문)에서 지난 반세기가 정보와 지식이 세계경제의 원동력이었던 정보화 시대였다면, 21세기는 개념과 감성이 강조되는 하이컨셉high-concept, 하이터치high-touch 시대라고 말한다. 정보화 사회에서는 지식근로자가 중심이었지만 21세기에는 하이컨셉 또는 하이터치 재능을 지닌 사람이 각광을 받는다.

하이컨셉은 "패턴과 기회를 감지하고, 예술적 미와 감정의 아름다움을 창조하며, 훌륭한 이야기를 창출하고, 언뜻 관계없어 보이는 아이디어를 결합해 뭔가 새로운 것을 창조하는 능력"과 관계가 있다. 하이터치는 "다른 사람과 공감하고, 미묘한 인간관계를 잘 다루며, 자신과 다른 사람의 즐거움을 유도하고, 목적과 의미를 발견해 이를 추구하는 능력"과 관련 있다.

따라서 21세기 인재가 갖춰야 할 조건으로 디자인, 스토리, 조화, 공감, 놀이, 의미 등을 꼽는다. 이 가운데 스토리는 정보·지식·문맥·감정 등을 하나의 치밀한 패키지로 압축한다. 요약하고, 문맥을 만들고, 감정에 호소하는 이 같은 능력은 하이컨셉트 시대에 꼭 필요한 조건이다. 로버트 맥키라는 시나리오 작가의 강의에는 영화와 관련 없는 기업의 임원과 마케팅 담당자가 찾아온다.

이제 기업들은 스토리텔링이 큰돈이 된다는 사실을 분명하게 인식하고 있다. 마케팅에서도 스토리텔링은 필연적이다. 소비자는 "대학이나 기업체의 조직처럼 각 영역이 단절된 채 살아가지 않는다. 그보다는 오히려 마음, 뇌, 신체, 외부환경이 유동적이고 역동적인 방식으로 상호작용함으로써"(제럴드 잘트먼, 『How Customers Think』, 21세기북스) 경험을 구성한다. 그런 소비자에게 브랜드는 스토리텔링으로 각인된다. 과거에는 소비자의 '뇌'(이성)만 설득하면 그만이었지만 지금은 몸(신체)과 마음까지 움직여야 한다. 몸과 마음은 곧 감성을 뜻한다. 소비자의 이성뿐 아니라 감성까지 움직이려면 외부환경, 곧 사회적 트렌드에 잘 맞아떨어져야 하는 것이다.

노스웨스턴 대학의 심리학자 시드니 레비Sidney J. Levy는 "이야기의 공급과 소비가 마케팅활동의 대부분을 차지한다. 이 사실은 너무 일반적이고 널리 퍼져서 주목받지 못할 정도이다. 아니, 너무 뚜렷하게 부각되어 있어 모든 경험 속에 스며들어 있다. 이야기는 사기도 하고 팔리기도 하며 교환의 매개수단이 되기도 한다. 또한 이야기는 다른 모든 상품과 서비스의 전달수단"(앞의 책에서 재인용)이라고 했다.

일과 놀이가 결합된 스토리텔링 책들이 인기

출판계에서도 스토리텔링의 중요성을 꽤 오래전부터 인식하고 있었다. 지식책은 지식을 단순하게 나열하는 것이 아니라 이야기라는 큰 실에 지식을 꿰는 방식으로 진행된다. 이를테면, 인체를 설명하는 지식책 『구석구석 인체탐험』(닉 아놀드, 김영사)은 사형장에서 토막 내 훔쳐온 시체 조각을 다시 결합하는 과정을 통해 신체의 각 부분을 소개한다. 『신기한 스쿨버스』(조애너 콜, 비룡소)는 스쿨버스가 공중을 날거나, 땅속을 파고들고, 바다 속으로 들어가는 구조이다. 3권 '아널드, 버스를 삼키다' 편에서는 아이들을 태우고 사람 몸을 전시하는 박물관으로 가던 스쿨버스가 갑자기 작아지더니 과자 봉지 속으로 들어간다. 주인공 아널드가 과자를 삼키자 스쿨버스는 그의 위장을 지나 혈관으로 들어가 심장, 허파, 뇌로 돌아다니며 인체 속을 여행한다. 이 과정에서 아이들은 인체가 음식물을 에너지로 바꾸는 과정과 신체의 기능을 배운다.

『로빈슨 크루소 따라잡기』(박상준 외, 뜨인돌)는 비행기 사고로 무인도에 떨어진 노빈손의 생존기다. 『로빈슨 크루소 따라잡기』가 '성공'하자 뜨인돌은 이 책을 시리즈화했다. 이 시리즈는 수십 권이 출간되며 지금까지 장안의 지가를 높이고 있다. 이와 비슷한 개념의 만화 시리즈는 아이세움의 '살아남기'다. 스토리만화는 시리즈의 권수가 추가될 때마다 초판만 수십만 부씩 제작하기도 한다. 몇몇 시리즈는 이미 1,000만 부대의 판매를 기록하고 있다.

이 책들은 '놀이'의 틀을 동원하고 있다는 공통점을 갖는다. 컴퓨터를 통해 일과 놀이가 결합하는 현상이 빈번해지고 있다. 지금 놀이는 "무한한 가능성이자 보편적 가치이며 기타 등등으로서 과거처럼 일의 대립어가 아니라 그 일(을 해서든 못해서든 많이 해서든 적게 해서든)의 문제를 구원해줄 해결사로 부활"(김종휘, 『29개의 키워드로 읽는 한국문화의 지형도』, 한국출판마케팅연구)하고 있는 중이다. 따라서 책 또한 일(공부)과 놀이(엔터테인먼트)가 결합된 스토리텔링이 확실해야 한다.

나는 이 책들의 성공 이유를 2000년에 출간한 졸저 『디지털과 종이책의 행복한 만남』(창해)에서 설명한 바 있다. 2001년에 펴낸 『디지털 시대의 책 만들기』(한국출판마케팅연구소)에서도 이야기성의 중요성을 여러 차례 역설했다. 내가 출판에서 스토리텔링이 중요해질 것임을 절감한 계기는 2002년 동아시아 출판인들이 모인 '출판의 미래' 심포지엄에서였다. 그날 발표자들이 한결같이 '모노가타리物語'를 '외치는' 통에 꿈에서까지 그 단어가 자꾸 떠올랐던 기억이 새삼스럽다.

출판시장에서 나타나는 스토리텔링의 열 가지 유형

그런데 스토리텔링의 중요성은 책에만 한정되지 않는다. 앞에서 다니얼 핑크가 말했듯이 스토리텔링은 모든 사람이 갖추어야 할 미덕이 되었다. 아이디어 컴퍼니인 사치&사치의 대표 케빈 로버츠는 『sisomo-sight, sound, motion이 세상을 움직인다』(서돌)에서 이야기의 중요성을 다음과 같이 천명한다.

21세기에 들어서면서 이야기의 지위가 변화하기 시작했다. 사람들에게 감동을 선사하고 소비자와 연결시키는 능력으로 이야기는 비즈니스의 중심에 우뚝 서게 되었다. 또한 이야기에 새로운 역할이 부여되기 시작했다. 소비자의 호감을 이끌어내면서 신제품을 알리고 차별화시키는 것이다. 이제 이야기는 기업들이 비즈니스에 감성을 불어넣고자 할 때 기폭제 역할을 맡게 되었다.

케빈 로버츠가 말하는 이야기의 근거지는 '스크린'이다. 어쨌든 그는 이야기가 정보의 홍수를 헤쳐 나가는 방법이라고 말한다. 롤프 젠슨은 『꿈의 사회Dream Society』에서 "다음 반세기의 최고 고소득자는 바로 스토리텔러가 될 것이다. 제품의 가치는 그들이 들려주는 이야기에 의해 좌우될 것이기 때문"이라고 했다. 그렇다면 정보의 홍수 시대에 이야기는 어떤 장점을 가질까? 케빈 로버츠는 정보와 이야기를 표 하나로 명쾌하게 비교했다.(표1 참조)

이 표를 보는 순간 나는 출판시장에서 이야기가 어떤 방식으로 표출되는지 생각해보았다. 마침 한 대학 연구소에서 주최한 '문화산업시대의 베스트셀러'라는 심포지엄의 기조강연을 맡았기에 서둘러 이 표를 참고해서 열 가지로 정리했다.

1. 독자를 가르치는 것이 아니라 움직이게 해야 한다

인간은 제목 하나로 수많은 상상을 한다. 그것은 일종의 '영상서사'로 볼 수 있다. 『블루오션전략』(김위찬, 교보문고), 『인생을 두 배로 사는 아침형 인간』(사이쇼 히로시, 한스미디어), 『마시멜로 이야기』(호아킴 데 포사다 외, 한국경제신문) 등은 제목 자체가 하나의 이야기가 된다. 15초짜리 광

표1_ 정보와 이야기의 차이

정보	이야기
당신을 가르치는	당신을 움직이는
사실	행동
인용하는	흥미로운
문서로 나타내는	꿈으로 나타내는
정적靜的인	극적劇的인
체크리스트를 만들다	배역을 설정하다
작성하다	몰입하다
주석註釋을 달다	움직이게 하다
머리를 채우는	가슴을 채우는
도표	우화
만기滿期	생기

고 하나에 한 편의 드라마가 담고 있는 이야기를 담아내듯이 말이다.

경쟁자가 없는 새로운 시장을 뜻하는 '블루오션'과 피 터지는 경쟁을 해야 하는 '레드오션'의 선명한 대비만으로도 인간은 수많은 상상을 하게 된다. 사실 틈새시장을 뜻하는 니치마켓과 블루오션은 그리 큰 차이가 나지 않는다. 하지만 블루오션이란 감성적인 단어를 창출함으로써 『블루오션전략』은 80만 부가 넘게 팔려나간 셈이다.

일본에서는 2003년에 『바보의 벽』(요로 다케시)이 종합 베스트셀러 1위에 오르면서 구어체 문장이 아니면 책이 팔리지 않는다는 말까지 나왔다. 이 책은 방송이나 강연에서 저자가 이야기한 내용을 정리한 것이다. 『국가의 품격』(후지와라 마사히코)은 처음부터 책으로 펴낼 생각을 하고 강연을 두 차례 기획했다. 제목의 힘이 강렬한 이 책들은 신초샤의 한 기획자가 만들었는데 모두 출간된 해에 베스트셀러 1위에 올랐으며,

두 책 합해서 700만 부나 팔렸다. 이 책들의 성공 이후 일본에서는 편집자는 원고를 잘 받아내는 것 이상으로 저자가 말을 잘하게 하는 '북 앵커' 능력을 갖추고 있어야 한다는 말까지 나왔다.

구어체 문장은 '이론'이 아닌 강한 인상을 주는 팩트(사람, 사물, 사건)를 제시함으로써 감정교감이 잘 이뤄지는 장점이 있다. "50년 동안 한판에서 계속 삼겹살을 구워먹어서 판이 새까맣게 됐습니다. 이제 삼겹살 판을 갈아야 합니다" 등의 발언으로 17대 총선에서 화제를 끈 '노회찬식 어법'이 대표적인 예다.

2. 단순사실이 아닌 행동의 방향을 제시해야 한다

1990년대 중반에 이미 수백만 권이 팔려나간 『마음을 열어주는 101가지 이야기』(잭 캔필드, 이레)와 2005년 종합베스트셀러 1위에 오른 『살아 있는 동안 꼭 해야 할 49가지』(탄줘잉 편저, 위즈덤하우스)는 비록 시차를 두고 출간됐지만 '밀리언셀러가 된 감동서'라는 공통점이 있다. 그렇다면 결정적 차이는? 후자에는 '액션'이 들어 있다. 앞의 책이 단순하게 감동적인 이야기를 나열했다면 뒤의 책은 '사랑에 송두리째 걸어보기' '소중한 친구 만들기' '은사님 찾아뵙기' '부모님 발 닦아드리기' 등의 차례에서 알 수 있듯이 인간의 행동을 촉구하고 있다.

어디 그뿐인가? 『누가 내 치즈를 옮겼을까?』(스펜서 존슨, 진명출판사), 『단순하게 살아라』(로타르 J. 자이베르트 외, 김영사), 『화』(틱낫한, 명진출판사), 『바보들은 항상 결심만 한다』(팻 맥라건, 예문), 『인생을 두 배로 사는 아침형 인간』 등 대형 베스트셀러가 된 자기계발서에는 따라하기만 하면 문제가 모두 해결될 것처럼 말하는 실천매뉴얼이 어김없이 포함돼 있다. 『부자 아빠 가난한 아빠』(로버트 기요사키 외, 황금가지)는 아예 실전편을 따로 펴내기도 했다. 오늘날 학술서들은 실용성을 가미하지 않으면 팔리지 않는다고 하는데 이것 또한 같은 흐름으로 볼 수 있다.

3. 메시지가 명확해야 한다

책의 제목은 전보문과 같아야 한다. 전보는 가능한 한 적은 글자 수로 전하고자 하는 뜻을 명확하게 드러내야 한다. 이처럼 책 제목은 핵심내용, 컨셉트, 헤드카피가 조화를 이루되 짧을수록 좋다. 내용 또한 개인의 기호에 맞으면서 가슴을 움직이고, 감정을 자극할 수 있어야 한다. 『여자 생활 백서』(안은영, 해냄)는 '나쁜 남자를 유혹하라' '첫 섹스를 기억하라' '예쁘고 성능 좋은 콘돔을 상비하라' '다리털만 밀지 말고 다른 털도 관리하라' 같은 명쾌한 80가지 지침을 요약적으로 제시해 20대 여성들로부터 '공감'을 얻었다.

4. 극적인 구조가 있어야 한다

시골의사 박경철의 책들이 뜨는 이유는 무엇일까? 인터넷에서 쉽게 얻을 수 있는 정보가 아닌 특수한 정보를 갖고 있는 아주 특별한 전문가로 인식되기 때문은 아닐까? 이에 대해 일본의 출판전문지 〈편집회의〉(2006.1)는 "경영 컨설턴트와 의사, 점술사, 은행가 등 비밀을 지킬 의무가 있는 직업은 신비성이 있을 뿐 아니라 그들의 클라이언트 가운데 거물이 있다거나 하는 풍부한 에피소드를 가지고 있다. 연예인들이 모이는 미용실이나 성형외과, 연예인을 상대로 하는 골프장의 캐디들은 드라마적 요소를 많이 갖고 있을 것이다. 전문가가 책을 펴낸다면 프로의 지식을 살린 비즈니스서가 주를 이루었는데, 여기에 사실을 기초로 한 휴먼 드라마와 스토리를 담은 책이 등장했다. 프로 코치가 실화를 바탕으로 감동적인 스토리를 엮은 『거울의 법칙』과 유품정리의 프로가 쓴 논픽션인 『유품정리가는 보았다』, OL이 쓴 『Endless world』 등이 화제를 모으는 것도 리얼리티가 지닌 드라마성이 독자에게 받아들여지는 것"이라고 분석했다.

5. 배역(캐릭터)이 확실해야 한다

『마시멜로 이야기』의 마시멜로와 『피라니아 이야기』(호아킴 데 포사다, 시공사)의 피라니아는 상징성이 극명하다. 자기계발서에는 이처럼 상징적인 캐릭터가 등장한다. 두 책은 과자와 물고기가 주인공이지만 주로 동물이 등장한다. 『청소부 밥』(레이 힐버트 외, 위즈덤하우스)의 밥 아저씨, 『밀리언 달러 티켓』(리처드 파크 코독, 마젤란)의 백만장자 마이클, 『마시멜로 이야기』의 CEO 조나단, 『배려』(한상복, 위즈덤하우스)의 회사고문, 『핑』(스튜어트 에이버리 골드, 웅진윙스)의 부엉이같이 잘 팔리는 자기계발서에는 확실한 멘토가 등장한다. 『마법천자문』(시리얼 외, 아울북) 같은 스토리만화에는 캐릭터가 등장한다. '성공'한 캐릭터는 콜라보레이션(협업)의 원천이 된다.

6. 우화형식을 차용해야 한다

대중의 마음을 움직이고 감성을 자극하는 '이야기'는 책이 살아남을 최선의 길이다. 그 가운데에서도 극적인 성격이 강하고 주인공에 자신을 투사하고 몰입하기 가장 쉬운 이야기가 우화다. 우화의 사전적 정의는

"동물 또는 식물에 인간의 생활감정을 부여하여 사람과 꼭 같이 행동하게 함으로써 그들이 빚는 유머 속에 교훈을 나타내려고 하는 설화說話"다. 우화가 무엇인지 모르는 이는 없겠지만 여기에 다시 적는 이유는 2006년이 그야말로 성공우화의 시대였기 때문이다. 도표나 그래프, 각주로 설명하는 것은 이제 '시대착오적'이다. "인간의 약점을 풍자하고 처세의 길을 암시하려는" 우화는 이야기 시대의 꽃일 수밖에 없다.

7. 말하는 이의 신뢰감을 키워야 한다

과잉정보는 정보의 부재를 의미한다. 이제 대중은 신뢰할 수 있는 정보를 원한다. 과거에 대중이 신뢰했던 인물은 '영웅'이었다. 그러나 영상 시대에 대중은 '스타'를 신뢰한다.

스타의 한마디는 책의 판매를 좌우한다. 텔레비전 드라마〈내 이름은 김삼순〉에서 소개된 『모모』(미하엘 엔데, 비룡소)는 짧은 기간에 100만 부가 판매됐다. 파트리크 쥐스킨트의 『향수』(열린책들)는 1994년에 출간되어 22만 부가 팔렸지만, 영화로 만들어진다는 소식이 알려진 2006년 5월 이후 적극적인 마케팅으로 불과 몇 달 만에 22만 부를 넘어섰다. 영화화나 드라마화는 대중에게 접근하는 가장 빠른 지름길일 수 있다.

아동서적은 스테디셀러의 '아성'이 굳어진 탓도 있어 신간 런칭이 매우 어려워졌다. 이를 타개하기 위해 명망 있는 외국저자의 책을 놓고 과열경쟁이 벌어지는가 하면 국내 저자의 신간에 '권위'를 부여하기 위한 방편으로 문학상을 제정하는 데 열을 올렸다. 유망저자를 발굴하기 위한 아동문학상만 30여 개에 이르렀는데 이제 문학상마저 마케팅 수단으로 활용하는 셈이다.

8. 보편적인 감수성을 지녀야 한다

세계 출판시장은 하나로 통합되고 있다. 네트워크로 연결된 지금의 구조에서는 문화 확산 속도가 빠르다. 전 세계가 신자유주의체제에 편입됨에 따라 미국산 자기계발서가 거의 모든 나라에서 출간된다. 젊은 여성을 뜻하는 '칙chick'이란 단어와 문학literature의 앞부분 '릿lit'을 합친 신조어 '칙릿chicklit'은 "1990년대 중반 영국에서 등장한 이후에 미국과 아시아 그리고 동유럽으로 퍼졌는데, 미디어나 패션업계에 종사하는 도시 여성들의 성과 사랑 그리고 일을 수다 떨듯이 아주 가볍게 풀어간 소설"을 말한다. 칙릿 또한 전 세계에서 통한다. 『브리짓 존스의 일기』(헬렌 필딩, 문학사상사)의 런던, 『악마는 프라다를 입는다』(로렌 와이스버거, 문학동네)의 뉴욕, 『달콤한 나의 도시』(정이현, 문학과지성사)나 『스타일』(백영옥, 예담)의 서울에 사는 젊은 여성들은 매우 비슷한 생활을 한다. 따라서 『달콤한 나의 도시』 같은 소설이 『브리짓 존스의 일기』와 『악마는 프라다를 입는다』처럼 전 세계 시장을 휩쓸 수 있다면 우리 출판도 기지개를 펼 수 있을 것이다. 아동문학도 이와 다르지 않다. 이제 범용성 있는 콘텐츠를 개발하지 않으면 도태될 수밖에 없다.

9. 개인의 감성(감정)에 호소해야 한다

2006년 소설 분야에서는 『다 빈치 코드』(댄 브라운, 대교베텔스만)를 비롯한 팩션과 내면소설류가 주목을 끌었다. 팩션은 이제 거대한 흐름이다. 앞으로도 수많은 팩션이 밀려들어올 것이다.

팩션과 함께 인기를 얻은 것은 내면소설이다. 『우리들의 행복한 시간』(공지영, 푸른숲)은 사형 문제라는 사회적 이슈와 연결된 부분이 없지 않지만, 세 번이나 자살을 기도했던 주인공이 남자 사형수의 깊고 어두운 내면을 들여다보면서 자신을 새롭게 응시하는 내면소설이다.

오늘날 개인은 원룸, 휴대전화, 블로그 등 온통 '1인'을 위한 것만 갖고 논다. 이 과정에서 개인의 사회화 과정은 대부분 생략되고 남녀관계만 남는다. 누군가는 남녀관계에서도 섹스만 남았다고 말하지만, 어쨌든 극도로 축소된 인간관계를 유지하고 있는 것이 사실이다. 대중은 이제 개중個衆(개인＋대중)이 되었다. 2006년에 〈타임〉이 올해의 인물로 선정한 '당신you'이 바로 개중이다. 개중은 인문서를 고를 때도 누구나 알아야 할 보편적 지식, 즉 객관적 명제를 추구한 책이 아니라 주관적 맥락잡기에 적합한 책만 집어 들고 있다.

10. IT혁명에 따른 구조에 적응할 수 있어야 한다

정보기술혁명은 이제 겨우 발아단계다. 정보송신과 수신의 '제왕'이 된 휴대전화는 책 문화를 급격하게 바꾸고 있다. '검색'을 통한 읽기, 엄지로 누르는 글쓰기, 편집행위까지 포함한 블로그의 정보 활용 같은 습관은 이제 책의 구조에까지 영향을 미치고 있다. 이미 원 키워드(테마)를 다루되 통합적으로 설명하는 책이 쏟아지고 있는데 이러한 책은 검색이라는 행위에 바탕을 둔다. 팩션은 검색 습관과 맥락이 닿아 있다고 나는 다른 글에서 여러 차례 이야기한 바 있다.

세계에서 통하는 이야기를 만들어야

스토리텔링의 10가지 유형에 대한 나의 발표를 들은 한 외국문학 전공 학자는 세계적인 문예이론가인 프레드릭 제임슨이 머지않아 동양의 이야기가 주목받는 시대가 올 것이라고 한 말이 떠올랐다고 했다.

그렇다면 우리는 세계 정서에 맞는 동양 이야기를 세계시장에서 통하는 상품으로 만들어낼 수 있어야 하지 않을까? '해리포터'나 '나니아 연대기' 같은 서양의 이야기에 버금가면서 세계의 보편적 정서에도 부합하는 동양 이야기의 원천은 무엇일까?

그 중의 하나는 아마도 『서유기』가 아닐까. 『서유기』는 동아시아에서 수없이 변주되어 왔다. 중국에서는 장지종 감독이 2008년 말에 50편의 텔레비전 시리즈 촬영에 들어간다는 소식이 알려지면서 다시 '서유기 붐'이 일고 있다고 한다. 2006년에 일본 후지 텔레비전에서 제작한 〈서유기〉는 한국, 대만, 홍콩, 싱가폴 등에서 거의 동시에 방영되기도 했다. 동양의 이런 동향에 스티븐 스필버그가 『서유기』를 영화화한다는 소문이 나돌기도 했다.

동양 최고의 판타지인 『서유기』의 주인공인 손오공, 저팔계, 사오정, 삼장법사 등은 각기 판이한 성격을 지녔지만 서로의 약점을 보완하면서 불경을 구해오는 공동의 목적을 달성한다. 각기 다른 날 태어났지만 한 날 한 시에 죽자는 『삼국지』 주인공들의 맹세는 개인주의적인 서양인의 정서와 잘 맞지 않지만, 『서유기』의 캐릭터들은 미국산 자기계발서의 주제와도 일맥상통한다. 따라서 우리는 『서유기』처럼 보편성 있는 이야기를 먼저 찾아야 한다.

1,000만 부 돌파를 눈앞에 둔 『마법 천자문』(시리얼, 아울북)은 한국적 스토리만화들이 공통적으로 갖고 있는 '학습성'을 무기로 대박을 터트렸다. 하지만 동양의 세계관이 녹아든 '서유기'를 변형한 『크로니클스』(김기정 글, 홍성군 그림, 거북이북스)는 이야기 자체가 갖는 재미를 추구했

다. 이 만화가 크게 성공할 수만 있다면 학습만화의 국지성을 뛰어넘으면서 애니메이션이나 게임 등으로까지 범위를 넓혀 세계를 흔들어 볼 수도 있을 것이다.

지금 아시아 출판시장은 거대한 단일시장으로 진화하고 있다. 세계의 주요출판기업들은 불황 돌파를 위해 비약적으로 발전하는 아시아시장을 공략하고자 한다. 친디아로 일컬어지는 중국과 인도를 비롯해 세계 10대 출판강국에 속하는 한국과 일본, 동남아시아 등을 하나로 묶어 바라보기 시작한 것이다.

글로벌 출판시장에서는 정보 중심의 책이 아닌 이야기 중심의 책이 주목받고 있다. 따라서 우리 책이 아시아에서라도 통하려면 이야기성이 담보되어야 한다. 아시아에서 성공한 책은 세계에서도 통할 가능성이 크다. 책으로 성공한 '이야기'는 미디어 컨버전스와 콜라보레이션을 통해 더 많은 부가가치를 창출할 것이다.

이야기를 만드는 주체는?

자, 그렇다면 이제 이야기를 만드는 주체는 누구인지 살펴보자. 임프린트로 세를 키우는 한 출판사의 책임자는 편집자가 머리카락이 하얗게 셀 때까지 편집 일을 할 수 있고, 중산층 이상의 경제적 여유를 누리면서 진정 만들고 싶은 책을 만드는 시스템을 구축하고 싶다고 공개적으로 천명한 바 있다. 그런데 이런 '레토릭'은 그리 새롭지 않다. 지금까지 출판계에 종사했던 수많은 편집자들이 그 같은 꿈을 키웠다. 그러나 대부분은 꿈을 이루지 못하고 좌절하고 말았다.

수많은 편집자들의 꿈이 좌절된 이유는 과거 출판경영자들이 편집자를 기계의 부품으로밖에 여기지 않아서다. 앞에서 말한 그 책임자가 밝힌 포부를 거칠게 요약하면 개인, 더 좁혀 말하면 개인의 창의력을 상품화해서 자본의 이익을 추구하겠다는 뜻이다.

이 발상의 등장만으로도 우리가 거대한 전환점을 맞고 있음을 절감할 수 있다. 우리 사회 담론생산자의 축이 바뀌었음을 깨달을 수 있기 때문이다. 책과 관련해서 살펴보면 지난날 담론 생산을 선도하던 사람은 교수(학자)와 저널리스트였다. 그러나 어느새 상상력을 발휘할 줄 모르는 교수 대부분이 역사의 뒷전으로 밀려나고 있다.

이를테면, 새롭게 출간되는 팩션형 역사서는 대체로 역사학자가 쓴 책보다 비역사 전공자가 쓴 책이 훨씬 재미있다. 그 이유는 상상력에 있을 것이다. 역사의 엄정함에 신경을 쓸 수밖에 없는 역사학자의 책보다는 상상력에 방점을 두는 문학전공자의 책이 독자들에게 해방감을 안겨준다고 볼 수 있다.『미쳐야 미친다』의 정민,『조선의 뒷골목 풍경』과『책벌레들 조선을 만들다』(이상 푸른역사)의 강명관,『열하일기, 웃음과 역설의 유쾌한 시공간』(그린비)의 고미숙,『홀로 벼슬하며 그대를 생각하노라』(사계절)의 정창권 등은 모두 문학전공자이다.『조선왕 독살사건』(다산북스)의 이덕일은 그런 면에서 참으로 예외적인 사람에 속한다.

오늘날 대학에서는 여전히 각주가 더덕더덕 붙은 논문을 쏟아내고 있다. 하지만 그런 논문은 대부분 책으로 펴낼 수 없는 수준이다. 좀 심하게 말하자면, 이전의 학자들이 어떻게 말했는지 잔뜩 나열하고는 나는 이렇게 생각한다고 몇 줄 붙여놓은 게 논문 내용의 전부다. 그나마 책으로 펴낼 만한 글을 쓰던 교수들도 교수 자리를 유지하기 위해 대중용 글쓰기를 포기해야 할 처지에 놓였다. 현직 생물교사가 쓴『현산어보를 찾아서(전5권)』(이태원, 청어람미디어)는 우리나라 최초의 해양생물학 서적인 정약전의 『현산어보』의 궤적을 그대로 추적한 책이다. 이 책을 두고 역사학자들이 어떤 박사학위 논문보다 우수한 글이라 평가했다지만 과연 우리나라의 대학에서 그 책을 인정해줄까?

마찬가지로 저널리스트들도 책에서 별다른 위력을 발휘하지 못하고 있다. 서양에서는 저널리스트 출신의 베스트셀러 저자들을 자주 볼 수 있지만 우리 출판계에서는 거의 찾을 수 없다. 경제·경영서나 자기계발서, 실용서 분야에서는 저널리스트들의 책이 좋은 반응을 얻기도 하지만 사회적 어젠다를 다룬 책은 찾아보기 어렵다.

일본 출판계에는 평론가 수준의 논픽션 라이터 수백 명이 활약을 하고 있다. 사노 신이치나 다치바나 다카시 같은 논픽션 리이터는 종종 출판시장을 요동치게 만든다. 우리도 분야를 가리지 않고 맹활약하는 논픽션 라이터가 늘어날 것이다. 그렇다고 평론가들이 꼭 '10차선 대로'를 달릴 필요는 없다. '오솔길'일망정 자신의 장점이 유지되는 길만 잘 달려도 하루아침에 메이저스타가 될 수 있다.

편집적 안목의 소유자여야

내가 마지막으로 주목하는 것은 편집자다. 나는 오래전부터 편집자를 주목했다. 다르게 말하면 거미줄처럼 얽힌 정보를 '편집자적 안목'으로 다루는 사람들이 앞으로 큰일을 낼 것으로 생각했다. 영화나 드라마 같은 대중문화에서 편집자가 이야기의 중심에 서는 경우가 늘고 있다. 『브리짓 존스의 일기』『악마는 프라다를 입는다』『달콤한 나의 도시』『스타일』 등 칙릿의 주인공들이 모두 편집자인 것도 결코 우연은 아닐

34

것이다.

자기 생각을 글로 쓸 수 있는 능력을 갖춘 편집자(또는 일반인)들이야
말로 앞으로 전 세계에서 통하는 보편성 있는 이야기를 생산할 엄청난
잠재력의 소유자들이다. 나는 그런 사람들이 이른 시일 안에 실제로
"다음 반세기의 최고 고소득자"인 스토리텔러로 성장하기를 두 손 모아
기원한다.

왜 팩션인가

문화계에 팩션faction 바람이 무척 거세다. 팩션은 허구적 상상력인 픽션 fiction과 사실적 상상력인 팩트fact의 결합을 말한다. 〈주몽〉〈대조영〉〈해신〉을 비롯한 역사드라마도 팩션으로 볼 수 있다. 영화계에서는 〈살인의 추억〉〈왕의 남자〉〈실미도〉〈태극기 휘날리며〉〈그때 그 사람〉〈그 놈 목소리〉 등 팩션 영화가 거대한 흐름을 이루었다.

문화계에 거세게 부는 팩션 바람

출판이라고 다르지 않다. 『다 빈치 코드』는 300만 부가 넘어 가장 많이 팔린 소설에 올랐으며 『단테 클럽』(매튜 펄, 황금가지), 『진주 귀고리 소녀』(트레이시 슈발리에, 강), 『천사와 악마』(댄 브라운, 대교베텔스만), 『임프리마투르』(리타 모날리&프란체스크 소르티, 문학동네), 『히스토리언』(엘리자베스 코스토바, 김영사) 등 외국발 팩션이 줄을 이어 출간됐다. 2007년 초에는 20세기 사상가 프로이트와 융의 학설을 바탕으로, 살인과 살인자의 심리를 추적한 『살인의 해석』(제드 러벤펠드, 비채)이 출간 한 달 반 만

36

에 5만 부가 팔리며 종합 베스트셀러 상위권에 올라 팩션의 인기가 여전함을 보여주었다.

우리 소설 중에서도 본격작가들이 쓴 『칼의 노래』(김훈, 생각의나무), 『방각본 살인사건』『열녀문의 비밀』(이상 김탁환, 황금가지), 『미실』(김별아, 문이당), 『영영이별 영이별』(김별아, 창해) 등은 팩션으로 분류할 수 있다. 2007년에는 김훈의 『남한산성』(학고재), 신경숙의 『리진』(문학동네), 김탁환의 『열하광인』(민음사), 김별아의 『논개』(문이당), 김경욱의 『천년의 왕국』(문학과지성사), 한승원의 『추사』(열림원) 등이 이어지면서 본격문학마저 팩션 일색이라는 말이 나오기도 했다.

또 『뿌리깊은 나무』(이정명, 밀리언하우스), 『정약용 살인사건』(김상현, 랜덤하우스), 『훈민정음 살인사건』(김재희, 랜덤하우스코리아), 『원행』(오세영, 예담), 『그 이상은 없다』(오명근, 동양문고)처럼 처음부터 '한국형 팩션'이라는 문패를 단 소설도 출간되었다. 특히 『뿌리 깊은 나무』로 '한국형 팩션의 새 장을 열었다'고 평가받은 바 있는 이정명은 2007년 화가 김홍도와 신윤복의 삶과 예술을 그린 『바람의 화원』(밀리언셀러)을 펴내 전작보다 더욱 치밀한 구성이 돋보인다는 평가를 받았다.

역사적 사실을 '목숨'처럼 중하게 여기는 역사서에서도 상상력이 돋보이는 팩션으로 작품을 포장해 상업적 성공을 이룬 사례가 있다. 『조선왕 독살사건』(이덕일, 다산북스)은 역사적 사실에서 출발했지만 글쓴이의 상상력이 더 기발하다. 원래 제목인 '누가 왕을 죽였는가'를 지금의 제목으로 바꾸고 책 표지에 '의혹과 수수께끼' '음모와 진실' 같은 단어를 넣어 조선왕조판 '판도라의 상자'로 포장했는데 팩션의 흐름을 타고 20만 부를 넘겼다. 『다 빈치 코드』의 후광과 영화 〈왕의 남자〉의 폭발적인 반응에 힘입은 바 클 것이다. 더구나 본문에 컬러사진 60여 장을 배치해 상상력을 진실로 믿게 만드는, 팩션의 '상식'이라 할 편집으로 독자들이 '의혹'을 진실로 믿게끔 했다.

『마왕퇴의 귀부인』『부활하는 군단』『구룡배의 전설』『법문사의 비밀』『황릉의 비밀』(이상 일빛) 등 웨난의 고고학 발굴기는 시공을 뛰어넘어 독자들이 직접 무덤을 만드는 과정에 참여하는 듯 느낄 만큼 사실적으로 그렸다. 역사서이면서 논픽션이기도 하고 소설처럼 읽히는 그의 책들을 중국에서는 '기실紀實' 문학이라고도 부르는데 이 또한 팩션으로 볼 수 있다.

그렇다면 지금 왜 팩션인가? '세계 최초의 팩션'이라 불리는 트루먼 카포티의 『인 콜드 블러드In Cold Blood』가 출간된 것은 1966년이다. 당시는 "모더니즘의 극복이라는 기치 아래 절대적인 진리의 부인, 이분법적 구분의 폐지, 소외된 주변문화에 대한 재조명, 그리고 사물의 경계해체를 주창하는 포스트모더니즘이 대두되던 시절"이었다. 『인 콜드 블러드』는 1959년 캔자스 주의 조용하고 작은 동네 홀컴에서 일가족 네 명이 엽총으로 살해당한 사건을 다루는데, 작가의 주관적인 관찰과 상세한 묘사를 통해 사건을 서술하는 새로운 저널리즘으로 한때 각광받았다.

『다 빈치 코드』의 흥행 이후 팩션을 최초로 분석한 김성곤(서울대 영문학) 교수에 따르면, "1960년대에 들어서면서 미국 가정에 텔레비전이 보급되자 스크린에 독자를 빼앗긴 소설가들은 전례 없는 위기의식을 느끼기 시작"했다. 그래서 노먼 메일러 같은 작가들은 이제 허구인 소설은 경쟁력을 상실했다고 보고 '뉴저널리즘'이란 기치 아래 사실에 기초한 논픽션을 쓰기 시작했는데, 그 당시 뉴저널리즘 작가들은 또 르포 르타주와 더불어 팩션에서도 "소설문학의 새로운 가능성과 활로"(이상 인용은 「팩션 – 환상과 현실의 경계해체」, 『키워드로 읽는 책』, 한국출판마케팅연구 소)를 찾기 시작했다.

그러나 저널리즘에서는 곧 팩션을 실패작으로 간주했다. 사실보도를 생명으로 하는 기사가 서술자의 주관에 좌우되면 오보와 다름없기 때 문이다. 반면, 디지털 시대에 들어서면서 소설문학에서 팩션은 새롭게 각광받기 시작했다.

우리 사회는 팩션이 꽃 필 충분조건을 이미 갖추고 있었다. 추리소설 장르는 망하다시피 했지만 역사추리 장르는 늘 주목받았기 때문이다. 식민지배, 분단, 6.25 동족상잔, 40여 년에 이르는 군사독재정권 유지 등으로 굴곡 많은 현대사가 역사의 가정을 원했던 것이었는지 모르지 만, 어쨌거나 한때는 다큐멘터리 또는 논픽션 붐이 일기도 했으며 『장 미의 이름』(움베르토 에코), 『마루타』(정현웅), 『영원한 제국』(이인화), 『무 궁화꽃이 피었습니다』(김진명), 『비명을 찾아서』(복거일) 같은 역사추리 소설은 늘 주목의 대상이었다. 『삼국지』(이문열)의 오랜 인기도 이와 무 관하지 않을 것이다. 또 형식적 민주주의를 이룬 다음에도 독재권력 시 대의 폭로기사를 내세운 시사월간지들이 수십만 부씩 팔려나가기도 했다.

그러나 요즘의 팩션 붐은 그런 한국이라는 국지적 특성을 뛰어넘는 더욱 근원적인 이유가 있어 보인다. 그것은 대체로 다음의 네 가지로 설 명할 수 있다.

팩션은 디지털 정보시대의 산물

첫째, 팩션은 디지털 정보시대의 산물이라는 점이다. 디지털 시대에 정보는 과잉생산 되고 있다. 또 인터넷에 떠도는 정보를 신뢰하기도 어렵다. 그래서 대중은 허구적인 이야기보다 구체적인 사실, 즉 팩트가 있어야만 눈길을 주기 시작했다. 거창한 이론보다 사람과 사물, 사건 등에 대한 믿을 만한 정보가 필요한 것이다.

가라타니 고진柄谷行人은 「인문학의 가능성 – 역전을 기다리며」(《논좌》 2007.3)에서 '관념'과 '물질'의 세계에서 정보의 세계로 이월함으로써 사회의 패러다임이 근본적으로 변했다고 설명한다. "학창시절 수학자 노버트 위너Norbert Wiener의 『사이버네틱스』(이케하라, 이와나미쇼텐)를 읽은 적이 있다. 그는 지금까지 철학은 관념과 물질의 대립에서 고찰되었으나 정보라는 개념은 양자의 대립을 넘는 것이며, 정보는 차이라고 한다. 예를 들면 개구리는 눈앞의 '벌레'를 보는 게 아니다. 벌레가 움직이는 것을 본다, 벌레가 움직였다는 변화, 즉 차이를 본다. 벌레가 가만히 있으면, 즉 차이가 없으면 개구리에게 벌레라는 대상은 존재하지 않는다. 또 차이, 즉 정보는 관념도 대상도 아닌 형식이다. 인간도 마찬가지다. 무언가 차이가 있고 변화가 있을 때 대상이 존재한다. 그런데 그것을 관념이라든지 실재라고 하는 것은 이상하다. 정보=차이=형식을 '물상物象화'하는 견해에 지나지 않는 게 된다"고 설명했다.

여기서 물상은 달리 말하면 팩트가 아닐까? 나는 21세기 초두부터 허구적인 소설에 팩트를 가미하려는 시도들을 주목했다. 솔직히 말하면 팩션 붐이 거세게 불 때도 나는 팩션이라는 단어를 몰랐다. 단지 팩트와 픽션이 결합하는 현상을 보고 그 이유를 천착했다. 졸저 『디지털과 종이 책의 행복한 만남』에서는 "지금까지 허구적 상상력과 역사와 지식이 갖는 사실적 상상력은 책이라는 하나의 사각의 장(ground) 안에서는 도저히 공존할 수 없는 것처럼 보였다. 그러나 디지털이 등장함으로써 수많은 정보는 컴퓨터 모니터 속으로만 숨어들게 된다. 이로 인해 삶의 불투명성을 자각한 인간은 문명에 의한 가공물로서의 아날로그, 즉 사물(l'objet, object)로서의 아날로그보다 있는 그대로의 자연물, 즉 물건(la chose, thing) 그 자체로서의 아날로그를 더욱 필요로 하게 되었다. 촉각을 중시하는 새로운 '물성物性적 상상력'을 추구하게 된 것이다. 책의 신체성을 새롭게 하는 이러한 상상력은 디지털의 등장으로 인해 재발견"되었다고 정리하기도 했다.

그때 필자가 예로 든 것은 갈리마르의 '스칼라월드북Scholar World Books' 시리즈였다. 이 시리즈는 소설이 지닌 허구적 상상력과 역사와 지식이 갖는 사실적 상상력을 절묘하게 결합한 아동용 고전명작으로, 오랫동안 아이들의 상상력을 키워준 고전명작들을 엮었는데, 활자를 통한 이야기의 상상력과 사진자료, 삽화, 그림, 지도, 드로잉, 명화 같은 영상 이미지가 주는 상상력을 결합해서 상상력의 시너지 효과를 독자에게 안겨주었다. 다큐멘터리 형식으로 구성했으며 그 자체가 작은 백과사전으로 디스커버리총서를 비롯해 인류의 지적유산을 정리한 책의 형식과 다름없었다.

아날로그끼리 경쟁하던 과거와 달리 디지털의 등장으로 카테고리 자체가 달라지자 아날로그는 디지털의 장점을 수용해 스스로 변해야 했다. 그래서 문화시장의 키워드는 잡종성, 크로스오버, 학제간interdisciplinary 연구, 탈경계와 이종異種 배합의 퓨전, 두 손 원리, 어울림 등으로 다양하게 표현되었는데 그 모두를 상생이라는 한마디로 정리할 수 있다.

책 또한 '새로운 책'이 되어야 했다. 처음에는 영상이미지를 가미해 단순히 정보를 전달하던 것에서 읽고 보고 찾고 만지고 느끼는 책으로 변화를 추구했지만, 곧 텍스트 자체의 변화로 인간에게 상상력의 결정체를 안겨주는 방향으로 바뀌었다. 팩션은 바로 그런 흐름의 한 극단이라 할 수 있다.

검색이라는 독서습관과 닮은 팩션

둘째, 팩션은 검색이라는 인간의 독서습관과도 닮았다. 『다 빈치 코드』를 한번 살펴보자. 이 소설에는 역사상 실제 인물과 교파, 그림이 나온다. 소설의 무대인 루브르 박물관을 묘사한 장면들은 박물관을 실제로 다녀온 사람들이 혀를 내두를 정도로 정교하다. 소설을 읽고 감동 받은 사람이 루브르 박물관에 달려가고 싶을 만큼 팩트는 세밀하게 묘사된다. 또 어김없이 살인사건이 발생하고, 그 사건을 풀어가는 추리적 기법이라는 당의정도 감초처럼 등장한다.

여기서 살인사건은 일종의 키워드다. 이 키워드(사건)를 해결하는 열쇠는 소설에서 제시하는 지식이다. 지식이라는 단서가 강요하는 것은 상상이다. 그런데 이것은 '검색' 습관과 많이 닮았다. 지금 대중은 키워드를 '단서'로 인터넷에 접속한 다음, 제시되는 정보(지식)를 활용해 스스로 문제를 해결해 나아간다. 이때 인간은 단편적 지식이 아니라 인류가 생산한 '모든'(물론 현재로서는 불가능하지만 앞으로는 가능성이 충분하다) 지식을 통합해 문제 해결 방법을 찾는다. 결국 독자는 팩션을 읽으며 인류가 생산한 모든 지식을 동원해 사건을 해결하는 셈이다.

팩션의 유행은 사실 개인주의의 산물이라 할 수 있다. 개인 개념은 1990년대 한국이 만들어낸 가장 중요한 '생산물'이다. 현실사회주의가 몰락한 1989년 이후 우리 출판계는 '역사성'이라는 담론을 단번에 포기하고 '개인주의'를 추구했다. 디지털 문명 도래, IMF구제금융이라는 국가적 위기, 문민 3대정부 탄생 등은 이러한 분위기에 불을 지폈다. 개인은 가정과 직장과 사회라는 갑옷을 모두 날려버리고 허허벌판에 홀로 서서 자기 생존 철학을 찾아야만 했다. '메이저리그의 승자'가 되지 못한 사람은 생존을 위해서 세상을 떠도는 '유목민nomad'이 될 수밖에 없었고, 결국 상상력이 가장 큰 경쟁력이라는 사실을 깨닫게 되었다.

대중은 세중細衆(또는 분중分衆)의 단계를 거쳐 개중個衆이 되었다. 그들은 혼자이고 원룸에 살면서 휴대전화나 메신저로 타인과 대화를 나누며 블로그를 통해 자신을 발신하는 등 철저하게 '1인용'으로 생활하지만 외로움을 느끼지 않는다. 지혜가 필요할 때는 대중에게 손을 내밀면 된다. 군중croud과 아웃소싱을 합한 신조어 '크라우드소싱'의 등장은 그 때문으로 볼 수 있다. 어려운 과제에 직면한 기업이나 개인이 인터넷으로 대중에게 해답을 묻는 일이 잦아졌다. 물론 이를 가능하게 만든 것은 디지털 기술과 웹 2.0이라는 도구다. 출판의 시민 저널리즘은 크라우드소싱 개념을 바탕으로 등장한 것이다.

팩션은 상상할 수 있는 것이라면 무엇이든 연결 지음으로써 그동안 스스로 족쇄를 채웠던 감수성의 문을 한껏 열어 제치려는 개중에게 생존 수단 같은 존재로 변하고 있다. 미디어가 무수히 쏟아놓는 쾌락과 불안, 정보 과잉에 따른 정보부재 또는 정보소외의 불안은 스티커 사진이나 커플링 반지같이 눈에 보이는 대상fact을 통해서만 사랑이라는 실체를 확인하는 것처럼, 인간에게 사실과 허구를 하나로 결합해가도록 만들고 있다.

팩션은 원 소스 멀티유스에 부합하는 장르

셋째, 팩션은 원 소스 멀티유스에 매우 부합하는 장르다. 이제 소설(책)이라는 콘텐츠는 영상, 웹, 모바일, 게임, 상품 등 다양한 형태와 연결되고 있다. 출판, 신문, 영화, 방송, 음악, 게임 등 콘텐츠 산업의 각 부분은 단독으로 존재하기보다 서로 연결됨으로써 강력한 힘을 발휘한다. 당연히 소설은 영화나 드라마와 결합해 강력한 이미지를 생성해야만 전 세계를 공략할 수 있다. 따라서 출판편집자에게는 편집력 이상으로 다매체를 연결하는 '매개력'이 중요해졌는데, 팩션은 그런 시스템에 매우 적합하다. 실제로 『다 빈치 코드』는 출간되기 9개월 전부터 웹에서 대대적인 홍보활동을 전개했고 뒤이어 영화가 전철을 밟았다.

팩션은 무아지경의 지적유희에 적합

넷째, 팩션은 지적 유희에도 매우 적합한 장르다. 팩션을 인포테인먼트infortainment라고 부르기도 하는데 보통 인포테인먼트는 정보information와 오락entertainment의 결합으로 이해한다. 그런데 엔터테인먼트를 오락이 아닌 무아지경으로 옮기면 의미가 달라진다. 엔터테인먼트는 중세 유럽에서 온 말로 무언가가 마음속으로 들어와서(엔터해서), 서스테인(상주)하는 상태를 말한다. 중세 유럽에서는 늘 신을 생각하지 않으면 안 되었다. 그런데 신 이외의 더 즐거운 것이 마음속에 들어와 사로잡혔다. 원래 신 이외의 것에는 관심을 두면 안 되는데, 무언가 더 재미있는 것에 빠져 '무아지경'이 된 것이다. 무아지경에 빠지게 하면서 다른 한편으로 정보를 취할 수 있는 팩션은 그래서 게임과도 경쟁할 수 있는 장점이 있다. 오늘날 독자는 '어떻게 생각할까'보다는 '지금 무슨 일이 일어났는지'를 이야기하는 소설을 즐기는데, 그런 경우에도 적합하다.

세계에서 통할 범용성의 작품을 내놓아야

위와 같은 이유로 팩션은 시대적 당위성이 있다. 세계 출판계는 이미 웹에서 '게걸스럽게' 읽어대는 독자들을 겨냥한 문학작품을 만들려고 안간힘을 쓰고 있다. 소설의 정의가 바뀌는 게 아닐까 싶을 만큼 새로운 유형의 문학이 세를 넓히고 있다. 팩션은 그런 '상품'의 대표적 사례다. 앞으로 팩션은 국내시장에서 더욱 영역을 넓힐 것으로 보인다. 그러려면 수준 있는 팩션이 생산되어야 한다. 이미 우리 출판사들이 미국발 팩션을 상당수 계약해놓은 상태라 외국 팩션의 국내 출간은 계속 이어질 것이다.

그러나 우리는 아직 국제경쟁력 있는 '한국형' 팩션을 제대로 생산하지 못했다. 우리 소설이 활성화되고 나아가 세계에서 경쟁력이 있으려면 수준 높은 팩션이 많이 등장해야 한다. 한국, 중국, 일본 등 동아시아 3국은 같은 한자문화권이면서 유교라는 사상적 기반을 공유한다. 친디아로 통칭되는 중국과 인도, 거기에 한국, 일본, 대만 등에 존재하는 중산층의 수는 미국과 유럽을 넘어섰다고 한다. 게다가 친디아는 무척 빠른 속도로 성장하고 있다. 세계은행IBRD 예측에 따르면, 중국의 '글로벌 중산층global middle class' 즉 글로벌 시장에 적극적으로 참여하고 국경 없는 상품과 소비를 선호하며 더 나은 교육과 의료서비스를 지향하며 구매력까지 갖춘 사람은 2000년에 5,600만 명에서 2030년에는 여섯 배가 넘는 3억 6,100만 명 규모가 될 것이다. 따라서 동아시아에서 통할 작품을 생산한다면 곧 아시아 전역으로 뻗어갈 것이고 나아가 세계시장을 노릴 수 있다.

그러려면 이야기의 범용성부터 키워야 한다. 가장 한국적이되 세계에서도 통할만한 스토리텔링의 소설을 만들어 세계시장을 공략할 수 있어야 한다. 세계 애니메이션 시장의 65퍼센트 이상을 점한 일본 애니메이션 사례는 우리에게 많은 시사점을 준다. 일본 애니메이션이 세계를 장악하게 된 원천은 패전 후 일본인 대다수가 종교, 철학, 논리 등에서 어떠한 구속도 받지 않고 자라난 데 있다고 한다.

1994년에 일본 최초의 멀티미디어 스쿨 '디지털 할리우드'를 설립하고 크리에이터 육성과 인터넷 비즈니스 발전을 주도한 스기야마 도모유키杉山知之는 「애니메이션과 게임으로 세계를 계속해서 석권하려면 자국 문화에 대한 애정이 필요하다」라는 글에서 "아이가 태어나면 신사에서 기도를 올리고, 결혼할 때는 가톨릭 신부 앞에서 맹세를 하고, 죽으면 '부처'가 되어 합장을 한다. 다른 나라에서는 절대 불가능한 생활 감각이다. 그 덕분에 지금 거장이라 일컫는 만화가들과 애니메이션 작가, 게임 디자이너 들이 특정 문화에 의존하지 않고, 오히려 필요한 것만을 취해 세계의 문화와 문명을 맘껏 이용하는 창작활동을 계속할 수 있지 않았을까"라고 진단한다.

스기야마는 이어서 "소니의 트랜지스터라디오의 세계적 성공을 시작으로 여러 전자공업 제품이 세계를 석권해, 이른바 전자제품의 나라가 되었으며 로봇과 사이보그, 하이테크 병, 우주, 미래 같은 과학기술 분야도 자연스럽게 소프트 크리에이터들의 창작 세계로 흘러들어"갔으며 "셰익스피어, 그리스 신화, 삼국지, 겐지모노가타리源氏物語, 요괴 등의 어떠한 세계든 받아들일 수 있는 자유로운 창작을 허락하는 환경"이 되었다고 덧붙인다. 그런 사회적 분위기가 결국 세계를 점령하는 힘의 원천이 되었다는 말이다.

이런 이야기를 들으면 우리라고 못할 것 없다는 생각이 든다. 우리 문학도 아시아에서 통한 사례가 있지 않은가? 최인호의 『상도』(여백), 김하인의 『국화꽃 향기』(생각의나무), 귀여니의 『그 놈은 멋있었다』(황매) 등은 중국에서 대단한 반응을 얻었다. 영상과 연결된 소설은 '물건'이 없어 못 파는 형편이다. 이러한 사례를 찬찬히 점검해본 다음 더 적극적으로 우리 문학의 세계화를 점쳐 보아야 한다.

어떤 이야기가 살아남을까

2000년, 윈도95로 전 세계를 석권한 마이크로소프는 'MS리더'라는 전자책 단말기로 다시 한 번 세계를 평정하기 위해 공세를 펼쳤다. 그 즈음 인터넷 웹 사이트를 통해 발표한 스티븐 킹의 단편소설 〈총알에 올라타기Riding the Bullet〉는 인터넷에 글이 올라오고 처음 몇 시간 동안 접속수가 200만 건 이상의 접속수를 기록했으며 하루 40만 건의 기록적인 판매가 이루어져 출판업계에 충격을 안겼다.

책 비즈니스의 열쇠를 쥔 휴대전화

일확천금을 노린 정보상업주의자들의 이 같은 이벤트가 전 세계에 충격을 안긴 것은 사실이다. 하지만 어이없게도 이에 놀란 사람들이 내린 잠정 결론은 '종이책은 죽고 전자책은 산다'는 단선적인 논리였다. 한 신문은 "e-북과 종이책… 맞붙으면 누가 이길까. 인터넷이 출판과 독서의 패턴을 갈아엎고 있"다면서 종이책 시장 규모의 절반쯤 5년 안에 디지털 북 시장으로 옮겨갈 것이라고 전망했다. 작가 이문열은 한 수 더 떠 "5년

48

이내에 전자책이 적어도 60-70퍼센트는 차지하리라고 본다"고 했다.

하지만 그들이 말한 5년에서 한참 더 지난 지금도 전자책은 수익을 내지 못하고 있다. MS리더를 비롯한 전자책 단말기는 모두 참패했다. 2007년 11월 아마존닷컴이 모바일 개념을 도입한 독서단말기 '킨들'을 출시하면서 대대적으로 선전했지만, 이 또한 성공할 수 없음은 쉽게 예측할 수 있다. 모바일 모조품이 아닌 진짜 모바일인 휴대전화가 정보 송수신의 '제왕'임은 이제 누구나 인정하는 사실이기 때문이다.

종이책에 담겨 있던 콘텐츠는 21세기 들어 e-콘텐츠와 p(페이퍼)-콘텐츠로 분화되었다. e-콘텐츠는 과거 종이책의 것을 단지 장소만 이동시킨 것이 아니라 새롭게 생산된 것들이 주목받기 시작했다. 유저가 직접 생산한 UCC가 등장하면서 '텍스트의 시대는 끝났다'는 과격한 발언이 나온 것을 보면 e-콘텐츠의 대세가 영상임은 누구나 쉽게 짐작할 수 있을 것이다.

p-콘텐츠도 변화해야 했다. 눈만 뜨면 인터넷에 들어가 멀티미디어로 문자를 읽는 e-콘텐츠 '중독자'를 유혹하려면 어쩔 수 없는 일이었다. p-콘텐츠는 죽어가는 것이 아니라 거듭나야 했다. 그러기 위해서 가장 중요했던 한 방안은 이야기성의 강화였다. 실제로 파트워크 형태로 잘게 쪼개 제공되는 백과사전 같은 책은 인터넷으로 자리를 옮겼지만 이야기가 확실한 종이책은 살아남았다.

다른 한 방안은 활자의 이미지성을 키움으로써 책의 유효성을 재확인하는 것이었다. 이는 북 디자인, 나아가 책 만들기 전체의 중요성을 일깨우는 것이었다. 단순히 정보의 의미전달 차원을 넘어 "활자의 새로운 이미지성이 표현하는 감성적 표현의 시각적 의미가 탄생"함으로써 "또 다른 저자로서의 디자이너는 이성적 저자의 한계를 넘어 감성적 저자로서 기능"하기 시작했다. "영상 시대와 맞서는 곳에 새로운 시각문화의 세계, 새로운 타이포그래피의 세계가 펼쳐지고 있"(이상 정병규, 「한글의 이미지성 또는 한글 캘리그래피」, 〈책&〉 2007. 12)는 것이다.

앞의 두 방안은 종이책의 잠재적 가능성이 무엇인지를 확실하게 일깨워주었다. 하지만 e-콘텐츠 '중독자'를 책의 세계로 잡아두면서 출판사가 살아남기 위해서는 새로운 노력을 기울여야 한다는 의견이 대두됐다. 콘텐츠 자체를 둘로 나누어 각개약진 하는 것이 아니라 과거, 현재, 미래에서 영속적으로 생기는 콘텐츠를 하나로 활용하는 효과적인 전략의 중요성이 커진 것이다. 그것이 바로 크로스미디어 전략이다.

지금까지 확인된 바로는 미래 책 비즈니스의 열쇠를 쥔 것은 휴대전화다. 자체가 미디어라 할 수 있는 휴대전화는 하나의 상점이자 판매채널이면서 만남의 공간이기도 하는 등 모든 인간 행동의 출발점이 되고 있다. 휴대전화는 소리만 가능하던 1세대, 문자가 가능한 2세대, 동영상이 가능한 3세대, 쇼를 하는 3.5세를 거쳐 광대역통합네트워크(BcN: Broadband convergence Network)가 가능한 4세대 문턱에 돌입했다.

4세대에는 IT와 초고속 정보통신망을 기반으로 사회 전반에 걸친 변화를 기대하며, 유·무선과 방송 등 모든 미디어가 통합된 형태로 발전하여 언제 어디에서나 어떤 형태의 단말기로도 정보통신망에 연결되는 진정한 유비쿼터스 환경이 도래할 전망이다. 본격적인 CT(Contents Technology)시대에 돌입하는 것이다. CT 시대에는 모든 미디어가 통합될 것으로 예상되는데, 그때는 모든 콘텐츠의 근본인 출판이 새로운 시대를 주도할 것이다.

사진, 만화, 소설 등이 선도하는 크로스미디어 전략

크로스미디어 전략은 처음부터 디지털 콘텐츠를 확보한 다음 이를 종이책으로 다시 생산하거나 웹, 모바일, 영상, 게임, 애니메이션 등으로 영역을 넓혀가는 것을 말한다. 현재까지 확인된바, 이 전략에 가장 적합한 장르는 사진, 만화, 소설 등이다. 이런 작품들은 롱테일 상품의 특성이 강해 콘텐츠의 양에 따라 자연스럽게 매출이 증가할 확률이 높다. 2007년 국내에서 휴대전화로 발생한 전자출판 매출은 사진 1,000억 원, 만화 500억 원, 소설 100억 원쯤이다. 앞으로 휴대전화 단말기의 액정과 용량 문제가 해결되면 차츰 그 영역을 넓혀갈 것이다.

크로스미디어 전략은 콘텐츠 자체를 판매하는 수준이 아니다. 이미 적지 않은 출판사가 모바일 사이트나 웹 사이트를 활용해 다른 업종과의 콜라보레이션을 통해 매출을 늘려가고 있다. 이를테면, 패션잡지에 실린 상품 소개와 통신판매, 잡지에 실린 숙박시설이나 음식점 예약, 만화 캐릭터를 활용한 의류·완구·문구 상품의 개발 등은 구체적 성과를 내고 있다.

그래서 세계적인 출판사는 너나없이 크로스미디어 전략을 세우고 있다. 하지만 크로스미디어 전략의 가장 큰 장애물은 저작권이다. 따라서 콘텐츠의 2차적 활용을 통해 가능성을 키우려면 콘텐츠 저작물 자체의 저작권 문제를 새롭게 정립해야 한다. 요즘 우리나라에서도 저작권을 놓고 혈투를 벌이는 모습을 자주 보는데, 이는 미래에 확실한 이익을 가져다줄 보물을 차지하려고 미리 힘겨루기를 하는 것이라 할 수 있다.

이런 시대에 소설은 과연 살아남을까? 일본에서는 휴대전화 소설이 큰 흐름을 이루고, 만화와 게임에 익숙한 세대가 생산자이면서 소비자가 되기도 하는 라이트노블light novel이 갈수록 세를 확장하고 있다.

2007년에 출간된 황석영의 『바리데기』(창비)는 그런 고민에 충분히 값하는 소설이다. 이 소설의 줄거리부터 살펴보자. 주인공 바리는 북한 청진에서 지방 관료의 일곱 딸 중 막내로 태어난다. 아들을 간절히 바랐던 어머니는 바리를 숲 속에 버리지만, 풍산개 '흰둥이' 덕분에 생명을 이어간다. 이후 북한의 경제사정이 급속히 나빠지자 가족은 뿔뿔이 흩어진다. 가족을 찾아 나섰으나 굶어 죽는 사람들을 수없이 목격한 바리는 중국으로 넘어가 연길의 발 마사지 업소에 취직해서 안마를 배운다. 그곳에서 만난 중국인 샹 부부와 다롄에서 안마업소를 개업하지만 빚 때문에 영국행 밀항선을 타게 된다. 밀항선에서 생지옥을 경험하고 런던에 도착했으나 샹은 성매매업소에 팔려가고 바리는 잠시 식당일을 하다가 발 마사지 업소에 취직한다. 빈민가 연립주택에서 살게 된 바리는 그곳에서 만난 무슬림인 알리와 결혼한다. 생활이 조금 안정되는 듯했지만 9.11테러가 터지고 알리가 아프가니스탄 전쟁에 참여하기 위해 파키스탄으로 떠난 동생 우스만을 찾아 나서면서 기약 없는 이별을 한다. 홀로 딸을 낳았지만 샹의 잘못으로 딸이 죽으면서 바리는 식음을 전폐하고 꿈속에서 생명수를 찾아 나선다. 그러던 중 오랜 포로생활 끝에 돌아온 알리와 함께 새로운 희망을 품고 둘째아이를 임신해 다시 안정을 되찾을 즈음 런던 지하철 폭발사고가 터진다.

『바리데기』는 분명 리얼리즘의 전통을 이으면서 한 단계 전진된 소설이다. 나는 이 소설이 나온 직후 한 신문 칼럼에서 『바리데기』가 황석영의 대표작이 될 것이라고 썼다. 짧은 칼럼에서 자세한 설명없이 무턱대고 대표작이 될 것이라고 주장하고 나서는 바람에 그 뒤 나는 많은 이야기를 들었다. 어떤 이는 자신은 그 의견에 동의하지 않는다며 그 작가의 작품 중 '최악'이라고까지 했다. 나중에 그에게 최악이라기보다 지나치게 독자와 영합하는 듯한 작품인데 무조건 도와주는 것 같아 일부러 그렇게 말했다는 설명을 들었지만, 처음 그 말을 들었을 때는 당황스러웠다. 또 다른 이는 『바리데기』를 아직 읽지 않았지만 황석영의 대표작은 단편미학의 백미인 『객지』라고 본다고 했다. 내게 문제를 지적한 두 사람은 나보다 소설을 더, 그것도 아주 많이 더, 읽는 사람들이다. 그러니 그들의 말이 틀렸다고 볼 수는 없다. 하지만 나는 어떤 식이라도 변명을 좀 해야겠다 싶었다. 내가 그렇게 말한 이유를 말이다.

웹에서 게걸스럽게 읽어대는 이들이 선택할 장르는?

크로스미디어가 갈수록 일반화되는 오늘날, 젊은 독자들은 펜이나 종이보다 스크린과 마우스를 더 친근하게 느낀다. 그들은 웹에 있는 글은 무엇이든 게걸스럽게 읽어댄다. 그래서 세계 출판계는 어떻게든 그들의 구미에 맞는 책을 만들려고 노심초사한다. 내가 팩션이나 라이트노블을 주목하는 것도 그런 이유다. 왜 팩션인가? 앞에서는 팩션이 유행하는 이유를 여러 가지로 설명했지만, 가장 중요한 한 가지만 꼽으라면 팩션이 영상과 친숙한 장르라는 점이다. 그래서 스크린에 익숙한 세대가 그런 소설에 쉽게 빠져드는지도 모른다.

라이트노블 또한 그렇다. 일본에서 떠들썩하게 이야기되는 이 장르의 정의는 "만화적 또는 애니메이션적인 일러스트를 곁들인, 중·고생을 주요독자로 하는 엔터테인먼트 소설"이다. 이 소설의 주 독자는 당연히 "만화와 애니메이션, 컴퓨터 게임이 주된 취미인 공동체" 즉 오타쿠다.

그런데 오타쿠는 포스트모던화의 진전과 함께 출현했다. 오타쿠의 행보를 주목해보면 "1995년 이후, 젊은 오타쿠가 급속히 이야기에 관심을 잃었다고 보이는 변화(모에, 데이터베이스 소비 대두 등)"가 나타나고 그 변화는 "단기적인 유행이 아니라 오히려 철저히 포스트모던화된, '커다란 이야기의 쇠퇴'를 반영한 것으로 분석"할 수 있다.

우리는 지금 포스트모던이라는 시대에 살고 있다. "포스트모던화는 사회 구성원이 공유하는 가치관과 이데올로기, 즉 커다란 이야기의 쇠퇴라는 특징을 보인다. 18세기 말부터 1970년대까지 계속된 '근대'에서 사회 질서는 커다란 이야기의 공유, 구체적으로는 규범의식과 전통의 공유로 확보되었다. 한마디로 확실한 어른, 확실한 가정, 확실한 인생 설계 모델이 효율적으로 기능하고, 사회는 그것을 중심으로 돌아갔다. 그러나 1970년대 이후의 포스트모던에서는 개인의 자기결정과 생활양식의 다양성을 긍정하면서 커다란 이야기의 공유를 오히려 압도한다고 느끼는, 별개의 감성이 지배적이 된다. 일본에서도 1970년대 후반부터 그 흐름이 명확해졌다." 그러나 반론이 있을 수 있다. "세계적으로는 커다란 이야기의 쇠퇴는커녕 문명의 충돌과 원리주의 부활만이 문제시된다. (일본)국내를 보아도 내셔널리즘과 전통의 부활을 원하는 목소리는 점점 높아진다. 영화와 소설에서도 치밀한 설정과 중후한 세계관을 갖는 장대한 이야기가 변함없이 요구되고 계속된다." 지금 "인터넷은 정치 분석에서부터 종교와 음모론, 내부고발까지 세계의 모든 사람들이 투고한 무수히 많은 이야기로 넘쳐난다. 결국 거시적 수준이든 미세한 수준이든 현재 상황은 커다란 이야기의 쇠퇴라기보다 오히려 이야기의 과잉과 범람이라고 파악하는 편이 적절"할 수 있다.

그러나 이 반론은 "오해를 바탕으로 한다. 포스트모던론이 제기하는 '커다란 이야기의 쇠퇴'는 이야기 자체의 소멸을 논하는 것이 아니라, 특정이야기를 공유화하자는 사회의 압력이 낮아지는, 즉 그 내용이 무엇이든 일단 특정 이야기를 공유해야만 한다는 메타 이야기적 합의가 소멸되었음을 지적하는 의미이기 때문"이다.

데이터베이스 환경에서 살아남을 이야기

지금 나는 천재로 평가받는 평론가 아즈마 히로키東浩紀의 『게임적 리얼리즘의 탄생』을 인용하고 있다. 그는 라이트노블과 미소녀 게임 분석을 통해 현대사회의 이야기성 해체와 새로운 리얼리즘 가능성을 제시한다. 전작 『동물화하는 포스트모던』(문학동네)에서는 젊은 오타쿠들이 개별 이야기보다 캐릭터(등장인물)를 중시하고, 그것을 작품 횡단적 존재로 소비한다는 분석을 내놓은 바 있다.

그는 "오타쿠적 상상력의 중심이 영상에서 문자로 옮겨가고 있다. 양질의 라이트노블 중에서 근대가 낳은 자연주의적 리얼리즘을 대체할 리얼리즘이 태어나고 있"다고 했다. 그것이 바로 게임적 리얼리즘이다. 게임적 리얼리즘은 게임을 리셋하면 몇 번이라도 다시 살아나는 게임의 캐릭터 같은 리얼리즘을 가리킨다. 그는 모든 미소녀게임이 자유자재로 이야기와 이야기를 넘나드는 캐릭터의 '메타 이야기성' 때문에 성립한다는 점에 주목한다. 그의 글을 인용해보자.

근대에서도 마찬가지로, 무수히 많은 '커다란' 이야기가 만들어지고, 유통되고 소비된다. 그리고 그것을 믿는 것은 개인의 자유이다. 그러나 포스트모던의 상대주의적이고 다문화주의적 논리의 기반에서는 가령 '커다란' 이야기를 믿었다고 해도, 그것을 다른 사람도 믿어야 한다고 생각할 수 없다. 예를 들어 만일 당신이 특정 종교를 열심히 믿는 신자일 경우, 현대사회는 그 신앙은 인정하지만, 모든 사람이 당신의 신에 귀의해야 한다고 생각하고, 다른 신에 대한 관용을 침해하는 것은 (가령 그 자체가 신앙의 표현이라고 해도) 결코 허용되지 않는다. 바꾸어 말하자면 포스트모던에서는 모든 '커다란' 이야기는 다른 다양한 이야기의 하나이고, 결국 '작은' 이야기로서만 유통되는 것이 허용된다. (그것을 허용하지 못하는 것이 모든 원리주의이다.) 포스트모던론은 이 같은 상황을 '커다란 이야기의 쇠퇴'라고 부른다.

따라서 현대사회가 이야기로 넘쳐나는 것은, '커다란 이야기의 쇠퇴'론에 대한 반증에 지나지 않는다. 오타쿠들의 이야기가, 예를 들어 내용 면에서 기우장대氣宇壯大한 기묘한 상황으로 넘친다고 해도, 다양한 소비자의 기호에 맞춰서 정리되고, 커스트마이징되고, 따라서 다른 이야기를 상상하게 하는 관용을 안고 만들어지는 한, 그것은 '데이터베이스 소비'의 기반에 존재하는 '작은 이야기'로 파악해야 한다고 생각한다. 이 '다른 이야기를 상상하게 하는 관용'은 현대 문학을 생각하는 실마리가 되는 개념이다.

『동물화하는 포스트모던』에 따르면 1970년대에는 커다란 이야기를 잃어버렸고, 1980년대에는 잃어버린 커다란 이야기를 날조하는 단계(이야기 소비)에 이르렀으며, 1990년대에는 날조의 필요성조차 폐기하고 단순히 데이터베이스를 욕망하는 단계(데이터베이스 소비)를 맞이했다.

오늘날 중심도 없고 커다란 이야기도 존재하지 않고 데이터베이스만 넘치는 웹에서는 유저가 어떻게 읽어내느냐에 따라 만들어지는 개개의 웹 페이지가 따로 존재한다. 이런 시대에 책은 그리고 이야기는 어떠한 형태로 살아남을까, 그리고 이야기의 새로운 형태는 우리에게 어떠한 가능성을 보여줄까, 젊은 세대가 즐기는 서브컬처에서 보이는 희망의 실타래를 주류문화에서는 어떻게 수용할까, 따위가 요즘 나의 화두다.

그런 상상을 하기에 『바리데기』는 정말 중요한 소재였다. 이야기가 성립하지 않는, 아니 오히려 너무 쉽게 성립하는 오늘날의 데이터베이스 환경에서 마우스와 스크린에 익숙한 세대를 유혹하려면 어떤 이야기를 내세워야 할까? 전통적인 소설독자에게 『바리데기』는 덜 떨어진 소설일 수 있다. 주인공 바리데기가 출현하는 대목이 『장길산』처럼 세밀하게 묘사돼 적어도 100쪽쯤 전개됐다면 그들은 환호작약했을 터다. 영상이 스쳐 지나가는 듯한 『바리데기』의 묘사는 환갑을 한참 넘긴 황석영이 '힘이 떨어진' 탓이라고 볼 수도 있다.

하지만 나는 아니라고 생각한다. 황석영은 젊은 독자를 의식하고 글을 썼다고 한 인터뷰에서 밝혔다. 그는 비난을 감수하고서라도 젊은 독자를 소설로 끌어들이려는 힘겨운 싸움을 하고 있다. 그래서 나는 그를 지지한다. 『바리데기』 출간을 기념하는 한 이벤트에 젊은 여성들이 대거 몰려들었던 것처럼 많은 젊은 독자는 그런 그를 지지하고 있다.

황석영의 인생을 縱으로 보았을 때 그의 대표작은 『객지』가 될지 모르지만 지금 스크린과 마우스에 익숙한 젊은 독자들에게 그의 대표작을 고르라면 마땅히 『바리데기』가 될 것이라고 믿는다.

21세기 후반 최고 소득자는 스토리셀러

얼마 전 잘 나간다는 기획자가 나를 찾아왔다. 권력과 여자와 재물을 차지하는 데 성공한 중국의 역사인물 일대기로 자기계발서를 만들고 싶은데 그 인물의 이야기를 잘 아는 역사학자를 소개해달라고 했다. 이야기 구성은 함께 논의하면 되고, 이야기구성 능력이 떨어지면 전문 스토리텔러를 붙이면 된다고 했다. 스토리텔링은 보통 '이야기'와 '이야기하기'를 동시에 지칭한다. 스토리텔러는 스토리텔링의 디렉팅 작업에 참여하는 사람을 일컫는다.

스토리텔링의 디렉팅 작업에 참여하는 스토리텔러

사실 오늘날 이 같은 과정을 거쳐 생산되는 책이 적지 않다. 요즘 가장 활발하게 생산되는 분야가 이른바 성공우화다. 『마시멜로 이야기』에서 촉발된 성공우화 열풍은 몇 해째 계속되고 있다. 스토리텔링의 디렉팅 작업을 통해 생산된 『배려』가 25개월 동안 꾸준히 팔려 밀리언셀러가 될 만큼 인기를 끌면서 한 단어로 요약되는 자기계발서가 줄지어 생산되고 있다. 물론 『배려』의 성공은 사회 전반의 양극화가 급속도로 진행되는 과정에서 더욱 절실해진 '나눔(베풂)'이라는 사회적 코드를 집어 냈기에 얻은 결과이지만 말이다.

이런 유의 책은 대부분 전문 스토리텔러의 도움을 받았다고 보아도 무방할 정도다. 사실 이런 작업을 거쳐 책을 만드는 것은 어제오늘의 일이 아니다. 1990년대 초반 공전의 베스트셀러가 된 한 소설의 재구성 작업에는 다섯 사람 이상이 참여했다고 한다. 이야기 전개에 박진감을 가하기 위해 문장을 하나하나 다듬었던 것이다. 실제로 베스트셀러 가운데 이렇게 탄생한 책이 적지 않다. 대중소설이나 번역소설은 이를 관례처럼 여겼던 게 사실이다. 유명인의 자전적 이야기는 아예 대필자를 붙이는 경우가 많았으니 논외로 치더라도 아이디어로 승부하는 기획서에는 어김없이 스토리텔러가 따라붙었다고 보는 편이 옳을 것이다.

최근 시장이 확대된 실용서 분야에서도 스토리텔러를 붙이는 일이 일반적이다. 오늘날 책은, 한 가지 주제를 일관되게 끌고 가면서, 사례가 풍부하고, 스토리텔링이 뚜렷해야 하며, 저자나 책의 권위가 확실해야만 시장성이 있다고 여겨진다. 권위는 무엇인가? 한 분야에서 일가견이 있다는 것 아닌가? 하지만 아무리 '권위'를 갖췄다 해도 이야기의 힘이 없으면 책이 팔릴 리 없다.

인터넷 무료정보가 난무하면서 단순한 정보를 나열한 책은 설 자리를 잃었다. 이성보다 감성이 중시되는 시대에 책이 시장에서 살아남기 위한 거의 '유일한' 해결책은 스토리텔링이다.

하지만 한 분야의 전문가가 스토리텔링까지 잘 하기를 기대하기는 어렵다. 또한 대학에서 일반화된 논문형 글쓰기로는 더는 대중을 설득할 수 없다. 결국 전문성을 지닌 필자와 스토리텔러를 엮어 '작업'할 수밖에 없는데 얼마 전까지만 해도 스토리텔러는 커튼 뒤에 숨어야만 했다. 문사철을 중시하는 한국사회 풍토에서 누가 대신 '써 주었다'는 사실이 알려지면 책의 시장성이 떨어졌기 때문이다.

그러나 『마시멜로 이야기』의 대리번역 사건이 터지면서 상황이 달라졌다. 대리번역, 대필, 표절 등이 사회적 이슈가 되면서 책 생산자의 의식이 바뀌었다. 여러 유명인의 학력위조 사태에서 보듯 '거짓'은 언젠가는 드러난다는 의식이 일반화되었다. 또 그런 행위가 표면에 드러나면 저자나 출판기업이 치명상을 입게 된다.

따라서 스토리작업을 맡은 사람의 이름을 밝히는 편이 오히려 유리하다는 인식이 생겨나고 있다. 독자들도 스토리텔러의 도움을 받은 사실을 크게 개의치 않는 듯 보인다. 사실 『마시멜로 이야기』는 스토리텔러의 이름이 공저자로 올라 있다. 서양에서는 스토리텔러가 공저자로 오르는 일이 관례로 굳어졌다.

『연암에게 글쓰기를 배우다』(예담)는 소설가 설흔과 스토리텔러 박현직, 『펭귄을 날게 하라』(위즈덤하우스)는 투자전문가 한창욱과 『총각네 야채가게』 등의 저자 김영한이 공저자로 되어 있다. 앞으로 이런 일은 늘어갈 것이다. 아울러 커튼 뒤에 숨어 있던 스토리텔러들이 모두 거실로 걸어 나올 것이다.

커튼 뒤에서 걸어나오는 스토리텔러

스토리텔링이 중요해진 것은 비단 책만이 아니다. 모든 상품은 제품 자체에 담긴 스토리텔링을 소비한다고 보아도 좋다. 스토리텔링의 가장 큰 근원지는 스크린으로 대표되는 액정화면이다. 액정화면으로 전달되는 스토리텔링이 소비자의 호감을 이끌어내면서 신제품을 알리고 제품을 차별화하는 것이다.

책에서 비롯된 이야기는 영화, 게임, 애니메이션, 모바일, 방송, 캐릭터, 광고, 인터넷, 예술과 공연, 엔터테인먼트 등 모든 문화 영역으로 진출하면서 부가가치를 키워간다. 그런 과정을 통해서 방대해진 이야기는 다른 업종과 결합하여 의류, 완구, 문구 등의 새로운 상품으로 탄생한다.

이제 스토리텔링은 모든 상품이 '정보의 홍수를 헤쳐 나아가는' 거의 유일한 해결책이라 할 수 있다. 따라서 스토리텔러의 전망은 매우 밝다. 롤프 젠슨은『꿈의 사회』에서 "다음 반세기의 최고 고소득자는 바로 스토리텔러가 될 것"이라고 했다. 제품의 가치는 그들이 들려주는 이야기에 따라 좌우되기 때문이다. 국내 여러 대학에 스토리텔링학과가 개설된 것은 바로 그런 흐름을 읽었기 때문으로 볼 수 있다.

2부 ● 편집을 넘어선 초편집의 세계로

진화하는 편집의 개념

2003년 말 EBS에서 연락이 왔다. 프로그램을 준비 중인데 도와달라고
했다. 내용은 메일로 보낸다고 했다. 메일을 받지는 못했지만 나는 약속
장소로 갔다. 어떤 프로그램에 멘트만 조금 하면 될 줄 알았는데 그게
아니었다. 각 분야의 전문가를 초청해 한 시간 가까이 그 분야의 비전을
찾아보는 〈지식의 최선전〉이란 프로그램이었다. 게다가 첫 녹화였다.

편집력은 누구나 갖춰야 할 미덕

프로그램의 기획의도도 제대로 이해하지 못한 채 메일로 보낸 질문지
를 달라고 했다. 그러나 막상 받아들고 보니 영 아니었다. 책의 미래를
설명하는 내용이었는데 너무 딱딱해서 질문지대로 진행했다가는 한순
간도 시청자를 잡아두기 어려울 것 같았다. 게다가 나 혼자 하는 게 아
니라 고정 패널이라는 상대가 따로 있었다. 포항공대 임경순 교수였다.
하지만 어쩌랴! 나는 분장을 하면서 처음에 질문해주었으면 하는 몇 가
지를 임 교수에게 이야기했다.

녹화는 1시간 30분 동안 NG 없이 빠르게 진행됐다. 오프닝과 클로징 장면만 몇 차례 따로 진행했을 뿐이다. 첫 촬영이어서 그랬는지 CP도 지켜봤는데, 재밌게 봤다고 했다.

얌전해 보이는 사람인데 카메라를 들이대니 그렇게 청산유수로 말하느냐며 카메라 체질이라 했다. 천만다행이었다. 한편으로는 임 교수가 참 대단하다는 생각이 들었다. 그래서 대뜸 "교수님, 무슨 일을 하셨었나요?" 하고 물어보았다. 임 교수가 빙긋이 웃더니 "나 전직이 편집자입니다. 『브리태니커백과사전』 한국판의 과학 분야 에디터였지요" 하는 것 아닌가. 그는 40회 넘게 방송된 그 프로그램에서 발군의 능력을 발휘했다. 진행자가 너무 나선다는 시청자들의 비판을 받을 만큼.

그렇다. 나는 그가 편집자 출신이 아니었다면 그렇게 빠르게 많은 분야를 넘나들며 이야기를 끌어가기 어려웠을 것으로 본다. 특히나 방송에서 말이다. 평소에 말을 잘하다가도 카메라만 들이대면 절절 매는 사람이 적지 않다는 이야기를 방송관계자에게 자주 듣는다. 방송은 생각과 말이 동시에 나와야 하기 때문이다.

이제 편집력은 누구나 갖춰야 할 중요한 미덕이 되었다. 지금은 정보 폭발의 시대이고, 따라서 편집은 일상적으로 이루어진다. 이를테면 블로그 하나만 놓고 보자. 블로그는 유익한 정보를 발신하고 교환하는 장소이면서 개인의 일상을 드러내는 장소이기도 하다. 이제 누구나 더 나아가 편집력만 있으면 세상의 주도권을 쥘 수도 있다.

미국의 한 기업에 대학생이 인턴으로 찾아왔다. 어떤 지시를 내려도 그는 즉시 완벽하게 일을 처리했다. 탁월한 능력의 소유자라고 판단되어 질문을 던져보았다. 그랬더니 일을 완벽하게 처리했던 건 그의 능력이 뛰어난 때문이 아니라 인터넷으로 연결된 친구 수백 명에게서 도움을 받았기에 가능했다는 사실을 알아냈다. IT 칼럼니스트 우메다 모치오와 작가 히라노 게이치로의 대담집『웹 인간론』(넥서스BIZ)에 나오는 사례다. 세상이 달라졌음을 절감할 수 있는 이야기다. 이제 우리는 궁금한 게 있을 때마다 인터넷에 들어가 검색하면서 필요한 정보를 찾아낸다. 그리고 그것은 생존의 무기가 된다. 그때 편집력은 최고의 필요충분조건이 된다.

우메다는 아침 4시에 일어나서 하루에 8-10시간 인터넷을 이용한다고 한다. 그 경험을 토대로『웹 진화론』을 써서 6개월 만에 30만 부를 팔았다. 2005년 9월에 시사월간지 〈포사이트〉가 주최한 강연을 끝내고 식사를 마친 뒤에 지친 몸으로 호텔에 돌아오자마자 그는 자신의 분신이 어떻게 지내는지 알아보려고 인터넷에 접속했다. 강연이 끝난 지 두 시간 남짓 지났는데 자신의 블로그에는 강연 관련 트랙백이 들어와 있었다. 확인해보니 한 블로그에 이미 강연에 관한 상세한 필기록이 올라와 있었다. 분신의 신변에 이변이 발생했음을 절감한 그는 당장 그 사태에 대처해야만 했다.

나는 젊은 여성들이 즐겨 읽는 '칙릿'의 주인공이 한결같이 편집자라는 사실을 들먹이며 이야기의 중심에 서는 인물이 잘나가는 학자나 저널리스트에서 편집자로 바뀌고 있다고 앞에서 말했다.

나는 그 이유로 인간이 지녀야 할 최고의 미덕으로 편집자적 안목을 꼽기 시작했음을 들었다. 과거에는 정보의 원천 생산자나 전달자가 세상을 주도했지만 정보의 소유권이 개중에게 넘어간 지금 그 위력은 크게 떨어졌다. 편집자는, 거미집처럼 얽혀 있으면서 기하급수적으로 늘어나는 정보를 자기만의 이야기로 꿰어 다시 대중용으로 포장해내는 기술만큼은 거의 최고 수준이다. 그래서 편집능력을 갖춘 자여야만 새로운 시대를 주도할 수 있다는 말을 한 것이다.

편집행위의 세 단계

나는 이를 단지 동업자에 대한 덕담 정도로만 생각하지는 않았다. 이야기의 시작은 어설펐지만 사실이 그렇다는 것은 여러 통로로 증명되고 있다. 일본에서 발행되는 〈THINK〉 2007년 가을호 특집 「비즈니스 프로페셔널의 편집력」도 그중 하나다. 그 특집에는 모두 11꼭지가 실렸는데, 어떤 분야에서 일하든 이제 편집력이 무척 절실함을 일일이 사례를 들어 증명한다.

"편집은 일정한 방침 아래 정보와 다양한 소재를 모으고 정보와 정보, 물건과 물건의 관계성을 발견하고 그것을 짜 맞춤으로써 새로운 가치를 만드는 작업이다. 비즈니스에 도움이 될(유용한) 정보를 모으고, 분석하고 가공해서 다른 사람에게 발신할 수 있는가. 편집력은 논리적인 사고력을 바탕으로 한 논리를 넘어선 번뜩이는 아이디어, 통찰insight로 이끄는 통합적 사고력이며, 비즈니스 프로페셔널에게 필수적인 능력"[1]이다.

또 "편집은 다양한 소재를 조합해서 각각의 소재에서 가치를 이끌어내고 그 조합을 통해 더욱 새로운 가치를 만들어낸다. 소재는 정보이고, 물건이고, 사람이고, 기회이기도 하다. 편집이라는 단어에서 일반적으로 미디어와 커뮤니케이션의 세계를 떠올리는 것은 당연하며, 엔터테인먼트, 패션, 조리調理 등 모두가 편집행위의 산물이라 볼 수 있다."[2]

"편집은 소재의 수집, 조합, 새로운 가치 창조의 세 가지 단계로 구성된다. 요리를 예로 들면 이용할 수 있는 식재료를 음미하고 선택하고 조달하고(소재 수집), 그 조리방법과 순서를 생각해서(소재 조합), 먹는 사람을 만족시키는 요리나 식단으로 제공하는(새로운 가치 창조) 것"[3]이다.

소재(정보) 수집 단계에서는 "사업전략의 토대가 되는 고객, 경쟁상황, 자사에 의미 있는 정보를 계속 수집한다. 이를 효과적으로 분석하려면 시장조사 방법, 정량적·정성적 기업분석 방법, 시장세분화 등 시장분석 방법, 분석결과에서 이유를 도출하기 위한 논리적 사고 등을 폭넓게 습득해두어야 한"[4]다.

소재(정보) 조합 단계에서는 "다양한 정보를 정리하고 그 사이의 관계성을 찾아내는 데 효과적인 각종 프레임워크를 구사함으로써 다양한 소재들의 유기적 조합은 더욱 확대된다."[5]

마지막으로 새로운 가치 창조 단계에서는 "논리적 사고능력 자체가 결정적 역할을 한다. 또한 앞서 서술한 프레임워크의 활용이 이것을 지원한다. 정보를 조합함으로써 알게 된 의미가 어떠한 새로운 통찰을 가져올 것인가, 그것은 어떤 전략적 방향성을 지향하는가, 이러한 과정을 거쳐 효과적이고 혁신적인 것을 논리적으로 도출하면 전략을 구축하여 높은 가치를 창출할(만들어낼) 수 있다. 도출된 이유가 고객의 충족되지 않은 니즈이고, 그것을 정확하게 충족시키는 상품의 이미지를 이끌어냈다면 상품 개발의 새로운 가치창조가 달성된 것"[6]이다.

편집을 능가하는 초편집이라는 혁명

지금까지의 편집을 능가하는 '초편집'이라는 혁명 또한 일어나고 있다.

규모면에서 〈위키피디아〉가 『브리태니커백과사전』을 능가한다는 사실이 이를 상징한다. 〈위키피디아〉는 자발적으로 움직이는 엄청난 숫자의 인간을, 통제된 톱다운과는 다른 매니지먼트 방식으로 조직적으로 동원해 큰 목표를 달성했다. 이 사례에서 우리는 편집을 넘어선 초편집이라 할 만한 혁신이 발생했음을 확인할 수 있다.

"초편집적 행위는 좁은 의미의 콘텐츠 편집항목을 넘어선, 다양한 지적 생산 영역, 비즈니스 영역으로 확대되는 느낌이 든다. 이 본질을 이해하고 매니지먼트를 하는 것은 현대 기업과 비즈니스맨이 한 단계 위의 생산성과 창조성을 실현하는 데에 매우 중요"[7]하다.

이제 초편집력을 이용해 정보의 생산과 공유가 일상적으로 이뤄진다. 가상공간에서 집도 짓고 결혼도 하고 비즈니스 활동도 하는 '세컨드라이프'에서는 초편집에 따른 자발적 참가자들의 노력으로 엄청난 양의 콘텐츠가 결집되고 있다.

초편집력은 "위키피디아와 세컨드라이프처럼 신뢰성이 반드시 보증되지 않는 것뿐 아니라, 교과서처럼 높은 신뢰성이 요구되는 것에도 적용되기 시작했다. 예를 들어 미국 캘리포니아 주에서는 〈위키피디아〉와 같은 위키로 불리는 소프트웨어를 이용해서 오픈 소스 교과서 프로젝트(COSTP: California Open Source Textbook Project)를 진행한다. 현재는 캘리포니아 주의 교과서 기준에 따라 고교 1학년 세계사 교과서를 작성하는 단계인데, 최종적으로 오픈 소스 교과서로 캘리포니아 주의 교과서 지출을 2/3에서 반으로 삭감할 것을 목표로 한다. 이 밖에도 위키를 이용해서 교재와 교육 커리큘럼을 인터넷에 공개하고, 누구라도 이용하고 가공할 수 있게 하는 공공사업 커리키curriki(커리큘럼+위키) 등 다양한 움직임이 시도"[8]되고 있다.

"자발적 참가자들의 능력을 이용한 지렛대 효과라는 초편집의 컨셉트는 콘텐츠 작성 이외의 영역에도 적용된다. 많은 소비자의 창의적 아이디어를 활용해서 생산과 개발의 일익을 담당하게 하는 흐름도 그러한 예 가운데 하나다. 예를 들어 닌텐도는 최근 wii 다운로드형 게임 발신 서비스인 'wii Ware'를 발표했다. 인터넷을 통해 wii를 다운로드해서 놀 수 있는 게임 소프트웨어를 더 많은 유저가 계발, 유통하게 하기 위한 툴이라 한다. 또한 중·고생에게 인기 있는 모바일 게임 및 소셜 네트워킹 서비스SNS 사이트인 '모바게 타운'은 유저가 작성한 오리지널 악곡을 투고할 수 있는 creator music이라는 서비스를 2007년 5월부터 제공했다."[9] 이처럼 "광범위한 사람들의 자발적 힘을 조직화하고 활용해서 하나의 목표를 설정하고, 원래 없었던 큰 규모와 스피드, 가격, 풍부한 콘텐츠를 만든다"[10]는 것이 초편집력의 본질이다.

초편집이 성립하기 위한 세 가지 요건

그렇다면 초편집력은 어떻게 해야 발휘되는 걸까. 초편집이 성립하려면 다음의 세 가지 요건이 필요하다.[11]

첫째, 모든 것의 기초로, 많은 사람들이 원활하게 정보를 교환하는 정보 네트워크의 구축이다. 여기에는 인터넷 보급률이 크게 관여하는데, 인터넷을 이용하는 것만으로는 원활한 정보 네트워크가 형성되지 않는다. 참가자들에게 알맞은 조정이나 아이디어가 필요하다. 예를 들어 일반 유저가 가볍고 간편하게 콘텐츠를 작성하려면, 모바일 인터넷 이용이 매우 효과적이기 때문에 선진 플레이어는 그러한 것을 활용한다. '마법의 아이랜드'라는, 여학생들에게 인기 있는 휴대전화 무료 홈페이지 작성 서비스는 그 좋은 예다. 휴대전화 투고와 열람의 간편함, 연애담 등 소설류가 대부분으로 하루에 5,500만 건이 넘는 접속 수를 자랑한다. 특히 인기 있는 휴대전화 소설은 책으로도 만들어졌는데, 2007년 8월 시점에 33개 작품, 누계로 500만 부를 넘는 매출을 기록했다. 소설 생산방법에 혁신을 일으켰다 해도 좋을 것이다.

둘째, 내부 인재가 아닌 리소스를 철저하게 활용하는, 오픈 마인드를 지향하는 패러다임 수용과 실천이 필수적이다. 다양한 아웃소싱과 연합으로 외부 인재와 리소스를 사용하는 흐름이 강조되지만, 예전에는 내부 인재와 리소스를 이용해서 아웃풋을 내는 것이 기본이었다. 초편집력을 활용하려면 패러다임을 근본적으로 전환해서 사내의 리소스에 기대는 것에서 탈피하여 지금까지 고려하지 않았던 것도 포함하여 외부 인재를 최대한 활용하는 패러다임을 수용해야 한다. 닌텐도의 wii Ware와 모바게 타운 creator music의 소비자 활용은 좋은 예다.

셋째, 낯선 다수의 외부 참가자가 자발적으로 참가하고 질서 있게 행동하고 하나의 방향성을 만들어내도록 매니지먼트 구조와 틀을 설계, 구축, 운용하는 것이다. 내부 인재는 종래의 지휘명령 계통과 인센티브 제도 등으로 어느 정도 관리가 가능하지만, 자발적으로 움직이는 변덕스러운 외부 리소스에는 그에 적합한 새로운 매니지먼트와 인프라를 준비해야 한다.

오픈 마인드를 지향하려면

철저한 오픈 마인드를 지향하며 외부 인재와 협력하려면 마음가짐과

행동 양쪽에서 의식적인 도전이 필요하다.[12]

첫째, 내부와 외부의 경계선을 긋는 방법을 대담하게 수정해야 한다. 과거에 설정했던 내부와 외부의 경계선을 확장하고, 외부 인재를 내부 축으로 끌어들여 그 힘을 최대한 활용해야 한다. 따라서 전혀 모르는 타인도 활용할 수 있다는 강한 각오로 어디까지 외부 인재를 적극적으로 과감하게 수용할지를 생각해야 한다. 초편집 시대에는 국경 또한 넘어서야 할 경계이고, 언어와 국경에 얽매이지 않는 사고방식이 중요하다.

둘째, 외부 인재의 활약을 이끌어내려면 당연히 필요한 정보는 공개해야 한다. 과거 내부인재주의의 발상으로는 저항감을 느끼거나 공개할 준비가 되지 않겠지만, 초편집력을 구사하려면 피해갈 수 없는 변경 포인트다. 물론 모든 정보를 조작 없이 공개해야 한다는 이야기는 아니다. 핵심은 기업과 개인 모두의 입장에서 정보 공개에 대한 우려와 수고를 넘어선다면 커다란 이익으로 이어지는 실마리를 얻을 수 있다는 것이다.

셋째, 컨트롤하는 습관을 과감하게 버리고 질서 있는 방임을 지향해야 한다. '편집'의 시대는 편집자로서 방향성을 결정하는 리더십을 용이하게 하는 한편 불확실성은 배제해왔다. 극단적으로 말하자면 컨트롤이 어느 정도 가능했다고 말할 수 있다. 한편 '초편집' 단계에 이르면 참가자의 자주성과 자발성을 살려서 커다란 성과를 얻을 수 있다는 가능성이 있지만, 참가자의 움직임을 안정감 있게 컨트롤할 수 없다는 불안이 있다. 자칫 서투르게 컨트롤하면 자발성으로 가득 찬 분위기를 망칠수도 있다. 예를 들어 사용자의 의견을 이용한 상품계발의 경우 몰려드는 의견 가운데는 현재 상품에 대한 쓴소리도 섞여 있을 것이다.

그 같은 부정적 견해를 초기 단계에서 제거해버리면 자발적 의견이 사라진다. 어느 단계까지는 인내와 신뢰가 필요하다. 다만 쓴소리에서 중상과 무질서한 상태로 발전할 때는 개입하고 컨트롤해야 하며, 질서 있는 방임 수준을 항상 의식하며 지켜보는 것이 중요하다.

외부 인재를 활용할 때 유의할 사항

오픈 마인드 지향을 몸에 익혔다고 하나 생면부지의 인재를 활용하려면 종래와는 다른 시스템과 매니지먼트 방법을 의식적으로 실천해야 한다. 외부 인재를 활용할 때에는 다음의 세 가지를 유의해야 한다.[13]

첫째, 이제까지보다 세세하게 전체를 설계해야 한다. 내부 인재의 대응이라면 전체의 틀이나 규칙 등이 모호해도 나중에 어떻게든 해결되게 마련이다. 그러나 외부의 힘을 활용할 때는 내부인재주의 이상으로 전체의 틀과 플랫폼을 확실히 설계하고 명시해야 한다. 그렇지 못하면 많은 사람의 지혜로운 능력을 올바른 방향으로 이끌 수 없으며 무질서를 초래할 수 있다. 확실히 문서화하고 전달할 필요가 있다.

둘째, 세심한 모듈화를 설계해야 한다. 많은 대중 참가자의 능력을 사용할 경우 일을 모듈화해서 분해하고 공동작업을 할 만한 상태를 만드는 것도 중요하다. 예를 들어 리눅스는 다수의 참가자가 대규모 개발을 시행할 수 있게 모듈화를 철저히 도입하고 있다. 카넬이라 부르는 리눅스의 심장부, 각종 드라이버, 인터페이스, 어플리케이션 등이 각각 모듈을 이룬다. 이처럼 확실한 모듈 체계에 모듈 중심(소스 코드)을 오픈하겠다는 정책이 추가되어, 수만 명이나 되는 참가자가 동시에 개발에 관여할 수 있게 되었다.

셋째, 참가자의 인센티브를 향상시키는 시스템을 세세하게 만들어두어야 한다. 오픈 마인드를 바탕으로 하여 다양한 아이디어로 초편집력을 살리는 시스템과 분위기를 만들어도 선동자 역할이 통하지 않거나 참가자가 적어 침체되는 경우가 많다. 참가자가 기뻐하며 기획할 만한 인센티브와 동기부여가 충분하지 않기 때문이다. 참가자에게 하고자 하는 욕구를 불어넣는 것은 쉽지 않지만, 다양한 종류의 인센티브를 생각해볼 수 있고 인센티브는 아이디어에 따라 달라진다. 먼저 생각할 수 있는 것은 경제적 이익이다. 자발적으로 참가한다고 하지만 운영자와 참가자가 이익을 적절하게 나눠 갖는 구조를 만드는 것은 정석이다. 다만 자발적 참가에 반드시 경제적 요인만 있는 것은 아님을 유의해야 한다.

초편집력은 새로운 업무방식의 패러다임

결론적으로 우리는 초편집력이 과거 내부인재주의를 크게 넘어선 새로운 업무방식의 패러다임이라는 점을 자각해야 한다. 출판 현장에서는 책의 정의가 달라지고 있다. 독자들이 정보를 생산하고 소비하는 시스템이 근본적으로 달라지고 있어 편집자 또한 책은 과연 무엇인지를 혁명적으로 사고할 필요가 있다. 그리고 일하는 자세부터 바꿔야 할 것이다. 전통적인 편집자 자세로는 더는 현장에서 살아남을 수 없다. 새로운 패러다임에서는 편집자 한 사람이 월간지 서너 개를 진행할 수도 있다. 물론 그러려면 각 영역에서 최고의 자질을 갖춘 사람과 초편집의 자세로 연대해야 할 것이다.

편집이든, 초편집이든 "개인으로서 편집력을 갈고 닦으려면 경험이 필요하다. 편집력은 누적경험량이 중요하다. 이 누적경험을 비약적으로 늘린 개인이 성공한다. 단순히 눈앞을 지나치는 경험은 의미가 없다. 경험에서 키워드를 발견하고, 그 키워드를 기준으로 다른 경험과 비교해볼 때 의미 있는 경험이 될 수 있다. 문제의식을 갖고 임하는 일상적 업무와 오프라인 학습에서도 이러한 기술은 갈고 닦을 수 있다. 그러나 솔직히 말해 혼자서 이런 능력을 갈고 닦는 데에는 한계가 있다."[14]

최근 출판계에 도입된 임프린트 시스템은 느슨한 초편집 구조일 것이다. 일본의 잘나가는 한 상장 출판기업은 편집자당 매출액을 강제 할당해 업계 종사자에게 비난을 받았지만, 그런 구조에서 편집자가 목표를 달성하려면 초편집 자세를 갖추는 것은 필수적이다. 회사 밖의 기획자, 교정·교열자, 제작자 등과 상시로 협력할 줄 알아야 한다. 이런 구조는 어쩌면 필연일지도 모르고 이미 우리가 직면한 염연한 현실일지도 모른다. 초편집의 물결은 우리의 일상 전반으로 거세게 밀려들고 있다.

◆ 주는 모두 〈Think〉 2007년 가을호에서 인용했다.

1-6 야마나시 히로카즈, 「Provocative thinking 재미있는 우뇌에서 태어난 편집력」.

7-13 우치다 유키마사·다키나미 준이치, 「초편집력, 대중의 지혜를 이용하는 방법」.

14 야마모토 신지, 「Answer First로 생각한다. 개인을 훈련시켜 조직의 힘을 향상시키는 편집력」(Answer First는 '처음에 대답을 써라'는 뜻으로, 가설 창조를 의미한다).

성공하는 제목의 열 가지 법칙

일본의 출판전문지 〈편집회의〉 9월호 특집은 2007년 하반기 출판시장에서 히트할 것으로 보이는 단어를 다뤘다. 그 특집에서 가장 주목한 단어는 '세컨드라이프second life'다. 그래서 내심 주목하던 차에 『세컨드라이프 비즈니스 전략』(위정현, 중앙북스)이 출간된 것을 보고 서둘러 펼쳐보았다.

가장 주목해야 할 키워드 '세컨드라이프'

세컨드라이프는 "린든 랩Linden Lab이 제공하는 기술적 기반 위에 유저가 콘텐츠의 창조에 능동적으로 참여하여 형성된 온라인 3D 커뮤니티"다. 2002년 11월에 세컨드라이프의 베타테스트가 시작되었고, 6개월후 일반유저에게 공개되었다. 세컨드라이프는 "말 그대로 유저들에게 현실의 삶과 다른 제2의 인생을 살아갈 수 있게 하기 위한 플랫폼"이다. 유저들은 "광대한 사이버 공간 속에서 현실에서 꿈꾸어온 자신의 이상을 섬세한 아바타와 가상 건축, 가상 도시, 가상 재화를 통해 펼칠 수 있"게 되었다.

현실생활(퍼스트라이프)에서 기를 펴지 못하는 사람도 세컨드라이프에서는 가상의 캐릭터로 폼 나는 삶을 살 수 있다. 현실에서 일상생활의 억압에 시달리는 사람도 세컨드라이프에서는 센스와 상상력, 창의력만으로 해방감을 만끽할 수 있다. 땅을 사고 회사도 차리고 가상의 배우자와 결혼도 할 수 있다. 완벽한 이중생활이 가능하다. 이런 가짜 인생을 통해 현실에서 경제적 이익을 얻을 수도 있다. 세컨드라이프에서 통용되는 사이버머니(린든달러)는 현실 세계의 달러와 언제든 환전 가능하다. 안시 청이라는 아바타 아이디를 가진 인물은 세컨드라이프에서 3년 만에 연매출 250만 달러를 올렸다니 기가 찰 노릇이다. 『세컨드라이프 비즈니스 전략』은 제목이 암시하듯 세컨드라이프의 산업적 활용가능성과 새로운 사이버 비즈니스의 가능성을 제시한 책이다. 온라인게임이라는 놀이가 경제적 행위와 결합해가는 것이다.

일본에서는 2007년 7월에 세컨드라이프 일본어 베타판이 배포되었고, 가이드북이 여러 권 출판되었다. 앞으로 일반에게도 보급될 것이기에 세컨드라이프의 키워드로서 가능성도 더욱 커질 것이라고 한다. 따라서 일본 출판계가 이 단어를 가장 주목했던 것이다.

요즘 출판기획자들은 유행할 만한 신조어를 찾아내서 적절한 타이밍에 그 신조어를 제목과 카피로 사용하고 있다. 그러려면 대중매체뿐만 아니라 인터넷에서 눈길을 확 끄는 단어를 남보다 빨리 찾아내야 한다. 물론 신조어를 직접 창조해 유행시킬 수만 있다면 대단한 '블루오션'이 될 것이다.

니드형 기획과 시드형 기획

신조어를 찾아냈다면 맞춤한 책(외서)을 찾거나 필자를 발굴해야 한다. 그런 다음 최대한 빨리 책을 출간해야 한다. 혹자는 이런 기획을 '니드 need형 기획'이라 한다. 이에 반대되는 개념은 '시드seed형 기획'이다. 그러나 씨앗이 여문 뒤에는 아무나 접근할 수 없다.

『바리데기』의 황석영, 『파피용』의 베르나르 베르베르, 『남한산성』의 김훈 등의 책은 누가 기획해도 어느 정도 시장성이 확보되지만 쉽게 접근할 수 있는 '씨앗'이 아니다. 따라서 기획자는 새로운 서브키워드를 재빨리 찾아내야 한다. 씨앗으로 여겨지는 외서에 베팅을 하기도 하지만 대부분 비용에 비해 효과를 기대하기 어렵다.

중앙북스가 『세컨드라이프 비즈니스 전략』을 펴낼 수 있었던 것은 늘 세상의 동향과 신조어에 민감하게 안테나를 세우고 서브키워드를 찾아내려 한 노력의 소산으로 보인다. 사실 그런 키워드 찾기는 신문이라는 매체를 따라가기 힘들다. 중앙북스가 유력 신문의 계열사란 것이 그래서 눈에 띈다.

베스트셀러 제목은 언론에서 '그대로' 또는 '변형해서' 자주 노출됨으로써 확대 재생산된다. 『서른, 잔치는 끝났다』에서 '잔치는 끝났다'는 14년이 지난 지금까지 사용된다. '블루오션'은 쓰이지 않는 영역이 없을 정도다. 이런 단어는 입소문의 진앙지가 되므로 책의 판매부수 또한 크게 늘어난다.

키워드를 찾아냈다 하더라도 정보만 나열해서는 성공하기 어렵다. 오늘날 책뿐만 아니라 신문, 잡지, 텔레비전, 라디오 등 전통적 대중매체는 모두 위기에 직면했다. 뉴스가 아닌 뷰스views를 제공해야 할 신문은 가끔 '황색 저널리즘'의 유혹에 빠진다. 그것이 일시적으로 관심을 끌지는 모르나 독자의 신뢰는 잃게 된다. 공중파 방송은 실시간 시청률 경쟁만으로는 살아남기 어렵게 되었다. '다시보기'의 유혹을 이끌어내지 못하면 콘텐츠 비즈니스가 더욱 활성화되었을 때 빠르게 도태될 것이다.

　나는 1부「정보의 시대에서 이야기의 시대로」에서 우리 출판시장에서 나타나는 스토리텔링의 열 가지 흐름을 정리한 바 있다. 그렇다면 이야기는 앞으로 어떻게 전개될까? 한편에서는 이미지텔링으로 진화해야 한다는 이야기가 나오지만 그것은 '솔루션'(전략정보 또는 인텔리전스)을 제공하는 것이 되어야 한다.

왜 대중은『시크릿』에 열광하는가?

아날로그 시대의 독자는 정보를 얻는 것으로 만족했다. 그러나 지금 우리 사회의 주축 세대는 새로운 흐름을 따라잡지 않으면 도태될 수밖에 없는 상황에 처했다. 늘 정치, 경제, 역사, 문화 등 폭넓은 분야에서 새로운 가치와 논리가 생성되는 모습을 지켜보면서 자신을 빠르게 변화시켜야 한다. 그런 습관은 돈과 건강이라는 생활 관련 장르에서부터 철학과 고전 등 문학 장르에 이르기까지 이것만 읽으면 기본은 한다는 기초적 책 찾기로 연결된다. 말이 기초이지 대중은 그것을 살아남기 위한 최소한의 방법론으로 여긴다.

　『시크릿』(론다 번, 살림BIZ)에 담긴 '수세기 동안 단 1퍼센트만이 알았던 부와 성공의 비밀'이라는 '신변잡기 같은 하찮은' 이야기에 대중이 열광하는 것이 대표적인 예다. 한편에서는 이것도 책인가 하고 외면하지만 열광하는 사람들은 이 이야기들을 금과옥조처럼 떠받든다. 실제로 이 책은 명상이나 성찰을 강조하는 등 단순한 매뉴얼을 넘어서 우리 정서에도 맞아떨어지는 요소가 적지 않다. 『이기는 습관』(전옥표, 샘앤파커스), 『대한민국 20대 재테크에 미쳐라』(정철진, 한스미디어), 『회사가 당신에게 알려주지 않는 50가지 비밀』(신시야 샤피로, 서돌), 『금융회사가 당신에게 알려주지 않는 진실』(송승용, 웅진윙스) 등의 자기계발서나 인생 이야기가 가미된 『돈은 아름다운 꽃이다』(박현주, 김영사)나 『샘에게 보내는 편지』(대니얼 고들립, 문학동네) 등이 빠르게 베스트셀러에 진입하는 것도 같은 맥락으로 볼 수 있다.

임팩트가 강한 제목은 성공의 지름길이다. 널리 회자되는 책일수록 사람들이 그 책을 읽었을 확률은 높지 않다. 오죽하면 베스트셀러는 "평생 책을 읽지 않던 사람들이 읽는(사는) 책"이라는 정의까지 등장했을까. 하지만 실제로 읽지 않았다고 해도 화제로 즐겨 삼고 책을 읽은 척하면서 은연중에 들먹이고 싶은 것이 바로 책제목이다. 그러한 입소문을 유발하는 위력적 제목은 히트에서 메가 히트로, 그 시대를 상징하는 한 권으로 승화해간다.

2007년, 책 제목에 자주 등장한 단어들

그렇다면 2007년 출판시장에서 유난히 많이 등장한 단어는 무엇일까? 책 제목에 자주 등장하는 단어를 살펴보면 지금 사람들이 관심을 갖는 테마, 시대의 흐름을 파악할 수 있다. 출간된 책들을 훑어보면 영화, 습관, 삼국지, 여자, 부자, 기술, 심리학 등의 단어가 들어간 책이 유독 많다. 『철학, 영화를 캐스팅하다』『영화 속에 과학이 쏙쏙』『과학 교과서, 영화에 딴지걸다』『죽기 전에 꼭 봐야 할 영화 1001편』『영화 속 지형 이

야기』『영화 속 심리학』『법, 영화를 캐스팅하다』등은 영화와 다른 학
문 영역이 결합하기 시작했음을 보여준다. 이미지텔링의 최고 무기가
영화여서인가, 영화는 이제 모든 것을 들여다보는 통로가 되었다.

1980년대 불황의 여파로 스티븐 코비의『성공하는 사람들의 7가지
습관』이 뜬 지 20년이 지났지만, 2007년에도『이기는 습관』을 비롯해
'습관'이 들어간 책이 유독 많다. 어쩌면 지금 대중은 새로운 습관을 찾
는지도 모른다. 또『삼국지 경영학』『구라 삼국지』『삼국지 강의』등
『삼국지』라는 동양고전에서 지혜를 찾는 책이 등장했다. 뿐만 아니라
『사기』『노자』『장자』등 동양고전에서 촉발된 책의 출간이 늘었다.『논
어심득』의 위단,『삼국지 강의』(원제『品三國』)의 이중톈 등은 텔레비전
에서 고전을 강의해 베스트셀러 저자가 된 사람들이다. 이들의 책이 한
국에서 출간되자 동양고전을 다룬 책이 늘어났다. 중국의 한 전문가는
"학술의 통속화와 문화의 취미화"라고 묶어 표현했는데, 이들은 텔레
비전에서 공자나 노자를 강의해 화제를 끌었던 김용옥의 후발주자라
할 수 있다.

소통의 중요성이 유독 강조되는 요즘 '~의 심리학'이란 제목이 자주
눈에 띄는데, 몇 년 전부터 불기 시작한 심리학 열풍이 갈수록 폭과 깊
이를 넓혀가는 것으로 해석할 수 있다. '부자'라는 말만 들어도 한 번 더
주목하는 독자의 심리를 활용해 '부자'가 들어간 책의 출간도 몇 년째 이
어졌다. '기술'이라는 단어가 들어간 책이 늘어나는 것은 복잡다단한 것
을 간단하게 해결하고자 하는 독자의 심리를 감안해서일까.

나이와 세대를 활용한 제목은 가히 백화제방이다. 삼팔선, 사오정,
이태백, 서드 에이지 등 세대를 활용한 신조어가 적지 않았다. 이제 나

이는 16세, 31세 등 한층 더 구체적으로 적시된다. 고용의 기본 패러다임이 붕괴되면서 사람들은 점점 불안해하고 있으며, 자기 인생의 정년을 스스로 정한다고 생각한다. 몇 살까지는 무엇을 마쳐야 다음 몇 살이 되었을 때 인생의 다음 단계로 넘어갈 수 있다고 여긴다.

『여자의 모든 인생은 20대에 결정된다』와 『여자생활백서』가 뜬 다음부터 '여자' 또한 핵심 키워드가 되었다.『여자도 여자를 모른다』『여자야망사전』『여자 경제학』『20대 여자가 꼭 알아야 할 돈 관리법 41』『성공하는 여자는 대화법이 다르다』『여자의 진짜 인생은 30대에 있다』『리치 우먼』『여자생활시즌백서』『대한민국 2030 여자들의 백서 - 일하는 여자로 산다는 것』『여자나이 스물아홉, 일할까 결혼할까 공부할까』『스타벅스 커피를 마시는 여자 스타벅스 주식을 사는 여자』『여자는 사랑보다 우정이 더 아프다』등 젊은 여성용 자기계발서가 크게 늘었다. 여성의 사회참여가 확대되고 여성끼리의 경쟁도 심화되는 현실에서 이런 추세는 당분간 강세를 띨 듯 보인다.

성공하는 제목을 만드는 열 가지 법칙

이제 성공하는 제목을 만드는 법칙을 알아보자. 사회현상을 날카롭게 짚어낸 제목, 검색이 잘 될 제목, 입소문을 퍼뜨리는 데 적절한 제목, 단어 하나만으로도 영상이미지가 무한대로 확산되는 제목 등은 대박을 낳을 확률이 높다. 그런 제목을 발견하기 위해 무엇을 염두에 두어야 할까?

첫째, 독자를 한 방에 가게 할 단어를 만들 수 있어야 한다. 최고의 제목은 어쩌면 사람의 마음을 강력하게 자극하는 센세이셔널한 단어일 수 있다. 블루오션, 디지로그, 알파걸, 워킹 푸어 등 시대 분위기와 흐름을 잘 표현한 단어를 만들어내야 한다. 새로운 트렌드를 만들 만한 조어를 발견하면 무조건 일정한 승리가 보장된다. 새로운 조어를 만들어내는 데 탁월한 능력을 발휘하는 것은 일본의 출판기획자들이다. 조어의 테크닉을 익히기 위해서 일본의 사례를 몇 가지 살펴본다.

마케이누: 싸움에 진 개, 즉 패배견은 노처녀나 이혼녀를 말한다. 싸움에 이긴 개(승리견), 가치이누는 당연히 결혼한 여자다. 노처녀 대량생산 시대를 야기한 사회적 원인과 그들의 생활방식을 낱낱이 파헤친 에세이스트 사카이 준코의 『마케이누의 절규』(『결혼의 재발견』, 홍익출판사)가 베스트셀러가 되면서 2004년 일본의 10대 키워드에 들어갔다.

에그제리나: '관리하는 이'란 뜻의 'executive'와 발레리나처럼 멋있는 여성을 뜻하는 리나를 결합한 단어다. 잔심부름이나 하는 오피스걸이 아니라 멋있는 관리직 여성이란 뜻이다. 여성지 〈Miss〉가 이 단어를 만든 다음 계속 특집에 활용해서 지금은 고유명사처럼 여겨진다.

미리오네제: 백만장자라는 뜻의 미리오네아와 여성을 뜻하는 이탈리아 접미사 에제를 결합한 신조어. 커리어 우먼이나 워킹 우먼보다 한 차원 더 높은 여성을 이미지화했다. 원서의 제목인 'Secretes of figure women'의 뜻을 최대한 살리려 들었다면 '성공한 여성에게 배워라' 또는 '당신도 할 수 있다' 등 식상한 제목이 나왔겠지만 새로운 차원의 여성상을 나타내는 단어를 활용해『미리오네제가 되어보지 않겠습니까?』로 일본어판 제목을 정해 크게 성공했다. 여성은 돈도 벌고 일도 하고 연애도 하고 결혼도 해서 장차 아이를 낳고 싶어 한다. 결혼해서도 연봉을 1,000만 엔 이상 받는다면 남편과 헤어진다 해도 아이 둘을 데리

고 잘 살 수 있다. 미리오네제는 여성의 '이상향'을 표현한 단어이다. 게다가 시청률 20퍼센트에 가까운 〈퀴즈 미리오네아〉가 최고 상금으로 1,000만 엔을 내걸어 이 새로운 조어는 대중에게 잘 각인되었다. 이 책의 성공 이후 『미리오네제의 스케줄 관리법』 『미리오네제의 재테크』 등 시리즈가 쏟아졌다.

오타리맨: 오타쿠와 샐러리맨을 합한 조어이다. 부제는 '가끔 싸우고, 가끔 진다'인데 이기는 일이 거의 없는 남성상을 만들었다. 남성독자가 대상인 블로그 연재 코믹에세이를 책으로 만들면서 새로운 조어를 활용했다. 남자의 속성을 나타내는 오타쿠, 샐러리맨, 다이어트, 알코올 같은 단어를 나열하고 그중 가장 마음에 드는 두 단어를 조합했다. 일본 여성들은 내 남자가 '오타쿠만 아니면 좋겠어'라고 말한다는데, 독자는 남성과 여성이 6대 4 비율이라고 한다.

둘째, 소설은 제목만 보고도 그 소설이 지닌 구체적이고 강렬한 이미지를 느낄 수 있는 짧은 상징어를 골라야 한다. 물론 시각적으로도 기억하기 쉬운 단어가 좋다. 『바리데기』 『남한산성』 『리진』 『파피용』 『비밀의 화원』 『천년의 왕국』 등 2007년에 화제가 된 소설의 제목은 한결같이 한 단어의 명사다.

셋째, 시대의 분위기를 짚어낼 단어를 찾아라. 한 시대를 풍미한 개념과 사고방식을 날카롭게 잡아내어 그것이 시대의 상징으로 떠오르게 만들어야 한다. 『화』 『용서』 『칭찬(은 고래도 춤추게 한다)』 『행복(한 이기주의자)』 『배려』 등이 대표적이다. 2007년은 『배려』 『경청』 『겸손』 『정진』 등 한 단어로 인간의 심성을 표현한 책이 좋은 반응을 얻었다.

2006년 일본 베스트셀러 1위인『국가의 품격』은 경제지상주의와 글로벌화를 비판하면서 무사도 정신으로 되돌아가자고 역설한 책이다. 품격은 일본적인 것에서 마음의 기반을 추구하는 시대의 분위기를 절묘하게 짚어낸 단어로 2006년 신조어·유행어 대상을 받기도 했다.

품격은 사실 새로운 단어가 아니다. 단지 보수적 색깔이 짙은 내용을 품격이라는 단어로 대신하면서 일본인의 심성을 자극했을 뿐이다. 이책의 성공 이후 품격이라는 단어는 일본인으로서의 자부심과 거의 동의어로 인식되었으며 일본인의 정체성과 습관, 매너에 관한 출판 장르를 활성화했다.『남자의 품격』『여자의 품격』『파견의 품격』등 품격이 들어간 책의 활황은 2007년 하반기까지 이어졌는데『여자의 품격』은 2007년 종합베스트셀러 1위에 올랐다.

넷째, 가치제안을 하는 서술형 제목을 찾아라. 자기계발서나 비소설에서 주로 활용된다. 단정적인 어투로 강력한 메시지를 전달하는 제목은 현대인의 아픈 심성을 쉽게 파고든다.『돈은 아름다운 꽃이다』『대한민국 20대 재테크에 미쳐라』『끌리는 사람은 1%가 다르다』『여자, 결혼은 안 해도 집은 사라』『가난하다고 꿈조차 가난할 수는 없다』『바보처럼 공부하고 천재처럼 꿈꿔라』『꿈이 있는 아내는 늙지 않는다』등을 참조하라.

다섯째, 수치목표는 높을수록 좋다. 바쁜 현대인은 즉효성이 높은 해결서를 추구하게 마련이다.『3분력』『나라면, 3초에 팔겠어!』『사람은 암시로 9할이 움직인다』『하루 10분으로 그림을 잘 그릴 수 있는 책』등은 책을 읽고 얻을 수 있는 힘과 효과를 숫자로 표현한 제목이다. 이처럼 현대인의 고민에 명쾌한 해답을 줄 듯한 제목에 쉽게 사로잡힌다.

과잉정보의 시대에 대중은 인터넷 검색만으로도 대부분의 정보를 얻을 수 있게 되었다. 다만 피가 되고 살이 되는 정보를 얻으려면 일정 시간과 심적 여유가 필요하고 수많은 시행착오를 거쳐야 한다. 오늘날 책은 바로 그런 역할을 대신해야 한다. 마음은 조급하고 늘 바쁜 대중은 '어떻게 살아가야 할까'(인생론)가 아니라 '어떻게 살아남을까'(생존론)에 몰두해 있다.

따라서 책을 읽고 즉시 전력戰力으로 써먹을 수 있거나, 문제를 해결할 수 있는 책을 요구하는 경향이 있다. 그런 사람들에게 ○○ 가지, 백서 등의 책이 먹히는 것이다. 더 빠르게 더 많은 목표를 달성할 수 있을 듯한 암시를 주는 제목이면 효과가 클 것이다.

『천마디를 이긴 한마디』『삐뽀삐뽀 119 소아과』『일분 후의 삶』『끌리는 사람은 1%가 다르다』『39세 100억 부자, 땅투자의 기술』『내 인생을 바꾼 한 권의 책』『한국부자들의 부자일지 ― 10억 이상 부자 600명 밀실 인터뷰』『88만원 세대』『억대 연봉자는 일하는 습관부터 다르다』 같은 제목에 들어 있는 숫자의 역할을 생각해보면 새삼 숫자의 위력을 절감하게 된다.

여섯째, 기존 관념을 깨는 '의문형' 제목이다. 21세기 들어 시대의 불가사의를 해독하기 위한 방향성을 제시하거나 지극히 당연하다고 여겨지던 개념이 정말 그런지 되짚어보는 인문서가 좋은 반응을 얻었다. 9.11테러 이후 그런 경향은 더욱 심해졌다. 『문명의 충돌』『이슬람』의 인기는 최근『만들어진 신』까지 이어지고 있다.

따라서 누구나 생활에서 느끼는 작고 사소한 의문을 독자의 흥미를 끄는 역발상의 의문형 제목으로 만들어야 한다. 독자의 공감을 얻을 만한 의문을 던지고 그에 대한 답을 생각하게 함으로써 독자와의 대화를 낳는 '왜'가 성공의 비결이다. 1,000만 부를 넘긴 예림당의 'Why?' 시리즈의 성공을 염두에 둬라. 하지만 국내에는 『공자가 죽어야 나라가 산다』 이후 이런 유형의 제목으로 성공한 예가 그리 많지 않다. 『나는 장기를 제공하지 않을 것이다』 『사람은 왜 죽이면 안 되는 걸까』 같은 책이 성공한 일본에는 이런 책들이 매우 많다.

일곱째, 젊은이의 언어에 부합하는 제목을 뽑아라. 『괴짜 경제학』의 원제는 'Freak Economics'로 'Freak'과 'Economics'를 결합한 조어다. 직역하면 이상한 경제학이나 기묘한 경제학이 되겠지만 이를 '괴짜 경제학'으로 정하면서 젊은이들의 언어와 학문의 결합이라는 의외성의 제목이 되어 임팩트가 강해졌다. 참고로 일본은 『위험한 경제학』으로 출간됐다.

여덟째, 단순하게 독자의 마음을 파고드는 제목이어야 한다. 머릿속에 비주얼을 떠올릴 만한 제목이나 이건 어디서 읽은 적이 있는 거 같은데 하는 기억을 불러일으키는 제목에서 공감은 생겨난다. '한 장의 그림이 인생을 바꾼다'라는 제목은 공감을 불러일으키기 쉽다. 자기계발서는 채찍과 당근이 필요하다. 적당히 위협한 다음 이 책 한 권이면 해결된다는 이미지가 필요하다. 『The One Page Proposal - 강력하고 간결한 한 장의 보고서』(페트릭 G. 라일리, 을유문화사)는 이런 독자의 심성을 파고든 제목이다.

오늘날 개중이 생각하는 행복의 기준은 비일상에서 느끼는 흥분에서 일상의 사소한 사건으로 변했다. 물질적 풍요보다 마음의 풍요를 추구한다는 이야기다. 고급 레스토랑의 요리보다 집에서 만든 요리를 가족 모두 함께 먹는 데에서 만족을 느낀다. 따라서 사건과 물건과 정보가 넘쳐날수록 단순하고 소박한 단어의 힘이 더욱 커질 것이다.

아홉째, 저자의 이미지를 최대한 활용하라. 유명인과 몸소 실천해 경이로운 결과를 낸 사람은 다르다. 유명한 저자일수록 저자의 이름을 제목에 활용하는 게 좋다. 의외의 인물일 경우 광고나 홍보로 그 인물의 인지도를 높이면 책의 판매도 따라가게 된다.

열째, 과거의 성공에서 배워라. 제목은 유행의 사이클이 있다. 국내외 주요 온라인서점에서 같은 카테고리의 책을 검색해 제목의 경향을 조사하고 독자가 받아들이기 쉬운 제목의 주된 흐름을 살펴보면 힌트를 얻을 수 있다. 수많은 창조는 모방에서 시작된다. 다른 책 제목을 베꼈다는 느낌을 받는 경우가 많다는 것은, 결국 '제목이 제목을 만든다'는 말을 실감하게 한다. 유행한 제목을 살피며 생각나는 것을 적어놓았다가 일정한 시간이 지난 다음 분위기가 충분히 무르익었다고 생각될 때 한번 써먹어 보는 것도 좋은 방안이다. 왜 책 제목도 5년 주기로 되풀이된다는 말이 있지 않은가?

"책의 실패원인은 대부분 제목에 있다"

"무난한 제목은 무난한 결과로 끝난다"고 한다. 우리가 제목에 목숨을 거는 이유 가운데 하나다. 시오자와 미노부가 베스트셀러가 되기 위한 요건이라고 말한 7T, 즉 Thema(내용), Title(제목), Timming(시기), Topic(화제성), Talk(입선전), Talent(탤런트), Type(형식) 가운데 독자에게 첫 인상으로 다가가는 것이 'Title'이므로 제목의 중요성은 아무리 강조해도 지나치지 않다. 나는 제목은 전보문이 되어야 한다고 쓴 적이 있다. 전보 문구는 짧을수록 좋지만, 그 안에 컨셉트, 핵심내용, 헤드카피

3박자가 모두 녹아들어야 한다.

『이 책은 100만부 팔린다』의 저자 이카리 하루오는 책의 실패원인은 대부분 제목에 있다고 말한다. 그는 대표적인 경우로 『가시고기』(조창인, 밝은세상)를 들었다. 한국에서 200만 부 이상 팔린 이 소설은 『영어공부 절대로 하지 마라』의 번역판으로 재미를 본 일본의 선마크출판에서 초판 5만 부를 발행하고 지하철 광고까지 해가며 공격적 마케팅을 해댔지만 결국 빛을 보지 못했다. 가시고기는 암컷이 알을 낳고 사라지면 남은 수컷이 부화한 새끼가 혼자 살아갈 수 있을 때까지 돌봐준다. 이는 보충 설명 없으면 의미를 쉽게 이해할 수 없는 내용이다. 사실 『가시고기』는 『국화꽃 향기』(김하인, 생각의나무)와 함께 IMF구제금융 이후 남녀의 성역할이 바뀌던 한국의 시대적 분위기와 절묘하게 결합해 성공할 수 있었다. 이것이 일본인들에게 공감을 불러일으켰을 리 없다. 따라서 우리는 시대정서에 부합하는 제목을 찾아내야 한다.

하지만 그것이 말처럼 쉽지 않다. 그래서 남들은 어떻게 하는가에 관심이 가지 않을 수 없다. 남들의 성공사례에서 지혜를 빌릴 수도 있으니 말이다.

감동이 넘치는 머리말이어야

『열정시대』(교양인)를 낼 때다. 나도 적잖이 책을 내본지라 평상시 습관대로 머리말(서문)을 써서 출판사에 보냈다. 그러나 바로 퇴짜를 맞았다. 너무 건조하다는 이유였다. 본문과 내용이 겹치더라도 인생의 극적인 부분을 소설처럼 써서 다시 보내달라고 했다. 그래서 다시 써서 보냈다. 또 퇴짜를 맞았다. 이번에는 편집자가 조심스럽게 『한비야의 중국견문록』이나 『지도 밖으로 행군하라』(이상 푸른숲) 머리말을 한번 읽어보라고 충고했다.

앞붙이에서 중요한 것은 머리말

마침 『한비야의 중국견문록』은 없고 『지도 밖으로 행군하라』만 있었다. '지시'대로 한번 읽어보니 머릿속에 그림이 그려졌다. 그래서 다시 써서 보냈다. 바로 답장메일이 왔다. "정말 고생하셨어요. 재미있고 감동이 넘친답니다. 저는 하실 수 있을 줄 알았어요. 이제 힘든 일 다 끝났네요. 마무리 잘할게요." 나는 선생님에게 칭찬받은 유치원생이 된 기분이었다. 그러나 연구소 식구에게 또 한 방 먹었다. 우리가 다시 써달라고 할 때는 매번 그냥 넘어가더니 다른 출판사에서 책을 낼 때는 몇 번이나 고쳐준다고 말이다. 그때 머리말이 좋았던 책을 분야별로 따로 모아두었다가 머리말 때문에 고민하는 저자에게 넌지시 읽기를 권해보는 것은 어떨까, 라는 생각을 했다.

그때부터 잘 된 머리말을 모아 잡지 특집을 한번 꾸려보고 싶었다. 책을 즐겨 읽는 몇 분께 잘 된 머리말을 추천받고 그 이유를 달아놓으면 꽤 근사한 특집이 될 듯했다. 이 소망은 〈기획회의〉 208호(2007.9.20) 특집 「머리말과 만나다」에서 이뤄졌다.

『오체불만족』(오토다케 히로타다, 창해)은 『이 책은 백만권 팔린다』(정보공학연구소)의 저자 이카리 하루오가 서문에서 언급했다. "그는 '머리말'과 '맺음말'에서 강한 감동을 주어야 한다"며, 편집자는 저자에게 "머리말을 읽고 사고 싶은 마음이 들 만큼 멋진 머리말을 써 주세요"라고 부탁해야 한다고 강조했다.

책의 본문 앞에 놓여 책의 분류를 도와주는 표제지, 차례, 판권, 머리말 등을 앞붙이prelims라 한다. 앞붙이는 책이라는 집 안으로 들어가기 위해 거쳐야 할 여러 문을 일컫는다.

앞붙이 중에서 가장 중요한 것은 머리말이다. "서문은 원래 원 텍스트나 작가의 가치를 더욱 부각시키는 기능을 한다. 텍스트에는 담기 힘든 작품의 내용에 대한 변론이나 이론적 체계 등을 제시하거나 텍스트를 쓰는 동안의 과정을 진술하기도 하여 독자로 하여금 작품에 대해 어떤 종류의 '선입관'을 의도적으로 갖게 하기도 한다. 또한 독자도 서문을 읽고서 텍스트를 이해하는데 마음의 준비를 하거나 또는 텍스트로 들어가는 것을 포기할 수도 있다. 그래서 초판의 서문을 개정판으로 낼 때 내용을 고치거나 각주를 보강해 내기도 한다."(임종기, 「출판물에 있어서 파라텍스트에 관한 연구」)

잘 알다시피 머리말은 가장 나중에 쓰지만 맨 앞에 싣는다. 독자가 꼭 읽어주기를 바라면서 말이다. 그러다 보니 머리말을 쓸 때 고민이 보통 아니다. 국문학자 김윤식은 저서를 100여 권이나 썼다. 그리고 1973년부터 2001년까지 낸 95권의 서문을 모아 『김윤식 서문집』(사회평론)을 발표했다. 그 서문을 죽 읽어가는 맛이 남다르다. 그런데 이 책의 머리말 제목이 또 재미있다. '말하지 않아도 되는 말들을 모으면서'이다.

말과 글에 대한 수준 높은 책을 써온 고종석은 『말들의 풍경』(개마고원)에서 "『김윤식 서문집』은 놀라운 책이다. 그 놀라움을 낳는 것은 텍스트의 내용이라기보다 형식이다. 아니, 텍스트 너머에 어른거리는 긴 세월의 고된 글 노동에 대한 상상"이라고 썼다.

당대의 문장가 최일남의 탁월한 '머리말론'

『김윤식 서문집』의 발문(사족으로 덧붙이는 말)을 쓴 소설가 최일남은 "연대순으로 차례차례 나열한 그때그때의 머리말을 읽노라면 문학평론으로 평생을 묵은 이의 외곬 역정이 한눈에 잡힌다. 평론 본래의 생경한 성깔에 가려 있던 글쟁이의 진솔한 자기 노출과 풍경 묘사에 공감하며, 뼈대 위주 글줄에 알맞게 살을 붙이는 넉넉함을 엿본다. 반대로 젊은 시절의 긴장이 연륜을 쌓아가는 데서 터득한 여유로 다소 풀리는가 하자 자신을 얼른 다잡는 기미가 느끼기도 한다"고 책을 미리 읽은 소감을 피력했다.

최일남 발문의 첫머리는 맞춤한 '머리말론'이다. 결례를 무릅쓰고 길게 인용해보자.

어찌어찌 책 한 권을 낼 때마다 제법 점잖을 빼며 얹어야 하는 '작가의 말'이 부담스럽다. 적은 분량에 이런저런 감회를 효과적으로 요약하기 힘든 탓이다. 앞에 앉히면 머리말이요 뒤로 돌리면 발문인데, 아무튼 쉽지 않았다.

저자 나름일 것이다. 어차피 간략하게 적는 것이 상례이므로 긴긴 본문을 완성한 여세를 몰아 앉은 자리에서 단숨에 쓰지 말란 법 없다. 어떤 생각으로 달라붙어 무엇에 중점을 두고 썼는가를 밝히면 그만이니까. 하지만 소설류는 좀 다르다. 사회과학이나 경제서적과 판이한 사람의 이야기인 까닭에, 삶의 어떤 국면을 헤집어 맞짱 뜨듯 덤빈 의도를 건조하게 압축 개괄하기보다는 독자의 감성에 닿아야 제격이다. 정 안 되면 내용과는 동떨어지게 엉뚱한 화법으로 딴청을 부릴망정 맞바로 드러내야 할 자기 소면素面의 시간이 버겁다. 그만큼 많은 생각이 오락가락, 화룡점정도 아닌 것이 고심참담의 자화자찬도 아닌 것이, 어지간히 붓방아를 찧게 만든다. 문학 평론이라고 안 그럴까. 매일반일 터이다. 대동소이하리라 믿는다.

기어코 해냈다는 성취감에, 어렵사리 일을 저질렀다는 막연한 두려움이 겹치는 때문일 게다. 쓰기는 맨 나중에 쓰고 싣기는 맨 앞에 싣는, '독자 필독'을 노린 머리말일수록 만만찮다. 짧은 문장 긴 여운의 두터운 함의 含意를 암시하기 위해 신경을 쓰다가, 기왕지사 구미가 당기게끔 해야겠다는 가외의 욕심이 생기는 것도 이 때다. 하기야 머리말의 모양새도 여러 가지다. 반드시 자신의 손으로 된 것만을 일컫지 않는다. 남의 손을 빈

타서他序마저 혼히 곁들여 자서自序와 구별했다. 일석 이희승 선생께서
동료와 후학들의 책에 써 주신 것만도 수십 편에 이른다.

수정·증보판은 물론, 판을 거듭하는 족족 서문을 다시 다는 예 또한 많
다. 칼 마르크스의『자본론』(김수행 역)이 가령 유난스럽다. 면무식이나
할 양으로 구입한 다섯 권짜리 책의 중간 제목을 주마간산 격으로 들추다
가 보았다. 하품이 나올 정도로 난해한 진술 과정에서 눈에 띈 저자 및 프
리드리히 엥겔스의 서문이 너무 많았다. 불어판 영어판에도 따로 또 썼거
늘, 나 같은 까막눈에겐 그 인문적 서술이 오히려 흥미로웠다.

머리말은 어차피 간략하기 마련이지만 사람에 따라서는 그런 관례도 별
무소용인 듯하다. 한참 TV의 공자 강의로 화제를 모은 김용옥의『여자란
무엇인가』의 머리말에 해당하는 '앞 잔소리'(前小言 : '나는 어떻게 이 글을 쓰
게 되었는가.')는 무려 70쪽에 가깝다. 바로 앞에 놓인 '일러두기'까지 합치
면 80쪽이 너끈하다. 행갈이조차 거의 무시한 활자의 숲이 압도적으로
빽빽한데, 한 해 먼저 나온『동양학 어떻게 할 것인가』에서는 머리말을
또 '이끄는 글'로 바꿔, 여전히 길게 써내려 갔다. 소설가 고종석의 국어
에 관한 세 권의 탁월한 산문집은 분량과 형식이 각각 특이하여 재미있
다.『감염된 언어』에서는 '서툰 사랑의 고백'(모국어에 대한)으로 서문을
대신하더니, '서문에 붙이는 군말'을 따로 보탰다.『국어의 풍경들』때는
여섯 줄('책머리에')로 요약하는가 하자,『언문세설』('책앞에')에서는 딱 2
행으로 끝내 버렸다. "모국어는 내 감옥이다. 오래도록 나는 그 감옥 속
을 어슬렁거렸다. 행복한 산책이었다. 이 책은 그 산책의 기록이
다."…… '감옥' 안에서 행복했노라 시치미를 떼었다.

광복 후에 나온 조선어학회의『우리말 큰사전』서문은 개인 아닌 단체의

명문으로 꼽힌다. 1972년 〈신동아〉 신년호 부록 『한국 현대 명논설집』에도 수록된 역사적 기록으로 뚜렷하다. 이만하면 '머리말론'이라는 별도의 논저가 나와도 좋을 성부르다.

『시카고매뉴얼』이 말하는 머리말의 요건

이쯤 되면 여러분도 눈치 챘을 것이다. 머리말에 대한 자신의 견해를 밝히기 어려우니 당대의 문장가가 쓴 '머리말론'을 가지고 때우려 한다고 말이다. 맞다. 능력이 부족한 나는 이보다 훌륭하게 머리말에 대한 생각을 밝힐 능력이 없다. 그래서 편집자가 알아야 할 머리말에 대한 '고전적' 설명을 소개하는 것으로 적당히 마무리하려 한다. 다음은 편집자의 바이블이라는 『시카고매뉴얼』에서 머리말에 대한 부분을 완역한 글이다.

추천사foreword

대부분 저자가 아닌 다른 사람이 집필하고 때로 저명한 사람이 집필하기도 한다. 이 경우 속표지에 '존 퀸시 서문' 등으로 표기한다. 그 저작에 대한 저자의 글은 대개 머리말preface이라 한다. 추천사와 머리말은 둘 다 같은 사이즈와 형태로 책에 실린다. 추천사는 대개 몇 쪽에 걸쳐 실리고 글쓴이의 이름은 마지막에 나온다. 이때 본문과 한 줄(또는 그 이하) 정도 여백을 두고 오른쪽 끝에 이름을 넣어준다. 추천사를 쓴 사람의 직함 등은 이름 아래에 좀더 작은 글씨로 싣는다. 제목이 있든 없든 추천사가 길면 작가의 이름은 처음에 넣어주어야 한다.

머리말preface

작품을 쓰게 된 동기, 조사 방법(텍스트 이해에 중요하다면), 감사의 글, 다른 저서를 인용할 경우 그에 대한 허가를 받았음을 명시한다.

작가의 사인author's signature

머리말에는 사인을 할 필요가 없다. 독자들은 사인이 없어도 속표지의 이름을 보고 저자가 머리말을 썼으리라 생각한다. 누가 썼는지 명확하지 않거나, 작가가 사인하고 싶어 한다면(때로는 이니셜만이라도) 마지막 줄에 넣어준다. 이때도 본문과 한 줄(또는 그 이하) 정도 여백을 두고 오른쪽 끝에 이름을 넣는다. 장소와 날짜가 추천사와 머리말에 들어갈 경우 역시 텍스트와 한 칸 정도 여백을 두고 오른쪽 끝에 실어야 한다.

새로운 머리말new preface

개정판을 찍거나, 오랫동안 절판되었던 책을 다시 찍을 때 원래 머리말보다 새로운 머리말을 먼저 실어야 한다. 원래 머리말은 대개 '초판 머리말'로 제목을 바꿔야 하고 새로운 머리말은 '재판 머리말' 또는 '페이퍼백 머리말' '1993년판 머리말' 등 적절하게 제목을 붙여야 한다. 편집자 머리말과 저자의 머리말이 모두 들어갈 경우 편집자 머리말(제목은 '편집자 서문', '편집자 머리말'로 붙인다)을 먼저 싣고 글 끝에 편집자의 이름을 싣는다.

감사의 말acknowledgements

감사의 글이 길면 머리말 다음에 별도의 섹션을 잡는다. 머리말이 감사의 글로만 구성되어 있으면 제목을 감사의 글로 바꾼다. 감사의 글은 대개 책의 뒷부분에 나온다(책의 뒷부분에 나와야 할 여러 요소 가운데 가장 처음에 나온다). 여러 권으로 구성된 경우 감사의 글이 동일하면 1권에만 넣어준다. 권마다 다를 때에는 따로 넣어준다.

서론introduction

서론은 앞에 나오는 부속물에 속하지 않고 텍스트에 속한다. 따라서 아라비아 숫자로 페이지를 붙인다. 책에 대한 자료는(예를 들어 원본 등) 머리말에 들어가거나 감사의 글에 들어가야 한다. 저자가 아닌 다른 사람이 쓴 서론은 대개 감사의 글 다음에 따라 나오는 전문front matter에 포함한다. 이때 글의 길이가 3-5쪽 정도라면 추천사라 부르고 머리말 앞에 둔다.

네이버 용어사전의 '서문' 설명

이것을 간략하게 정리하면 어떨까. 네이버 용어사전의 '서문(序文, preface)'을 보면 다음과 같이 잘 정리돼있다.

서적의 앞붙이 중의 한 요소로 해당 서적의 내용구성의 개요라든지, 집필 동기 또는 저자의 견해 등을 밝혀 독자의 이해를 돕기 위한 목적의 저자의 글. 머리말·서序·서문·권두언·들어가는 말 또는 서언이라고도 한다. 그러나 이들 용어는 서로 구별해서 사용할 필요가 있다. 이들 용어에 해당되는 영어에는 preface, foreword, introduction이 있는데, preface란 바로 여기에서 말하는 서문에 해당되는 것으로 저자 자신이 쓴 것을 말하며, foreword란 다른 사람이 써 주는 서문으로, 곧 우리나라의 경우에서는 추천사에 해당된다. 또한 introduction이란 본문에 앞서 저자의 견해

나 입장을 간단히 밝히는 서언을 의미한다. 따라서 우리나라에서도 이들 각각의 개념에 해당되는 용어를 구별해서, 예를 들어 preface에 해당되는 것은 서문 또는 머리말, foreword는 추천사, 그리고 introduction은 서언 등으로 구별해서 사용할 필요가 있다. 서문은 표제지 다음에 두는 것이 상례이다. 그러나 헌사가 있으면 그 뒤에 두고, 또한 추천사가 있는 경우에는 그 뒤에 둔다. 판이 거듭될 경우, 각 판마다 서문을 둘 때는 최근에 가까운 판순으로, 예를 들어 제3판, 제2판, 제1판 서문 등의 순으로 넣는다. 한편 번역서의 경우는 역자의 서문을 먼저 넣고 그 다음에 원저자의 서문을 넣는다.

서문의 문자크기는 특별한 경우가 아니면 본문의 그것보다 크게 할 필요가 없다. 서문의 말미에는 그 집필일과 집필자의 성명을 밝혀야 한다. 집필자를 밝히는 것은 저자 이외의 다른 사람의 서문도 있을 수 있기 때문이다.

띠지에 목숨을 걸어야 하나

책이 한 권 있다. 편집자는 그 책의 장점을 잘 정리해서 뒤표지에 배치했다. 독자가 그 글만 읽고도 책을 사보고 싶다고 느낄 수 있게 말이다. 책이 출시되자 그는 서점에 나가서 독자들이 그 책을 어떻게 대하는지 유심히 살펴보았다. 한데 기대와 달리 독자들 대부분이 책 표지만 한번 살펴보고 그냥 놓아버리는 것이 아닌가? 그 편집자는 땅을 치며 후회했지만 이미 엎질러진 물이었다. 만약 그가 표4 대신 띠지에 그 문구를 담았다면 독자들의 반응은 어땠을까? 띠지를 보고 유혹 당한 김에 앞뒤 날개와 뒤표지를 차례로 읽어보지 않았을까?

"표지는 얼굴, 제목은 눈, 띠지는 입주변"

우리는 보통 책의 컨셉트와 고유판매제안(USP: Unique Selling Point)과 책의 이미지를 동일한 것으로 여긴다. 편집자가 잡은 컨셉트는 영업자가 판단한 그 책의 판매포인트와 맞아떨어지게 마련이다. 또 디자이너는 책의 컨셉트를 표지에 제대로 이미지화해야 한다. 그런데 그렇게 만들

100

어진 표지에 또 띠지를 덧씌운다.

그렇다면 띠지란 무엇인가? 이카리 하루오는 '띠지가 당신을 미소 짓게 하는가?'라는 글에서 "타이틀이 눈이라면 띠지는 입 주변에 해당된다"(『이 책은 100만부 팔린다』)고 했다. 그 항목의 전문은 다음과 같다.

타이틀이 눈이라면 띠지는 입 주변에 해당된다. 띠지 카피는 담당 편집자가 쓰는데 오랜 경험에 방해가 되는 건지, 내용을 독자에게 소개하는 데 가장 큰 비중을 둔다. 그런 띠지는 결과적으로 책을 선택하는 독자의 눈에 띄지 않는 재미없는 것이 되고 만다.

띠지에 책 내용을 쓸 필요는 전혀 없다. 읽고 싶고 사고 싶은 카피를 써야 한다. 가령 『기품 있는 영어회화입문』이라는 타이틀의 띠지에 '이 책은 황태자비가 애독했습니다'라는 한 행만 썼다면 어땠을까? 아마 100만 권쯤 팔렸을 것이다. 그리고 현재 인기 있는 사람이 '이 책에 푹 빠져 있다' '감동했다'라고 사인해준 것을 그대로 넣으면 효과적일 것이다.

띠지 카피는 내용은 확인하지 않아도 팔릴 만한 것이어야 한다. 이 점이 핵심이다. 내용을 나열하는 것은 아무래도 효과가 적고 쓸데없이 길어지기 쉽다. 전략적으로 TV 등 매스컴에서 점점 책이 언급되게 해 두고 'TV에서 대단한 화제!' '모두가 눈물 흘린 한권'이라는 내용의 띠지를 붙이는 방법도 있다.

나는 띠지 카피가 충분히 독자를 설득시킬 수 있는 문구여야 한다고 생각한다. 띠지 카피와 관련해 POP에 관한 전설 같은 이야기가 있다. 어느 서점 주인이 특별히 팔고 싶은 책이 있어 그 책에 '이 책은 읽지 말 것'이라는 POP를 손수 만들어 붙였다. 그러자 놀라울 만큼 잘 팔렸다고 한다. 즉

'손대지 마시오'라고 쓰면 만지고 싶어지는 이치와 같다. '절대 들여다보지 마시오'라고 하면 반드시 들여다보고 싶어지고, 결국은 들여다보게 되는 것이 사람의 심리다. '사지 마시오'라고 말하면 왠지 사고 싶어진다는 독자 심리를 멋지게 이용한 서점 주인의 승리라고 할 수 있다.

띠지는 책의 공정에서 마지막으로 진행된다. 하지만 독자는 책을 대할 때 가장 처음으로 띠지를 접한다. 표지가 얼굴이라면 제목은 눈에 해당하고 띠지는 입 주변에 해당한다는 이카리 하루오의 지적은 그래서 타당해 보인다.

띠지를 만드는 것은 편집의 한 과정이다. 마쓰오카 세이고에 따르면, "편집이라는 얼개의 기본적인 특징은, 사람들이 관심을 갖게 될 정보 다발(정보 클러스터)을 어떻게 표면에서 안쪽을 향해 특징지어 가느냐 하는 프로그래밍인 것이다. 여기에 럭비 시합이라든가, 맛있는 음식정보라든가, 우주가 개벽할 때의 빅뱅 등과 같은 '정보 상자'가 있다 치고, 이 정보 상자에 접근하는 사람들에게 잇달아 그 안에 있는 정보의 특징을 제공하는 작업"(마쓰오카 세이고, 『지知의 편집공학』, 넥서스)이 바로 편집이다.

그중에서도 "타이틀이나 헤드라인은 편집이 무엇인지를 나타내는 가장 알기 쉬운 예다. 타이틀이나 헤드라인은 어떤 정보의 일부 특징을 보여줄 뿐이지만, 눈길을 확 끌어 사용자user가 '정보 상자'에 접근하게 만드는 매혹적인 깃발attractive flag이다. 유저, 즉 사용자는 이 매혹적인 깃발에 마음이 끌려 잡지나 책, 텔레비전과 같은 '정보 상자'를 잇달아 연다"고 볼 수 있다.

마쓰오카가 예로 든 책은 『소피의 세계』다. 제목만으로는 이 책이 연애소설인지 서스펜스인지 철학책인지 알 수 없다. 그래서 출판사는 거기에 부제를 붙이고, 그것도 성에 차지 않아 띠지를 두른다. 일본판『소피의 세계』의 부제는 '철학자에게서 온 이상한 편지'(한국어판의 부제는 '소설로 읽는 철학')이고 띠지에는 "전 세계에서 읽고 있는 철학 판타지, 당신은 누구인가?"라고 씌어 있다. 부제와 띠지로 이 책이 담고 있는 내용이 무엇인지를 정확하게 알려주는 셈이다.

띠지는 꼭 필요한가

띠지가 꼭 필요한가? 그렇지는 않을 것이다. 실제로 띠지가 없는 책이 수없이 쏟아져 나온다. 표지 디자인에서 말하고자 하는 바를 모두 표현했다면 비싼 돈을 투여하면서 구태여 띠지를 만들 필요가 없다. 그러나 이제 띠지는 책의 전체적 미를 추구하는 디자인의 일부로서 당당하게 영역을 넓혀가고 있다. 물론 앞에서 말했듯이 띠지에는 책의 내용을 설명하는 문구가 들어가기도 하지만, 실제로 독자가 띠지의 문구를 보는 순간 이 책을 꼭 사야 하겠구나 하는 마음이 들게 하는 것이 좋다. 그래서 띠지에 책의 USP가 드러나는 경우가 많다.

또한 띠지는 편집자가 책에 대해 생각하는 모든 것을 말해주는 곳이기도 하다. 이때 책을 팔고 싶은 욕망을 표현한다든지, 책의 내용을 최대한 효과적으로 전달한다든지 하는 식으로 띠지 문구를 고려하게 된다.

독자가 이 책을 읽어주었으면 하는 마음을 표현하는 데 띠지가 가장 효과적인 수단일 수 있지만, 책에 따라서 띠지의 역할이 바뀌기도 한다. 띠지는 이미 독특한 발상으로 책답지 않은 표지의 기능까지 해내고 있으며 표지 디자인의 폭을 넓히기 위해 의도적으로 띠지가 도입되기도 한다.

요즘 띠지 디자인에는 보는 것만으로도 기분이 좋아지는 독특한 발상이 많이 도입되고 있다. 표지 하단에 가로로 6센티미터 정도 높이의 띠지를 씌우는 것이 보편적인 방식이지만 세로로 또는 표지의 2/3 크기로 만들기도 한다. 띠지는 독자의 눈에 잘 띄어야 하며 표지(또는 커버)와 통일성을 기해야 한다.

띠지의 유무와 상관없이 편집자는 책을 산 사람이 대접받았다는 느낌의 책을 만들어야 한다. 띠지 때문에 디자인의 균형이 무너진 책을 독자가 좋아할 리 없다. 독자가 좋아하지 않는다면 돈을 투여해놓고 책을 팔지 않으려고 애쓰는 꼴이 된다.

독자가 기뻐할 책을 만든다는 것은 무엇을 의미하는가? 그것은 표지 디자인을 잘하는 것일 수도 있고 본문 레이아웃을 잘하는 것일 수도 있다. 또는 책 전체가 자아내는 분위기일 수도 있다. 각각의 책에 적합한 북 디자인이 무엇인지를 생각하면서 띠지나 때로는 재킷조차도 정말 필요한지 질문을 던져볼 필요가 있다는 말이다. 북 디자인의 범위를 스스로 설정해놓고 동일한 패턴을 반복할 것이 아니라 자유로운 발상으로 띠지의 존재이유를 끊임없이 되물어야 한다.

띠지를 어떻게 바라봐야 하는가는 『띠지 디자인』('레이아웃스타일' 시리즈 별책, PIE BOOKS)에 실린 일본 디자이너 도다 도쓰무의 인터뷰를 참고해볼 만하다.

띠지가 없으면 안을 들여다보기 편하기 때문에 판매자들 입장에서는 더 낫다고 생각할 수도 있습니다만, 그건 '팔린다'라는 문제와는 관계가 없을지도 모르죠. 책과 사람의 관계는 5미터 정도 떨어진 곳에서 시작되는 듯합니다. 먼저 제목이 눈에 들어옵니다. 책을 손에 들고 표지를 보고 대체적인 내용을 파악한 뒤 책을 폅니다. 특히 사상분야와 사회과학분야의 책으로 할 수 있는 것은 거기까지입니다. 차례와 소제목 등 저자의 범위에 접근해가는 거죠.

그런 과정을 거치지 않고 독자들의 눈을 끌게 하려는 도구가 띠지입니다. 좀 떨어진 거리에서도 읽을 수 있고, 책의 내용을 전달할 수도 있습니다. 실은 이건 양날의 칼 같은 문제죠. 띠지는 '나와는 관계가 없는 책이다'라고 생각할 위험도 포함합니다. 알기 쉽다는 것은 때로는 무한의 가상공간으로 들어가는 출입구를 차단하는 단점도 있으니까요. 띠지는 광고의 '직전매체直前媒體'에 가깝다고 볼 수 있습니다. 가장 마지막 판촉(소구) 수단으로 기능하지만, 미디어를 뛰어넘어서 메시지를 전달하는 능력은 갖고 있지 않습니다. 게다가 직전매체로서의 기능은 제목이 훨씬 강하죠. 정말 책을 팔려고 한다면, 그 나름대로 전략이 있을 것입니다. 독자에게 확실히 전달하기 위한 판매방법을 철저히 검증해서 생각해낸 것이라면, 지금의 띠지 같은 형태가 되지 않았을지도 모르죠. 서점은 스쳐가는 장소이기도 하지만, 책과 접한 채 잠시 생활하는 장소이기도 합니다. 그러한 장소와 시간에서 책과 사람이 커뮤니케이션할 수 있는 '서점 디자인'을 해도 좋을 것입니다. 대부분의 서점이 잘 팔리는 책을 서점 앞에 진열하는데 왜 안쪽에는 놓지 않는 것일까요? 편의점은 그러한 점을 염두에 둔 걸로 보입니다. 서점 전체 디자인을 커버와 띠지 등 북 디자인의 연장선상에서 생각해보면 어떨까 싶습니다.

띠지, 어디까지 발전했나

북 디자인에서 생각해야 하는 것은 무엇인가? 가장 먼저 고려할 것은 책의 내용이다. 디자이너는 책의 내용을 충분히 이해한 다음 디자인 컨셉트를 잡아야 한다. 하지만 현실은 어떤가? 책의 내용을 제대로 파악하려는 디자이너는 그리 많지 않다. 그냥 분위기만 파악해 적당히 '껍데기'만 씌우려 들 뿐이다.

실력 있는 디자이너는 원고가 제 것으로 완전히 소화될 때까지 원고를 읽어댄다. 그렇게 열심히 읽다 보면 처음에 막연하게 생각했던 디자인 컨셉트는 사라지고 어느 것을 중심으로 디자인할 것인가가 새롭게 떠오른다. "텍스트 내용과 문체, 어떤 제목을 붙였는지를 보고 그 제목을 어떤 단어로 바꾸면 좋을지를, 저자와 편집자가 느끼지 못한 정신적 육체적 움직임 등을 이미지화하면서 생각"해본다. 그러다 보면 종종 제목마저 바뀐다. 내가 만난 디자이너 가운데 스기우라 고헤이, 정병규, 뤼징런呂敬人 등은 인문적 사유가 깊은 분들로 디자인을 하기 위해 늘 이러한 부분을 고민한다고 한다.

흔히 책이 사람에게 다가가는 것이 아니라 사람이 책에 다가간다고 한다. 제목과 책을 독자에게 맞추려는 것은 독자상을 고정적으로 묶어두는 것이라고도 한다. 따라서 디자이너가 독자로서 추구해야 할 것은 늘 책을 새롭게 구성하려는 의지다.

게다가 책은 어떻게든 팔아야 한다. 어떤 디자이너는 책의 판매기획서를 요구하기도 한다. 처음에 나는 디자이너의 그런 요구에 당황했지만 나중에는 그 디자이너의 실력을 믿게 되었다. 디자인 비용을 높게 부르기는 했으나 결과물을 보고는 비용이 아깝다는 생각이 전혀 들지 않았다. 능력 있는 디자이너는 책이 서점의 어떤 판매대에 진열될 것인지, 누가 어떤 장소에서 읽을 것인지, 왜 그 책을 출간했는지, 얼마나 판매하고 싶은지 등도 늘 고려해야 한다.

『동양적 가치의 재발견』
위앙스 지음, 동아시아,
2007

북 디자인은 깔끔하고 평범한 느낌으로 하되 다양한 의미가 하나의 이미지로 잘 표현된 완성도 높은 디자인이어야 한다. 책을 집어 든 사람의 가슴을 설레게 할 정도로 독특한 디자인이면서 이 책을 꼭 갖고 싶다는 마음이 생기는 소박한 디자인이라는 양쪽 측면을 균형 있게 갖춘 북 디자인이어야 한다는 뜻이다. 예전에는 그것이 표지 디자인으로도 충분했다. 그런데 이제 책의 띠지까지 도입해 디자인의 완성도를 높이기도 한다. 때로는 그것이 책의 재킷인지 띠지인지 구분이 가지 않을 정도다.

『동양적 가치의 재발견』(동아시아)은 판형의 높이가 194밀리미터인데 재킷의 높이는 160밀리미터다. 이것은 재킷인가, 띠지인가? 재킷을 띠지로 구성한 것일 수도 있고, 띠지를 독특하게 구현한 것일 수도 있다.

일본책 중에는 띠지를 표지에 살짝 걸쳐 놓은 듯한 모습의 책도 있다. 띠지에는 어떤 상을 수상한 작가의 최신단편집이라는 무미건조한 설명만이 놓여 있다. 당연히 표지와 띠지의 색은 똑같다. 띠지에는 과도한 주장이 드러나지 않지만 그렇다고 띠지에 요구되는 선전적 요소를 거부한 것도 아닌 듯 보인다. 전체적 미를 추구한 디자인의 일부를 띠지가 떠맡은 경우다. 디자이너는 그 이유를 이렇게 설명한다.

"서점에 가보면 책의 분위기와 완전히 다른 느낌을 가진 띠지를 두른 책들 뿐, 아무리 봐도 모두 똑같은 책처럼 보였다. 그렇게 눈에 띄기만 하는 디자인이 아닌, 전체를 하나의 완성된 제품으로 디자인한 것을 보여주고 싶었다."

지금부터 일본의 띠지 디자인 가운데 눈에 띄는 몇 가지 사례를 살펴본다. 영화의 한 장면을 모티브로 한 단편집『이제 턱을 괴어도 되겠습니까?』는 띠지를 벗기고 책을 펼치면 영화관의 스크린 같은 그림이 나타난다. 표지에는 책의 제목이나 저자의 이름 등 문자적인 요소를 모두 배제했다. 당연히 그것은 띠지에 들어가 있다. 디자이너는 그 이유를 이렇게 설명한다.

"표지에 글자를 넣고 싶지 않다는 생각이 들었다. 아래 부분이 없는 듯한 느낌이 맘에 든다. 시의 묘미는 행간을 읽을 수 있고, 직접적으로 단정지어 말하지 않는 데 있기 때문에 설명적 디자인을 피하는 게 좋을 거라고 생각했다."

『맛있는 비밀』은 폭이 넓은 띠지에 제목과 저자 이름을 넣었다. 표지에도 똑같은 내용이 들어가 있지만, 일부러 띠지로 가려 놓았다. 한가로운 느낌이 드는 띠지의 타이포그래피는 아리야마가 아트 디렉션을 맡고 있는 〈쿠아넬クァネル〉(매거진 하우스)의 분위기와도 통한다. 활자를 배치할 때 특별히 의식하고 했음을 느낄 수 있다. 디자이너는 그 이유를 이렇게 설명한다.

"활자는 직관적 느낌으로 조합하기 때문에 설명하기 어렵지만, 활자를 배치하면서 공간과 백지가 어떻게 변해갈지 생각한다. 활자를 넣음으로써 백지라는 부분에 형태가 생겨나기 때문에 그러한 것을 무의식중에 생각하게 된다."

작은 문자이지만 특유의 존재감을 갖는 것은 공간을 적절히 사용한 효과라는 뜻이다.

무라카미 하루키의『동경기담奇譚집』띠지는 '기담'이라는 단어를 읽지 못하는 독자도 있을 테니 사전처럼 띠지를 만들 수 없겠느냐는 저자의 아이디어를 활용했다. 국어사전의 이미지를 활용해 띠지를 구성한 것이다. 예전의 것을 그리워하는, 기묘한 책을 만들고픈 컨셉트였기에 옛날식 조판의 느낌을 주는 띠지를 만들었다.

고단샤가 발행하는 잡지 〈모닝〉은 30대가 타깃이지만 2-50대의 회사원들에게 폭넓게 지지를 받는 청년 코믹잡지다.『배가본드』『블랙잭에게 부탁해』(한국어판『헬로우 블랙잭』),『지팡구』『드래곤 사쿠라』(한국어판『최강 입시전설 꼴찌! 동경대 가다!』) 등 대형 히트작을 연이어 탄

『이제 턱을 괴어도 되겠습니까?』마스노 고이치 지음, 실업의일본사, 2004.(상).
『맛있는 비밀』다카하시 미도리 지음, 미디어 팩토리, 2005(중).
『동경기담집』무라카미 하루키 지음, 신초샤, 2005(하).

생시켰다. 그런데 이 잡지에 연재했던 만화를 단행본으로 펴낼 때는 띠지를 모두 초록색으로 통일했다. 서점의 포스터와 POP 등도 모두 초록색으로 통일했다. 서점에 가면 초록색으로 통일된 서가를 볼 수 있다. 이런 전략이 독자의 눈을 끌고 독자를 책장으로 이끄는 역할을 해냈다. 띠지를 프로젝트화한 경우다.

상단을 접는 타입의 포스터 형태로 재킷을 만든 다음 상단을 접어 띠지로 활용한 책도 있다. 커버 일체형으로 만들어져 펼치면 한 장의 포스터가 되며, 상단을 접으면 띠지가 그 위에 붙은 것처럼 보인다. 띠지에는 책 제목과 선전 문구가 들어 있다. 띠지가 꼭 책 아래에 있을 필요가 없음을 보여준다. 같은 사람이 만든 책 중에 띠지가 씌워져 있을 때와 띠지를 벗겼을 때 서로 다른 결말이 나오는 만화 세 컷을 실은 표지, 뒷면에 단가가 들어간 띠지 등이 있는데 모두 띠지 덕분에 즐거워지는 독특한 발상이 넘쳐난다. 개그만화는 개그만화답게, 순수문학은 순수문학답게, 책 내용에 맞춰서 특징을 온전히 드러내는데, 마치 띠지는 마음대로 갖고 노는 것이라고 말하는 듯하다. 디자이너는 그 이유를 다음과 같이 설명한다.

"굳이 설명은 하지 않아요. 띠지의 비밀을 알아차리지 못한 사람은 알아차리지 못한 그대로 문제없이 책 내용을 맛볼 수 있습니다. 알아차린 사람은 좀 기쁘다고 할까. 비밀스런 커뮤니케이션으로 이어지게 되죠. 띠지라는 게 그냥 예쁘게 디자인하는 것보다 다른 에너지가 들어가면 강해지거든요. 디자인에 대해서는 잘 모르지만, 이 책을 어떻게든 팔고 싶다는 사람의 기분을 우선시해서 레이아웃을 하면, 책 자체와의 갭이 커집니다. 원래 띠지와 커버는 하나로 어울리기 힘든 법이니까요. 조화를 이루려면 띠지가 약해져야 합니다."

2006년 일본에서 가장 많이 팔린 소설『도쿄
타워』(릴리 프랭키)는 가족의 중요성을 일깨우
는 내용을 감안해 부모 세대의 향수를 자극할
만한 양과자점 포장지를 이미지화한 띠지를
사용했다. 사진과 일러스트를 포함해 저자가
직접 디자인했는데 띠지에는 책을 읽은 독자,
서점직원, 저자 친구들의 의견을 실었다.

『아방가르드 선언』은 재킷에 세 가지 색을
사용해 구조물을 이미지화하고 각각의 색에
책 이름, 편집자명, 본문에 등장하는 아티스트
이름을 넣어서 조합했다. 띠지의 색은 짙은 검
은 색이고 위로 올라갈수록 재킷의 색이 옅어
지는데, 띠지는 가장 가깝게 보이는 구조물처
럼 느껴진다. 책의 표지 디자인에 여러 구조물
이 갖는 입체감을 잘 표현한 경우다.

『비밀의 식물』은 희귀한 식물을 다룬 책이
다. 희귀한 식물이 얼굴을 살짝 드러낸 것을 이
미지화하기 위해 띠지의 높이를 책의 2/3 정도
로 하고 띠지에 책 제목과 저자의 이름을 크게
넣었다. 책의 주제가 식물이기 때문에 직선은
어울리지 않는다고 생각해서 띠지를 곡선으로
처리했다.

『도쿄타워』릴리 프랭키 지
음, 후소샤, 2006(상).『아방
가르드 선언』이구치 히사노
지음, 산겐샤, 2005(중).『비
밀의 식물』후지타 마사야 지
음, WAVE출판, 2005(하).

몇 사례를 제외하고 지금까지 언급한 책들 모두『띠지 디자인』란 책에 나온 사례다. 책의 실제 모습을 볼 수 없어 조금 헷갈릴 수도 있겠지만 어쨌든 띠지 디자인 발상이 너무나 다양하다는 것만은 이해할 수 있을 것이다.

띠지의 미래는?

한 디자이너는 앞으로 글자가 한 자도 들어가지 않은 띠지를 만들고 싶다고 했다. 인쇄되지 않은 종이로 책을 감싼다면 꽤 무서운 띠지가 될 것이란다. 띠지가 어디까지 진화할지를 가늠하게 하는 말이다.

그렇다면 띠지는 앞으로 어떻게 될까? 아마 기상천외한 아이디어로 뭉친 띠지들이 크게 늘어날 것이다. 책은 더 이상 미디어의 제왕이 아니다. 독자는 책이 아니어도 수많은 정보를 얻을 수 있다. 이런 성향은 나이가 어릴수록 심하다. 게다가 책의 종수는 갈수록 늘어난다. 서점의 진열 경쟁 또한 더욱더 심화될 것이다. 대형서점에서는 쏟아지는 신간 때문에 단 하루도 책을 진열하지 못하는 경우마저 생긴다. 따라서 우리는 이제 구태여 책이어야 하는 이유를 책 자체로 당당하게 설명할 수 있어야 한다.

정병규 선생은 "정보의 저장, 전달의 속도와 양의 기준으로 볼 때 책은 도저히 디지털 매체의 수준에 턱없이 못 미치는 열등한 매체로 전락"하고 만 듯했지만 이러한 "책의 위기상황에서 책을 소생시키고 새로운 가능성으로 떠오른 것이 책의 디자인, 디지털 시대의 새로운 북 디자인의 개념"이라고 했다. 그런데 우리가 앞에서 살펴보았듯이 책의 띠지는 이제 북 디자인의 중요한 한 축으로 당당하게 자리 잡아가고 있다.

따라서 너무나 당연하게도 앞으로 북 디자인과 띠지의 역할은 더욱 중요해질 것이다. 어떤 이는 "1년에 두세 번밖에 책을 읽지 않는 사람이 갑자기 서점에 갔을 때 어떻게 책을 고를까. 질이 높은 책을 만들지 않으면 앞으로 출판사는 살아남지 못할 거라고 생각한다. 그것은 디자인뿐 아니라 책 본문의 구성도 마찬가지"라고 했다. 지금 전문서적은 1,000부를 팔기도 어렵다. 정가가 1만 2,000원이면 보통 저자의 인세는 120만 원가량이다. 그런데 책의 표지를 만드는 비용은 저자 인세를 능가한다. 거기에다 띠지를 따로 구성한다면, 더구나 책이라는 구조물의 당당한 한 영역이 된 수준 높은 띠지를 만들려 한다면 또 그 이상의 비용을 들여야 할지도 모른다.

하지만 그것이 우리가 결코 원하지 않는다 해도 어차피 맞이해야 할 미래인지도 모른다. 앞으로는 책 제목이나 표지에 들이는 정성 이상으로 독특한 발상의 띠지를 만들기 위해 동분서주할지도 모를 일이다.

새로운 '예술', 손글씨 디자인

요즘 책 표지 제목을 '손글씨(캘리그래피)'로 꾸미는 경우가 늘고 있다. 네이버 사전에서 캘리그래피를 찾아보면, "필기체·필적·서법 등의 뜻으로, 좁게는 서예를 가리키고 넓게는 활자 이외의 서체書體를 뜻하는 말이다. 어원은 손으로 그린 그림문자라는 뜻이나, 조형상으로는 의미 전달의 수단이라는 문자의 본뜻을 떠나 유연하고 동적인 선, 글자 자체의 독특한 번짐, 살짝 스쳐가는 효과, 여백의 균형미 등 순수 조형의 관점에서 보는 것"으로 되어 있다. 하지만 캘리그래피는 서양에서 빌려온 말이라는 비판과 함께 이에 걸맞은 이론적으로 정립된 정확한 용어는 아직 없다. 따라서 여기서는 '손글씨'로 부르기로 한다.

사람에겐 인격, 책에는 책격

나에게 손글씨의 중요성을 처음으로 일깨워준 사람은 정병규 선생이다. 1997년에 북 디자인 강의를 할 때부터 그는 사람에게 인격이 있듯이 책에도 '책격'이 있다며 '1책1자설'을 내놓았다. 1책1자설은 사람마다 각자 이름이 있듯이 책마다 내용과 일대일로 호응하는 문자-활자가 있음을 뜻하는데, 정병규 선생은 이를 "한글 이미지의 적극적 가능성과 한글이 가진 강력한 시각적 에너지를 말하는 은유적 개념"이라고 설명했다.

그는 디지털 타이프 시대가 되면서 활자 생산방식의 변화로 말미암아 "완전히 백화난만한 수많은 표정이 생기기 시작한 것은 타이포그래피 역사상 획기적인 혁명이다. 이 지점에서 활자는 지금까지 활자의 가장 중요한 기능이었던 의미전달 기능을 넘어 스스로 이미지화된다. 한글의 상형성을 이야기할 수 있게 된 것도 이 지점이다. 기술적 환경이 변했기 때문이다. 한글의 잠재된 상형성을 기반으로 이미지화가 가능해진 것도 이렇게 디지털 타입 시대가 펼쳐졌기 때문이다. 한글의 상형성은 디지털 혁명 시대의 한글의 새로운 타이포그래피 현상, 새로운 이미지화현상"이라고 정리했다.

신영복 선생의 『처음처럼』(랜덤하우스코리아)을 보면서 나는 신영복 선생이야말로, 캘리그래피라는 말을 쓰지는 않았지만, 손글씨의 중요성을 책 세계에서 앞장서 몸소 연출한 사람이 아닐까 하는 생각이 들었다. 이제는 책뿐만 아니라 내가 즐겨 마시는 소주에까지 그의 손글씨가 새겨져 있으니 격세지감을 느끼지 않을 수 없다.

손글씨, 새로운 예술의 경지로

기계로 찍어낸 디지털적인 차가운 느낌의 타이포가 아니라 손으로 쓴 글씨를 사용한 상품이 전방위적으로 늘어나는 이유는 뭘까? 책뿐만 아니라 영화, 드라마, 오페라, 뮤지컬 등 문화상품에서부터 거리의 간판, 신문, 잡지, 광고, '거의 모든' 제품의 포장 등에서 우리는 따뜻한 느낌의 아날로그적인 손글씨를 발견할 수 있다. 이는 상품이 인간의 감성을 움직이려면 제품 자체의 독특한 이미지를 표출해 인간의 마음 깊이 충격을 줄 수 있어야 하기 때문일 터이다.

2007년 2월 3일 전경련회관 대회의실에서는 필묵의 김종건 대표가 주관한 '2007 한·중·일 손글씨 디자인 현황과 전망'이라는 워크숍이 열렸다. 그 자리에서 나는 서예와 회화를 구별하지 않는, 서화동원書畫同源 사상이 일반화된 동아시아에서 활자의 이미지화가 이미 거대한 물결이 되었음을 확인했다. 중국의 리샤오보李少波와 일본의 히라노 소겐平野壯弦이 모아온 작품들을 보면서 이제 손글씨는 그 자체가 그림이 되기도 하고 그림이나 디자인과 결합해 인간의 관념을 표현하는 새로운 예술의 경지로 접어들고 있음을 느꼈다.

초등학교부터 대학까지 서예가 필수과목이고 성인이 되어서도 서예를 일상화하는 중국이나 컴퓨터가 도입된 이후에도 서도가 그리움과 동경의 대상이 되는 일본에 비해 아직 일천한 우리 디자인의 손글씨 역사를 반영한다고나 할까. 하지만 새로운 현상의 하나로 자리 잡아가는 움직임만은 분명해 보인다. 손글씨와 디자인의 행복한 결합은 책의 가능성을 키우고 있으니 말이다.

출판기획자의 블로그 활용술

제5의 미디어라는 블로그는 이제 현실이다. 현장에서 일하는 사람이라면 누구나 블로그 한두 개쯤은 운영할 텐데, 앞으로 블로그가 없는 개인의 삶은 꿈꾸기 어려운 것이 사실이다.

개인이 미디어가 되는 사람들, 알파 블로거

개인의 일상을 기록하는 또는 취미로서 즐기는 블로거뿐 아니라 수많은 팬을 확보하고 매스미디어만큼의 영향력을 지닌 카리스마 블로거가 잇따라 등장하고 있다. 우리는 그들을 알파 블로거라고도 한다. 알파 블로거는 수많은 독자를 거느리며 인터넷에서 정보전달의 허브가 되는 블로그를 운영하는 사람을 말한다. 한 달에 몇 만 건이 넘는 접속수를 보이며 많은 블로그에 링크된다. 경제 분야에서 서평, 시사, 예능분야까지 내용의 종류도 다양하다.

알파 블로거 가운데는 전문지식을 무기로 정보를 발신하고, 블로그가 하나의 미디어로서 신뢰를 획득해가는 경우도 있다. 또한 블로그를 정보원으로 활용해 기획아이디어를 얻기도 하고 독자들을 구매로 이끌기도 한다. 블로그에서 자신의 미디어를 갖기 시작한 사람은 알파 블로거만이 아니다. 먼저 그들을 유형별로 분류해보면 다음과 같다.

두 켤레의 짚신, 겸업 비즈니스 블로거: 기업이 비즈니스에 이용하는 블로그 또는 상점이나 아티스트 등이 정보를 발신하거나 커뮤니케이션하기 위해서 설치한 블로그를 운영하는 사람. 운영자가 명확하고 본업과 직결된 정보를 발신하는 것이 특징.

모바일 소설가: 휴대전화를 이용해 소설을 쓰고, 휴대전화를 통해서 공개하는 사람. 독자의 응원에 힘입어 작품이 책으로 만들어져 저자가 되는 사람도 등장했다. 직업 소설가로서 활약하는 사람이 모바일용 작품을 쓰는 사례와는 다르게, 대부분이 아마추어인 일반인이다. 작품 발표뿐 아니라 블로그를 같이 전개해가는 사례도 있다.

어필리에이트계 상품 리뷰 블로거: 블로그 안에 기업 사이트 링크를 걸고, 열람자가 그 링크를 경유해서 해당 기업의 사이트에서 회원등록을 하거나 상품을 구입하거나 하면, 보수가 지불되는 광고방법을 이용한 블로그를 운영하는 사람.

일기계 블로거: 일상을 기록하기 위해 블로그를 이용하는 사람. 독서·PC·여행·연극·음악 등 취미에서 맛집과 화제의 스폿 정보, 최근에 일어난 사건과 뉴스에 이르기까지 장르에 관계없이 생각한 대로 기사를 올린다. 시민기자나 매스컴이 보도하지 못한 여러 가지 문제나 틈새시장의 화제를, 집필을 생업으로 하지 않는 일반인이 다양한 시점에서 취재한 정보를 발신한다. 독자의 시선으로 알기 쉽게 전달하는 특징이 있다.

출판에 종사하는 사람들도 좋든 싫든 블로그를 활용한다. 직접 블로거가 되기도 하지만 영향력 있는 블로그를 활용하기도 한다. 출판 현장에서 블로그 활용의 현황과 그 대응법을 알아본다.

한 아르바이트 사원의 경험

『중국 초우량주에 돈을 묻어라』(에버리치홀딩스)라는 책이 출간됐다. 그런데 이 책은 근본적인 한계가 있었다. 중국책을 원문에 충실하게 번역하다 보니 정작 한국인이 중국주식에 투자할 때 필요한 정보는 찾아볼 수 없었다. 또 중국주식이라는 검색어로 책이 노출되지도 않았다.

당연히 책은 출간되자마자 사장되다시피 했다. 그러나 온라인 환경에 익숙한 직원이 마케팅에 참여하면서 이 책의 운명은 바뀌었다. 먼저 중국주식에 관한 정보를 제공하는 블로그를 만들었다. 중국에 주식투자를 하는 데 필요한 정보를 모아서 글을 작성했고, 그 글들에 현재 출판한 책에 대한 다양한 소개를 실었다. 그리고 책에 싣지 못했던 정보들을 제공해 애프터서비스를 했다. 또 잠재독자들이 인터넷에서 중국주식에 관해 검색했을 때 블로그가 쉽게 노출되게 만들었다. 블로그를 통한 커뮤니티 이벤트도 벌였다.

결과는? 중국주식 정보에 목말랐던 잠재독자들은 블로그에서 제공하는 정보에 열광했고, 책을 소개하는 글을 자발적으로 퍼갔다. 인터넷에 '광고'를 하는 것이 아니라 '양질의 정보를 제공'하면서 독자가 자발적으로 찾아오게 만든 것이다. 지금도 날마다 수십 명이 블로그에 들어와 퍼뮤니케이션(글 퍼기기를 통한 키뮤니게이션)을 한다.

이 책의 판매는? 책의 내용적 한계에도 불구하고 판매가 상향 일변도로 굳어지면서 꾸준히 팔렸다. (이수영, 「온라인마케팅, 책과의 행복한 공존을 꿈꾸다」, 〈기획회의〉 203호 2007.7.5). 이 책의 온라인 마케팅을 담당한 이는 한겨레문화센터에서 내가 진행하는 '출판비즈니스' 수강생이었는데, 한 온라인서점에 글을 올린 것이 계기가 되었다고 한다. 그는 마수취안의 『모략의 즐거움』(김영사) 독자서평에 다음과 같은 글을 올렸다.

아주 좋은 책! 그리고 이 책도 좋지만…
이 책을 읽고 즐거움을 느끼신 분들께, 이 책의 저자인 마수취안의 또 다른 책도 추천해드리고 싶네요! 착점: 인생의 한수 어디에 둘 것인가
링크주소: http://www.yes24.com/Goods/FTGoodsView.aspx?
goodsNo=2492282&CategoryNumber=00100102 50010 06
정작 중국에서는 '착점'이 더 뛰어난 평가를 받고 있다고 들었어요~ 이 책에 관심이 있는 분들이라면 개인적으로 '착점'의 일독을 먼저 권하고 싶네요! ^_^마수취안-
중국 사람이라 그런지, 우리에겐 그리 알려지지 않은 저자인데…중국에서는 이미 베스트셀러 작가로 이름이 높다죠.
읽어보시면 알겠지만, 수십억 중국인들을 매료시킨 베스트셀러 작가답게 글도 아주 녹아납니다!

이 독자서평이 오르고 난 다음 『착점』의 판매지수는 바로 몇 배나 뛰어올랐다. 신생출판사 입장에서 이런 변화가 나쁠 리 없었다. 그러나 김영사에게는 미안한 일이라고 생각했다. 그래서 처음에는 이 글을 쓴 이가 누군지를 찾았던 모양이다. 나는 그리 미안한 일은 아니니 내버려두

는 것이 어떻겠느냐고 이야기했다. 그랬는데 출판사는 글 쓴 이를 알고 나서 온라인 마케팅 담당 아르바이트 사원으로 뽑았다. 출판경험이라 고는 전혀 없는 사람을 말이다. 그리고 겨우 한 달 반 동안 그는 많은 성 과를 냈다.

그는『황제 배후의 여인』(장유유, 에버리치홀딩스)이란 책이 나오자「측 천무후, 그녀에 대한 모든 것」이란 글을 블로그에 올렸다. 뒤이어「측천 무후(무측천), 그녀에 대한 모든 것 – 두 번째 이야기!!!」도 올렸는데 지 금도 이 글들은 네이버에서 검색하면 초기 화면에 뜬다. 그 글을 드라마 〈대조영〉과 관련된 블로그 등에도 올렸는데 여러 블로그로 퍼뮤니케이 션이 잘 이루어졌다. 나는 이 이야기를 듣고 〈기획회의〉에 실을 원고를 청탁했다.

이 사례는 우리 사회가 중요한 터닝 포인트를 막 돌았음을 보여준다. 오늘날 독자는 프로슈머, 즉 생산자이면서 소비자라는 사실을 다시 한 번 확인해주는 것이다. 이제 소비자는 정보를 일방적으로 받아들이지 않는다. 스스로 정보의 질을 판단하고 즐기는데 그때 유저가 퍼트리는 정보, 즉 다른 독자(고객)의 판단을 보고 구매를 결정한다. 만약 생산자 가 의도적으로 흘린 정보라면 이런 반응은 결코 없었을 것이다.

이 모두가 블로그를 통해 이루어졌다. 개인정보 발신 미디어의 기능을 톡톡히 하는 블로그는 쌍방향 커뮤니케이션의 장으로서 기능한다. 따라 서 블로그는 모든 마케팅의 시발점이 된다. 게다가 블로그에서 유명세를 탄 보통사람이 저자가 되는 일도 일상적으로 일어난다. 오죽하면 '모든 사람은 미디어'라는 말이 나올까? 출판기획자는 온리인 마케팅과 저자 발굴이라는 두 마리 토끼를 잡기 위해 알파 블로거 찾기에 분주하다.

갈수록 진화하는 블룩

1인 미디어인 블로그를 활용해 만든 책을 블룩blook이라고 한다. 2006년 4월에 〈비즈니스위크〉는 미국에서 출간되는 베스트셀러 100권 중 20권이 블룩이라고 보도했다. 블룩은 일정한 독자를 확보한 뒤 출간되기 때문에 판매가 어느 정도 보장된다는 장점이 있다.

국내에서 블룩 하면 대표적으로 떠오르는 사람이 시골의사 박경철이다. 『시골의사의 아름다운 동행』 『시골의사의 부자경제학』(이상 리더스북) 등 그의 책들은 펴낼 때마다 베스트셀러에 올랐다. 국내에서 블룩의 원조격인 『2000원으로 밥상 차리기』(김용환, 영진닷컴)와 시리즈로 출간되는 『영어일기 표현사전』(하명옥, 넥서스) 등은 대형베스트에 올랐다.

블룩도 진화한다. 김영사가 펴낸 『요리의 달인』(김은주 외)은 요리 실력을 인정받은 블로그 스타 다섯 명의 요리 비법 전수서다. 갤리온이 펴낸 『나는 길고양이에 탐닉한다』(고경원), 『나는 아이디어 물건에 탐닉한다』(고진우), 『나는 와인의 눈물에 탐닉한다』(김혜선), 『나는 소소한 일상에 탐닉한다』(문태곤), 『나는 아프리카에 탐닉한다』(정환정), 『나는 부엌에 탐닉한다』(이성실) 등은 '작은 탐닉'이라는 시리즈로 묶였다.

이제 요리, 옷 만들기, DIY 등 실용서 분야에서 블룩이 대세처럼 여겨진다. 하지만 한계도 없지 않다. 종이에 쓰는 글쓰기와 브라우저에 쓰는 글쓰기 방식은 분명 다르다. 따라서 블로그를 책으로 펴낼 때에는 편집자의 전문성이 충분히 발휘되어야 한다. 그런데 현실은 그렇지 않다. 누구나 정보를 열람할 수 있는 개인 블로그가 책으로서 얼마만큼의 메리트가 있을지를 따지지 않고 무작정 책으로 펴낸 경우도 적지 않다. 이런 경우 책은 내용보다 온라인 마케팅에만 초점을 둔 출판사의 마케팅

전략의 하나로 전락할 수밖에 없다. 또 누가 원저작자인지 알기 어려워 저작권 분쟁이 벌어질 소지도 있다.

개인의 일상을 다루고 그 속에서 책이 될 만한 테마를 찾는다는 점에서 블로그는 디지털적이지만, 인간의 감성을 느낄 수 있다는 점에서 블룩은 아날로그적이다. 블룩이 침체된 출판시장에 활기를 불어넣는 것만은 분명하다. 저자를 전방위로 발굴할 수 있다는 장점도 있다. 따라서 대형 베스트셀러가 되는 블룩은 앞으로 늘어만 갈 것이다.

블로그가 미디어가 되기 위한 3단계 과정

그렇다면 우리는 블로그를 어떻게 활용해야 할까? 〈편집회의〉 2007년 7월호 특집은 「일본의 카리스마 블로그」였다. 그 특집의 잠정적인 결론은 블로그의 이용자는 증가하지만, 미디어로서 평가는 이제 첫걸음 단계라는 것. 『알파 블로거』 저자이자 비즈니스 뉴스 커뮤니티 'FPN' 블로거인 도쿠리키 모토히코德力基彦는 "원래 블로그를 일기로서 쓰는 사람이 많고, 미디어를 목표로 하는 사람은 적다. 블로그를 시작하는 것은 쉽지만 시작한 블로그를 미디어로 만드는 일은 어렵다"라고 했다.

사적인 기록을 남기는 '일기로서 블로그'가 대부분인 상황에서 블로그는 미디어가 될 수 있을까. 도쿠리키는 블로그가 미디어가 되기까지 3단계 과정을 거친다고 한다. 먼저 자신의 생각을 쓰면서 의견과 정보를 기록해두는 개인의 도구 단계. 그 다음 적은 수의 독자와 동료의식을 공유하고 커뮤니케이션을 즐기는 단계, 불특정 다수의 독자들에게 읽히는 미디어의 단계가 있다.

블로그를 미디어화하는 데는 '지속성이 가장 중요한 요소'라는 도쿠리키. 신문과 잡지, 텔레비전 같은 기존 미디어는 처음부터 어느 정도의 독자와 시청자에게 도달한다는 전제가 있지만, 블로그는 제로 상태에서 출발한다. 도쿠리키는 "독자를 늘리는 데에는 시간이 걸린다. 무명인이 반응을 느낄 정도까지 독자를 늘리려면 적어도 반년은 계속해서 써야 한다. 반년을 계속할 수 있다면, 그동안 다른 블로거와 독자의 커뮤니케이션 방법, 독자를 늘리는 방법, 블로그를 계속하는 방법도 터득하게 되고, 자신이 미디어적인 블로그를 희망하는지도 알 수 있을 거라고 생각한다"라고 했다.

그렇다면 기업들은 어떤가? 블로거를 새로운 매체로 활용하려는 출판기업은 블로거를 통해서 앞으로 소비자와 커뮤니케이션을 하고 싶어 한다고 분석한다. 커뮤니케이션은 지금까지와 같은 일방적 정보발신이 아니라 쌍방향의 대화다. 블로그는 코멘트와 트랙백 기능을 통해서 '대화'하는 미디어이고, 그것이 기존 미디어와 커다란 차이이기도 하다. 미디어로서 블로그에 요구되는 부분은 정보전달의 허브로 기능하면서 대화를 통해 심도 깊은 커뮤니케이션이 가능한 능력이다. 세상에 큰 영향을 미치는 블로그도 등장했으며, 블로그 열람자와 기업은 그러한 블로거의 존재에 눈을 뜨기 시작했다. 해외 사례를 보아도 블로거가 정보원으로서 인정받고 성장할 가능성을 내재하고 있음을 알 수 있다.

블로그의 활약 가능성

누구나 가볍게 시작할 수 있다는 점이 블로그의 매력이지만 남보다 한 걸음 앞서서 정보를 발신하고, 많은 독자를 포용하는 '미디어'가 되어 기업의 주목을 끌거나 나아가 저서를 출간하는 단계에 오르는 블로거는 많지 않다. 그렇다면 지금까지 확인된 기존 미디어와 차별점을 갖는 알파 블로거의 활약 가능성은 무엇일까?

① 블로그가 기존 미디어와 다른 점은 정보 전달 후 피드백 속도가 빠르다는 것이다. 정보 송신자와 수신자가 순식간에 역전되고 지금까지 일방적으로 정보를 받기만 했던 사람들이 정보를 발신하게 되었다는 역동성이 존재한다.

② 블로그는 롱테일 미디어다. 블로그는 텔레비전(영상), 신문, 잡지 같은 매스미디어에서 다룬 적 없던 마이너리티의 의견을 반영한다. 시민이 자신의 관점과 비슷한 저널리스트의 의견을 들을 수 있게 된 셈이다. 따라서 블로그는 매스미디어에 해당하는 최대공약수적 접근이 아니라 다양한 개인의 마음을 움직이는 접근이 필요하다.

③ 지금까지 제품에 대한 소비자의 목소리를 듣기 위해 기업이 할 수 있는 방법은 앙케트와 그룹 인터뷰 등이 전부였다. 하지만 블로그를 활용하면 유저의 의견을 순식간에 모을 수 있다. 크라우드소싱이 대표적이다. 블로그의 등장은 제품 제작과정에도 변화를 가져왔으며, 블로그적인 속도감으로 상품개발에 임하는 기업이 성장을 구가하는 시대다.

④ 블로그는 사회를 바꾸는 힘이 되기도 한다. 기존 미디어는 이미 일어난 사건을 보도하는 성격이 강한 반면, 블로그는 현재진행형으로 세상의 움직임에 반응하며 기대하는 결과를 유도하고 세상을 계몽하는 메커니즘이다.

⑤ 블로거는 아웃사이더가 아니라 플레이어가 되어 사회를 바꿀 수 있는 사람이다. 어느 정도의 익명성이 존재하는 블로그 세계에서는 비슷한 속성의 사람이 모이는 기업에서 경험하지 못하는 폭넓은 의견에

125

부딪힌다. 따라서 여러 의견과 비판에 관대하며 발전으로 연결될 커뮤니케이션 능력이 필요하다.

⑥ 블로그에서는 '동일성'의 축에 들어가지 않는 개성 있는 사람들이 많다. 매스미디어와 달리 블로그 세계에서는 타인과 똑같은 일을 해서는 의미가 없다. 한 사람 한 사람 개성 발휘가 요구되고, 개성 자체가 사회적 가치를 지닌다.

⑦ 각각의 미디어 특성을 살려 복합적으로 사용할 수 있는 인간이 승리를 거두게 될 것이다. 기존 미디어는 매스미디어로서 효과가 있고, 블로그는 블로그의 장점이 있다. 블로그의 효용과 적정성을 잘 이해하고 종이매체와 블로그를 잘 활용할 줄 아는 편집자가 각광받을 것이다.

블로그에서 글을 쓸 때 주의할 점

출판마케터가 블로그를 활용할 경우 글을 쓸 수밖에 없다. 이때 글은 오프라인 매체에 쓰는 글과는 현격하게 달라야 한다. 앞에서 예로 든 『착점』의 사례와 네이버에 올라 있는 '무측천'에 대한 글도 시사점을 던져줄 것이다. 프로블로거들의 글쓰기 방식을 살피며 블로그 글쓰기에 대한 답을 찾아보자.

도쿠리키 모토히코: 아리엘 네트워크 프로덕트 매니지먼트실 매니저 www.ariel-networks.com/blogs/tokuriki 해외 웹 서비스와 소프트웨어 소식, 리뷰에서 라이프 백, 일의 기술 등 워크 스타일에 관한 화제를 취급하는 블로그.

나중에 기억하기 쉽게, 기사만 읽고도 서비스와 도구 특징과 개요를 생각할 수 있게, 관련된 서비스와 기사에 링크를 걸어놓는다. 또한 뉴스 기사에 씌어 있는 사실만이 아니라 내가 어떻게 생각하는지 직관적인 감상을 가능한 한 그대로 메모한다. 라이터와 블로거는 비슷하면서도 전혀 다른 존재라는 느낌도 든다. 라이터는 기본적으로 매체의 독자에 대해서 무엇인지 모르는 정보와 새로운 관점을 제공하는 사람이라는 이미지가 있다. 처음으로 블로그를 쓰면, 어떻게든 라이터처럼 '정보발신'을 한다는 생각에서 다른 사람이 모르는 것을 쓰려고 하기 십상이지만, 이래서는 오래 갈 수 없다. 인터넷에는 그 분야의 전문가가 많이 있기 때문에 나 같은 보통 회사원이 블로그를 쓸 때는, 누군가와 대화하는 느낌으로 생각한 그대로를 메모로서 쓴다. 그런 방식으로 블로그를 사용하는 것이 좋지 않을까 생각한다.

마츠모토 게이스케松本圭介 : 정토진종본원사파 승려, 단행본화를 전제로 블로그 갱신 중. 히간지彼岸寺www.higan.net나 불교에 관심 있는 다양한 분야의 사람들이 모여서 정보발신을 하는, 초종파 불교 미디어다.

좋은 템포의 문장을 쓰도록 노력한다. 유명인의 일기 블로그 등과는 성격이 다르기 때문에, 너무 개인적인 일을 나열하면 독자가 읽지 않을 거라고 생각한다. 상정 독자는 폭넓은 일반인이지만, 실제 독자는 승려 등 불교 관계자가 많아서 전체적인 기사의 톤은 함께 '절의 미래'를 생각하는 모든 사람을 향해 쓴다. 독자와 친근한 미디어인 블로그의 장점을 활용하려 한다. 당연한 일이지만 사람에 대해서 개별적으로 비판할 만한 내용은 쓰지 않는다. 개인적으로 비판 의식을 갖고 있는 개별 사항에 관해서 쓰는 경우에도 먼저 자기 비판적 질문을 던지도록 마음을 쓴다.

사사키 마사아키佐佐木正明 : 산케이신문사 오사카 본사 사회부기자 sasakima.iza.ne.jp 세계가 바라본 일본을 상징하는 단어는 '이코노믹 애니멀'도 '메이드 인 저팬'도 아닌 'Cool Japan'(멋진 일본문화). 애니메이션과 게임, 영화 분야뿐 아니라 거기서 파생한 코스프레 문화와 음악도 주목받고 있다. 내가 2년 동안 살았던 모스크바에서는 일본 요리, 패션, 인테리어 등도 주목을 받았으며 일본 열풍이 일어나고 있다. 고품질을 전제로 한 편안함과 서양문화에는 없는 일본 특유의 동양적 정신세계가 여러 가지 물건에 녹아들어 있기 때문에, 눈길을 끄는 것이다. 블로그 'Cool Cool Japan!'은 러시아뿐 아니라, 세계에서 받아들인 일본의 제품과 사람을 클로즈업하고 소개하는 사이트다.

읽기 쉽고 매력적인 문장이라는 의미에서는 문자로서의 표현에 얽매이지 않고, 신문기자라고 생각할 수 없을 정도로 사진과 영상을 풍부하게 사용한다. 디지털 세대는 역시 사진과 영상을 중요시한다. 게다가 텔레비전에서도 보도하기 쉽지 않은 문자정보를 정확하고, 적절하게, 기승전결을 알기 쉽게 보여줘야 받아들일 거라고 생각한다. 그리고 문체는 '합니다'라는 어조가 기본. 해외 사건은 아무래도 역사적 배경과 그 나라만의 사회적 정세를 바탕으로 하지 않으면 정확히 전달할 수 없기 때문에 난해한 설명을 해야만 할 때가 있다. 그때는 중·고생도 알 수 있을 만한 '~합니다' 문체를 사용한다. 사진과 영상은 이해를 돕는 재료다. 또한 조금 더 깊은 정보를 원하는 독자를 위해서 코멘트에서 개인적인 관점과 그 밖의 정보를 안내하는 링크를 걸어놓았다.

알파 블로거 이치루의 글쓰기 테크닉

〈편집회의〉특집에서는 알파 블로거인 이치루의 글쓰기 테크닉도 다뤘다. 그가 다루는 블로그는 두 가지. 각각 나눠 쓰는 이유가 있다고 한다. 브라우저라는 종이가 아닌 매체의 특질에 맞는 글쓰기 방식을 취한다. 그는 각각의 블로그 특징을 고려해서 글을 작성한다고 한다.

개인 블로그 〈고도리 피요피요〉 coolsummer.typepad.com/kptori

흥미 있는 것을 장르에 관계없이 소개한다. '고도리 피요피요'는 대체적으로 하루에 하나의 기사를 올린다. 어렵지 않고 술술 읽을 만한 이야기가 주된 내용을 이루고 있어 다음과 같은 것을 염두에 두고 작성한다.

① 눈을 자주 움직일 필요가 없게 한 행 문자수를 15-25문자로 제한한다.
② 문장 구조로 리듬감을 만들고, 이야기를 듣는 것처럼 읽을 수 있게 신경 쓴다. 행간에 여백을 주고, 스크롤 했을 때 이야기 결말이 보이게 하거나, 문자를 크게 하거나 작게 하거나, 색을 주어 감정을 표현하거나…. 또한 문자를 꾸밀 때에는 각각 CSS의 클래스(Class, 블로그 전체에 적용하는 CSS에서 그 장식 스타일을 정의하는 것이 클래스다. 문자를 크게 하거나 빨갛게 하거나 할 때에 색이나 크기의 정도를 규정하는 것이 아니라 클래스를 만들어둔다. 문자를 꾸미고 싶을 때에는 거기에 맞추면 아무리 문자를 크게 히거나 작게 하거나 색을 바꿔도 블로그 전체의 디자인이 손상되지 않고 해결된다)에 '색은 빨강색이

고, 크기는 보통 3배' 라고 새롭게 규정하고 그것을 적용해서 항상 사이즈와 색이 제멋대로 변하지 않게 블로그 디자인에 전체적 통일감을 주도록 신경 쓴다.

③ 바쁜 사람이 건너뛰고 읽을 수 있게 포인트가 되는 문장은 굵은 글자로 하고, 굵은 부분만 읽으면 의미를 파악할 수 있게 궁리한다.

④ 읽지 않아도 즐길 수 있게 가능한 한 동영상을 삽입한다.

⑤ 내용면에서 자신이 어느 부분에 흥미가 있는지 잘 전달할 수 있게 쓰려고 한다. 기분 좋게 읽도록 쉬운 문체를 사용한다. 중상모략 기사는 정말 화를 참지 못할 경우가 아닌 이상 쓰지 않으려고 한다. 마니아들을 위한 기사를 쓸 때는 관련 기사내용을 모르는 독자를 상정하고, 가능한 한 알기 쉽게 쓰려고 한다.

블로그 미디어 '기즈모드 재팬giamodo.jp'

세계의 최첨단 전자기기 정보를 볼 수 있다. 이치루가 게스트 편집장을 맡고 있다. '기즈모드 재팬'은 하루에 20건 정도 기사가 올라온다. '고도리 피요피요'보다 훨씬 많다. 또한 전자기기 관련정보로 특화했기 때문에 독자도 인터넷 리터러시 능력이 높은 사람이 대부분이어서 다음과 같은 것을 염두에 두고 쓴다.

① 기사의 문장량은 가능한 한 짧게 쓴다.

② 바쁜 사람들을 위해 포인트가 되는 부분을 굵은 글자로 하고, 굵은 글자만 좇아가면 일단 의미를 알 수 있게 아이디어를 짜낸다.

③ 정보 소개가 아니라, 그 가전기기의 특별한 정보와 새로운 시점과 감

상을 포함한다.

④ 기사의 출처 사이트를 반드시 소개한다. 정보가 많은 때는 기사의 출처를 보면 전부 알 수 있게 기사를 쓴다. 정보의 세밀성과 망라성에는 구애받지 않는다.

⑤ '고도리 피요피요'처럼 글자장식, 행간, 1행의 문자수에는 제한을 두지 않는다. 많은 양의 재미있는 정보를 한 번에 얻을 수 있는 것이 '기즈모드'의 재미라고 생각하기 때문에 가능한 한 효율적으로 정보를 얻게 배려한다.

⑥ '기즈모드'에는 여러 라이터들이 참가한다. 전체적 레이아웃과 최소한의 약속 외에는 라이터의 개성을 전면에 내세운다.

브랜드 팬, 카테고리 인플루엔자, 어필리에이터

이제 출판기업도 정보량 많고 입소문의 신뢰도가 높은 블로그를 마케팅과 홍보, 기획에서 중요하게 활용하기 시작했다. 지금까지는 아무 대가없이 글을 쓰는 블로거가 대부분이었다. 하지만 이제 출판기업들은 자사 책에 관심이 깊은 블로거를 찾아내 소비행동의 패턴이 어떤지를 분석한 후 관계를 맺어가려고 한다.

그렇다면 '기업에서 유익한 블로거'는 어떤 존재일까. 블로그를 쓰고, 공개하는 시점에서 사회에 영향을 미치는 인플루엔자가 될 수 있을 만한 소지는 어떤 블로거에게도 있겠지만, 책에 대해서 블로거만의 의견을 써 놓을 때 입소문 효과가 좀더 높아지고 출판사의 주목도 끌 수 있다.

영향력이 큰 블로거는 깊은 지식이 있고 정보원으로서 큰 도움이 된다. 기사의 내용도 좋고, 심사숙고해서 기사를 쓰기 때문에 상품의 고유명사 등도 정확하다. 블로그를 미디어로서 의식하고, 읽는 사람을 생각하면서 쓰고 있음을 알 수 있다. 또한 네트워크 규모가 큰 것도 특징이다. 트랙백과 코멘트가 많을수록 영향력이 크다. 발신하는 능력을 갖춘 사람은 수신 능력도 갖추고 있다. 블로거의 프로필이 확실히 씌어 있고, 그 사람의 배경을 알게 되면 미디어로서 신뢰성도 높아진다.

알파 블로거는 재미있는 기사거리의 '전도자'라 할 수 있는 존재이기 때문에 입소문을 노리는 기업의 관심이 집중된다고들 생각하지만, 기업에서 인플루엔자가 반드시 알파 블로거는 아니라고 한다. 주목을 요하는 것은 '브랜드 팬'과 '카테고리 인플루엔자'로 분류되는 블로거들이다. 브랜드 팬은 특정 상품에 관해서 지속적으로 기사를 쓰는 블로거다. 예를 들면 특정 과자를 일주일 동안 몇 번이나 먹고 기사 갱신을 하는 OL블로거가 여기에 해당한다. 실제로 과자를 사서 먹기 때문에 식품에 관한 관여도는 무척 높다. 과자 팬들에게는 강한 영향력을 미칠 수 있다. 알파 블로거와 비교해서 발신력은 없지만 기업으로서는 깊은 관계를 맺고 싶은 블로거인 셈이다.

카테고리 인플루엔자의 예를 들면 편의점의 전반적인 과자를 좋아해서 그 카테고리에서 상품을 평가할 만한 블로거다. 상품 브랜드 관여도는 낮지만 발신력은 있는 사람들이다. 반드시 발신력이 큰 알파 블로거가 인플루엔자라고 단정할 순 없지만, 특별한 존재가 아닌 일반인이 한정된 커뮤니티에서 인플루엔자로서 위력을 발휘할 수 있다는 점이 블로그의 재미있는 부분이다.

기업에게는 어필리에이터의 존재도 중요하다. 어필리에이터는 상품을 선전하는 글을 자신의 블로그 등에 쓰고, 기업 사이트로 링크를 걸어놓는 사람이다. 이 링크를 통해 독자가 기업 사이트에 회원등록을 하거나 상품을 구입하면 보수를 받아서 수입을 올리는 시스템이다. 높은 보수를 받으려고 자신의 블로그 독자층과 타깃이 비슷한 광고를 싣는 것은 기본이다. 높은 수입의 어필리에이터는 한 발 앞서서 블로그에 광고를 맞추는 것이 아니라, 광고를 바탕으로 블로그의 테마를 결정한다. 이상의 예가 아직 출판업계에 일반화된 것은 아니다. 하지만 이제 우리가 어느 방향으로 나아가야 하는지를 확실하게 알려줌은 분명해 보인다.

블로그에서 예측할 수 있는 위기들

하지만 블로그가 긍정적인 부분만 있는 것은 아니다. 블로그가 개인이 정보를 발신할 수 있는 미디어인 만큼 블로거 개인의 논리적 위기관리 능력이 요구된다. 일기를 쓰는 기분으로 블로그를 운영하다 보면 누구든 블로그를 볼 수 있는 공공장소에 정보를 공개한다는 사실을 망각하기 쉽다. 그렇지만 블로그의 개인정보가 누출되거나 자신도 모르는 사이에 저작권을 침해당하는 일이 생길 수 있다. 블로그에서 예측할 수 있는 위기는 무엇인가. 그것을 어떻게 피해갈지 〈편집회의〉는 다음의 세 가지에 주의를 촉구한다.

① 악플: 어리석은 발언에 비난의 댓글이 집중된다. 악플을 잠재우려고 블로그 패쇄가 논의되기도 한다.

② 개인정보 노출: 개인정보를 태연하게 블로그에 공개, 신변정보를 기록함으로써 자택 주소지가 판명되는 경우도 있다.

③ 저작권 위반: 독자의 즐거움을 위해 블로그에 사진 게재. 사진의 무단사용은 저작권 위반이라고 느끼지 못하는 경우가 많다.

저작권 위반은 또 있다. 책을 대거 요약해 영업을 하는 행위는 곧 철퇴를 맞을 위험이 있다. 한때 출판사들이 도서요약서비스가 홍보에 이익이 될 것이라고 생각해 방치(또는 방관)했지만 이는 명백하게 저작권 침해다. 전문가들에 따르면, 표절은 단지 저작재산권만을 침해하는 일이지만 도서요약서비스는 저작재산권뿐만 아니라 저작인격권의 동일성유지권까지 침해하는 행위다. 이에 대한 문제점을 정확하게 인식하고 출판계가 공동대응해 문제를 어느 정도 해소했지만 앞으로 여전히 저작권을 위반할 위험성은 상존하는 셈이다.

3부 ● 한국출판의 비전 찾기

한국출판의 현황과 번역의 과제

『마시멜로이야기』의 대리번역

베스트셀러『마시멜로이야기』(한국경제신문)의 번역자는 인기 아나운서
가 아니라 실제로 번역한 사람이 따로 있다는 사실이 폭로됐다. 이른바
'대리번역' 사건이 터졌다. 한 기자로부터 이 사건에 논평을 해달라는
전화를 받고 나는 터질 것이 터졌다는 생각과 함께 그게 뭐 대수냐는 생
각이 동시에 떠올랐다. 출판계에 이미 대리번역이 횡행하고 있었기 때
문이다. 이 사건을 다시 이야기하는 이유는 번역 하면 우리는 긍정적 이
미지보다 부정적인 생각을 더 많이 떠올리기 때문이다. 그 후 1주일 동
안 전국의 수많은 매체에서 사건 관련 논평을 요구하는 바람에 무척 힘
들었다.

　대한출판문화협회(이하 출협) 통계에 따르면 2007년에 출간된 번역서
는 12,321종이나 된다(표2 참조). 그런데 사실 이 통계는 완전하지 않다.
2005년 이후 한 해에 출간되는 책은 실제로 6만 종이나 되지만 출협의
공식통계는 그보다 적다. 출협 통계는 납본을 기준으로 하는데, 납본 비

율이 대략 73퍼센트밖에 되지 않기 때문이다. (문화관광부가 2007년 4월에 펴낸 『출판지식산업 육성계획』에 따르면 2005년 출협 납본대행 종수는 4만 3,585종이었으나, 국립중앙도서관 일반도서 납본수집 종수는 5만 1,872종이었으며 교보문고 신간입고 종수는 5만 9,797종이었다. 출협 통계는 교보문고 신간입고 종수의 73퍼센트이다.) 이 같은 비율로 역산하면 2007년 번역서는 1만 6,878종쯤 출간된 것으로 추정할 수 있다.

하지만 이것 말고는 다른 마땅한 통계가 없는 현실적인 한계 때문에 출협의 통계를 근거로 이야기를 전개할 수밖에 없다. 완전하지는 않지만 일정한 흐름을 읽을 수 있는 것으로 이만한 통계도 없으니 말이다.

일본어권은 번역서 전체의 36.7퍼센트나 되는데 그중 만화가 57.1퍼센트(2,602종)를 차지한다. 만화를 제외하면 1,953종으로 미국과 영국을 합한 영어권 4,732종의 41.3퍼센트에 불과하다. 만화를 제외한 전체 번역서는 9,675종인데 그것만 놓고 보면 영어권의 비중이 전체의 절반에 다다른다. 계간 〈번역출판〉 창간호(출판전문 격주간지 〈기획회의〉가 '잡지 속의 잡지' 형태로 2008년 2월 창간했음)에 실린 「번역출판의 양적 성장과 그 함의」라는 글에서 백원근(한국출판연구소 선임연구원)은 "다른 나라의 추종을 불허할 만큼 양적으로 팽창한 번역서 비중, 고공 행진을 계속하는 번역서의 베스트셀러 점유율, 시장성에 힘입어 도를 더해 가는 출혈적인 선인세 경쟁, 세계 최강의 저작권 중개(수입) 시스템, 꼬리에 꼬리를 무는 대리번역 파문과 오역 논란에 이르기까지 '번역서 과다 의존 증후군'은 결코 간과할 수준이 아니다. 대체 '번역서 공화국'의 위상은 어느 수준이고, 그 배경은 무엇일까. 한국은 한 해에 발행된 책 가운데 번역서의 비율이 29퍼센트로 세계 1위에 해당된다고 〈뉴욕타임스〉 2007년

표2_ 2007년 도서분야별 신간 및 번역출판 현황(단위: 종)

분 야	총 발행 종수	번역종수	번역서 종수(%)	일본도서	미국도서
총 류	663	78	11.8	16	40
철 학	1,282	571	44.5	75	224
종 교	2,974	796	26.8	16	586
사회과학	7,027	1433	20.4	342	758
순수과학	699	221	31.6	38	104
기술과학	3,999	487	12.2	185	207
예 술	2,005	444	22.1	88	138
어 학	2,508	192	7.7	108	46
문 학	9,864	2,349	23.8	780	582
역 사	1,352	290	21.5	61	71
학습참고	2,297	3	0.1	1	2
아 동	9,515	2,811	29.5	243	987
만 화	9,040	2,646	29.3	2602	17
계	53,225	12,321	23.2	4,555	3,762

출처: 대한출판문화협회, 납본대행 통계(2007년 연간 납본 도서)

※ 참조: 미·일 이외에 100종 이상 번역 출판된 국가의 발행종수 및 주요 분야

영국 970(아동 387, 문학 257, 사회과학 78, 역사 55), 프랑스 775(아동 352, 문학 221), 독일 681(아동 247, 문학 116, 사회과학 85, 예술 68, 철학 62), 중국 350(문학 93, 사회과학 73), 이탈리아 167(아동 62, 예술 33, 문학 24), 체코 126(아동 60, 문학 18).

4월 15일자 주말판 북리뷰가 보도했다. 이 신문에서 한국은 체코와 함께 세계에서 가장 높은 비율의 번역서 발행국가로 꼽혔다(2004년 기준). 번역서 발행률은 스페인 25퍼센트, 터키 17퍼센트, 중국 4퍼센트, 미국 2.6퍼센트로 소개됐다. 참고로 일본은 8퍼센트 수준"이라고 정리했다.

백원근은 또 "외국 저작권 수입에 의한 번역서 구성비는 대체로 지속적인 증가 추세를 보여 왔다. 국내 도서 전체 발행종수 중 번역서의 비

중은 1990년대 중반까지만 해도 15퍼센트대였으나, 번역출판 점유율이 높아지면서 10년 사이 30퍼센트에 육박할 만큼 대폭 늘어났다. 즉 총 발행종수에 큰 변화가 없었기 때문에 번역서 발행종수가 5,000종대에서 1만 종대로 2배나 늘어났고, 그 비중도 자연스럽게 배가된 것이다. 10년 전인 1997년에 비해서도 번역서는 2배 이상 늘었다(표3 참조). 다만 2005년부터 번역서 비중이 20퍼센트 수준으로 급격히 감소한 듯 나타난 것은 일본만화 등의 번역종수 축소가 부분적으로 영향을 미쳤지만, 근본적으로는 정확성·연속성이 담보되지 못하는 납본·통계 시스템의 불안정성에 기인한 것"이라고 분석했다.

그렇다면 지금 이 땅에서 번역출판의 의미를 어떻게 읽어야 할까? 2002년 도쿄에서 동아시아 출판인들이 모여 출판 비즈니스의 미래에 대해 토론을 벌인 적이 있다. 그때 일본의 한 출판인은 아시아 국가에서 일본 만화를 불법 출판해 출판자본을 축적하지 않은 나라가 없을 거라고 단언했다. 손님 불러놓고 아픈 과거를 꼭 짚어서 이야기해야 하나 싶었지만 틀린 말은 아니었다. 물론 우리가 세계적인 저작권 기구에 가입하기 전에 나온 책들이었기 때문에 국내에서는 불법이 아니었다.

지금은 잘 나가는 단행본 출판사 가운데 처음에는 외국 출판물을 단순 복제해 자본을 축적한 곳이 꽤 있으며, 적지 않은 출판사들이 일본만화뿐 아니라 외국고전 등의 번역출판으로 세를 키웠다. 꾸준하게 팔리는 고전은 몇 십 군데, 심지어 100여 종 넘게 중복 출판되기도 했다. 다른 출판사에서 출간한 책을 적당히 윤색해 책을 펴내는 일도 다반사였다. 심지어 똑같이 펴낸 책을 팔아도 유야무야한 일이 적지 않다.

지금은 허용되지 않는 이런 출판행위로 출판자본이 형성된 것은 맞

표3_ 1990년 이후 연도별 번역출판 추이

구분 연도	총 발행종수 (도서 전체/종)	번역도서 종수 (종)	구성비 (번역도서 비중 %)	전년대비 구성비 증감(% 포인트)
1991	26,919	3,901	14.5	-
1992	29,477	4,559	15.5	+1.0
1993	30,948	4,793	15.5	-
1994	34,494	5,064	14.7	-0.8
1995	32,106	4,803	15.0	+0.3
1996	32,256	4,834	15.0	-
1997	33,610	6,129	18.2	+3.2
1998	36,960	6,633	18.0	+0.2
1999	35,044	6,860	19.6	+1.6
2000	34,961	8,839	25.3	+5.7
2001	34,279	9,680	28.2	+2.9
2002	36,186	10,444	28.9	+0.7
2003	35,371	10,294	29.1	+0.2
2004	35,394	10,088	28.5	-0.6
2005	43,585	8,937	20.5	-8.0
2006	45,521	10,482	23.0	+2.5
2007	53,225	12,321	23.2	+0.2

출처: 대한출판문화협회 납본통계

다. 하지만 1987년 출판자유화 조치가 이뤄지고 저작권기구에 가입하면서 우리 출판은 도약의 기회를 맞이한다. 1990년대 이후 한국출판에서 가장 비약적으로 성장한 아동출판을 보면, 저작권 확립이 시장 확대의 일등 공신이라 해도 과언이 아닐 것이다. 몇 출판사는 이때 국내에서 시장성이 확인된 책들의 저작권을 대거 확보해두었고 그것이 곧 안정적인 판매를 보장하는 백리스트가 되었다. 그 결과 지금은 우리 아동출판의 수준도 상당히 높아졌다. 누군가의 말대로 처음에는 칭키즈칸처럼 남의 지적 생산물을 약탈했지만 이제 그런 방법을 통하지 않고도 제 실력을 발휘하고 있다.

인문사회과학 분야 또한 마찬가지다. 1970-80년대만 해도 운동 목적이었든, 상업적 목적이었든 외국 연구저작물 무단 출판이 적지 않았다. 그래서 인문사회과학 출판의 황금기를 맞이하기는 했다. 장기독재 때문에 자유롭게 접할 수 없었던 서적들이 대학가에서 인기를 끄는 바람에 '좌파상업주의'라는 말이 나올 정도로 호사를 누렸다.

우리 사회의 지적 수준이 번역 출판으로 급속하게 성장했음을 부인하기는 어렵다. 앞에 인용한 백원근의 글에서 지적했듯이 한국은 세계에서 번역서 비중이 가장 높은 나라가 됐다. 그래서 '번역공화국'이라 불러야 할 만큼 번역서의 비중이 높아졌다. 정확한 통계가 없어 전모를 알기 어렵지만 대체로 번역출판은 출판 전체의 3분의 1 정도로 보면 될 것이다. 특히 2007년에 철학서의 번역서 비중이 44.5퍼센트라는 것에서 알 수 있듯 의미 있는 인문사회과학 서적의 번역서 비중은 훨씬 높다고 할 수 있다.

번역서 왕국은 원래 일본이었다. 에도 시대에 네덜란드에서 서양학문을 들여와 '란가쿠'(蘭學·네덜란드학)를 일으켰던 일본은 1855년 미국에 강제 개항된 뒤 번역을 아예 국가적 사업으로 진행했다. 철학, 정치학 등에서 필수적으로 읽어야 할 플라톤의 경우 기무라 다카타로木村鷹太郎가 1903-11년에 걸쳐 완역했고 후잔보富山房 출판사에서 전집이 나왔다. 그러나 우리는 그의 주요 저작들만 중복 출판하다가 2007년 4월에서야 전집 간행이 시작되어 2008년 2월 현재 여섯 권이 출간됐다.

팔릴 것 같은 책은 수십 종, 경우에 따라서는 100종이 넘게 생산되면서도 꼭 번역해야 할 책이 번역되지 않은 경우는 너무나 많다. 양적으로는 넘치되 질적 수준은 아직 한참 모자른 셈이다. 게다가 지난 2~3년 동안 자기계발서 같은 상업적 출판물은 지나칠 만큼 출간되었지만 인문사회과학 서적은 매우 어려운 상태에 빠져들었다. 한때 번역서 왕국이라는 달갑지 않은 별명으로 불렸던 일본은 수준 높은 외국서적을 체계적으로 번역했기에 1980년대 즈음 서구와 학문의 수준이 맞먹다가 그 이후는 역전해서 오히려 질이 높아졌다고 자부하는 수준에 이르렀다. 반면 우리는 어떤가. 지금의 행태로 가다가 학문의 식민국가 수준에서 결코 벗어날 수 없을지도 모른다.

번역출판의 달콤한 유혹

호평과 함께 잘 팔리는 번역서를 꾸준히 내놓은 한 출판기획자는 외서를 고르는 기준으로 하나의 주제(원 테마, 원 키워드)를 처음부터 끝까지 힘 있게 밀고나간 책, 풍부한 사례를 제시하면서 스토리텔링이 확실한 책, 권위가 있는 책 등 세 가지를 들었다. 요즘 베스트셀러에 오른 책은 대부분 그런 책들이다.

인터넷 등장 이후 '검색'에서 촉발된 읽기의 비중은 매우 높아졌다. 이러한 검색 습관으로 말미암아 책의 세계는 '분할'과 '통합'이 동시에 진행되고 있다. 한 권의 책이 다루는 내용은 갈수록 쪼개지지만 설명 방식은 통합적이다. 따라서 원 테마(키워드)의 책은 점점 늘어나고 있다. 문학개론의 차례 항목이 긱기 한 권의 책으로 탄생하고 있다고 보아도 무방할 정도다. 그렇다고 원 테마를 기계적으로 쉽게 설명하거나 교과서적 교양만을 나열해서는 안 된다. 안방에서 저자와 천천히 대화하는 듯한 즐거움을 느낄 수 있게 처음부터 끝까지 힘 있게 전개해야 한다.

풍부한 사례는 사실적 상상력인 팩트라 할 수 있으며 스토리텔링은 허구적 이야기인 픽션이다. 팩트는 '이론'이 아니라 구체적인 '사람' '사물' '사건'이다. 노이즈noise에 지나지 않는 사소한 이야기에서 출발하되 이야기성이 풍부한 글쓰기를 통해 대중이 원하는 바를 제공할 수 있어야 한다. 이는 달리 말하면 팩션이다. 『다 빈치 코드』 같은 팩션형 소설이 대단한 인기를 끌기도 했지만 팩션형 글쓰기는 이미 큰 흐름을 이루고 있다.

이때 노이즈는 단순한 하나의 사례만을 일컫는 것은 아니다. 비교 가능한 다양한 사례가 제시되어야 한다. 개중은 폭발적으로 증가하는 정보의 자유로운 취사선택을 통해 자신에게 필요한 지혜를 스스로 찾아낼 뿐만 아니라 이를 다시 정보 네트워크를 통해 발산한다. 이 일련의 과정에서 개중에게 무한한 상상력을 갖게끔 만드는 원천은 다양한 팩트에 내재된 차이의 힘이다.

오늘날 뉴저널리즘의 기수들은 딱딱한 저널리즘 기사에 소설 창작의 기법을 원용하자는 주장을 펴기도 한다. "드라마틱한 긴장감, 인물 전개, 내면에 대한 성찰, 화자話者의 시점 이동, 연대기적 나열의 파괴 등 문학적 기법을 어떻게 신문기사에 도입"(새뮤얼 프리드먼, 『미래의 저널리스트에게』, 미래인)할지를 고민하고 있다. 실제 국내 일간신문에서도 일선 기자들에게 그런 부분을 요구한다고 한다. 이런 글쓰기로 무장된 저널리스트의 탐사보도형 책들은 세계적인 베스트셀러가 되기도 한다. 하지만 우리는 그 분야의 유망한 저자를 찾아보기가 어렵다.

'권위'는 아마존 베스트셀러 1위 같은 판매성과일 수도 있고, 앨빈 토플러 같은 명성 있는 저자일 수도 있다. 해당 분야에서 알아주는 저자이면 더 좋을 것이다. 한국의 출판기획자들이 주로 찾는 책은 이런 책이다. 이는 어쩌면 시대적 추세를 반영한 것인지도 모른다. 검색형 읽기, 엄지로 누르는 글쓰기, 1인 미디어인 블로그의 일상화 등은 개인의 정보소비환경을 근원적으로 뒤바꿔놓았다. 책이 정보의 제왕이던 시절에는 어떤 모습을 하고 있어도 그만이었지만 오늘날 독자는 새로운 소비환경에 맞는 책을 찾고 있다. 앞의 사례는 바로 그런 흐름의 대표적인 예일 것이다.

그러나 국내의 학자들은 바뀐 환경에 발 빠르게 대처하지 못하고 여전히 선험적인 연구사례를 나열한 뒤 각주만 잔뜩 붙인 논문형 글쓰기에 빠져 있다. 과거의 글쓰기를 답습하는 책으로는 더 이상 대중의 관심을 끌기 어렵다. 현실적으로 실용서를 제외하고 앞의 세 조건을 모두 만족시키는 글을 찾기는 쉽지 않다. 설사 이런 글쓰기에 동의하는 학자가 있다 하더라도 원고가 생산되려면 긴 시간을 기다려야 한다. 현장의 기자들은 대중적 감각을 갖춘 교수들의 글은 5퍼센트 미만이라는 주장을 공공연히 하고 있다. 그래서 현장 기획자들은 국내 학자의 글 받기를 포기하고 번역서에 눈을 돌린다. 인문사회과학서에서 외서의 비중이 높아지는 이유가 거기에 있다.

한 기획자는 번역서 출판에서 가장 매력적인 부분이 '멀티 소스, 즉 소재의 다양성'이라고 지적했다. 사실 이런 책을 찾아 번역 출판하는 것이 국내 저자의 원고를 기다리는 것보다 훨씬 수월하다. 오늘날 책의 사이클 타임이 급속하게 줄고 있어 기획자는 국내저자보다 외서 찾기를 더 즐긴다. "외국에서 이미 상품성이나 판매량이 검증되어 최소한의 수익성을 보장받을 가능성이 상대적으로 높고, 신속한 검토와 저렴한 번역을 거쳐 빠른 시간에 시장에 내놓을 수 있어 투자금 회수가 빠르며, 저작권료 부담이 국내 저자에게 지불하는 인세나 원고료보다 저렴한 경우가 많다는 점 등 다양한 경제원칙에 기인"(백원근, 앞의 글)하기 때문이다.

신생출판사나 단기 승부수를 던지는 출판사나 자본력 및 기획력이 취약한 중소형 출판사는 번역출판으로 승부를 걸기도 한다. 워낙 자본이 열악한 출판사의 비중이 높은 탓에 번역출판 비중이 세계 최고로 높은 것은 어쩌면 당연하다 할 것이다. 게다가 지금은 대형 단행본출판사마저 임프린트 시스템(서구의 임프린트와 달리 우리의 임프린트는 실제로 회사 내의 1인 출판 시스템과 별반 다르지 않다)을 경쟁적으로 도입하면서 외서 비중을 높이고 있다. 따라서 거의 모든 출판사가 유망한 외서 찾기에 혈안이 되어 있다고 보아도 무방하다.

'상품성'이 큰 외서는 시의성이 클 확률이 높다. 하지만 제대로 번역할 인력은 그리 많지 않다. 2007년에 출간된 번역서를 한 사람이 한 권씩 번역했다고 치면 번역가는 모두 1만 6,878명, 한 사람이 다섯 권씩 번역했다면 3,376명이 된다. 그러나 출판편집자가 믿을 만한 전문번역가, 아니 이름이라도 기억할 만한 번역가는 언어권별로 그리 많지 않다. 그렇다면 해마다 수천 명의 번역가가 등장했다 사라지거나 누군가의 '능력'을 빌려서 번역이 이뤄진다고 보면 된다. 사실 대리번역이 관행처럼 이뤄지고 있음은 업계사람이면 누구나 아는 '진실'이다.

『마시멜로이야기』가 문제가 된 데는 거액의 어드밴스(선인세), 인기

아나운서를 활용한 마케팅, 밀리언셀러가 될 정도의 판매부수 등이 복합적으로 작용했을 것이다. 하지만 그 사건이 우리 사회에 기여한 바는 적지 않다. 그 효과가 얼마나 갈지 모르지만 지금 당장 유명인사가 관행적으로 이름을 빌려주던 행태는 자제하고 있으니 말이다.

그러나 한국사회에서는 누가 번역했는가도 중요하다. 2007년에 터진 일련의 학력조작사건에서 유추해볼 수 있듯이 한국의 '독자'는 번역의 질보다 누가 번역했느냐를 유난히 따진다. 그래서 해당 분야의 전문가 이름을 빌려서 적당히 사용하는 것이 일반적이다.

외국소설에 밀려 고사할 지경인 우리 소설

번역서 가운데 문학서의 언어권별 출간현황을 살펴보면 2007년에 영문학 884종, 일본문학 778종, 프랑스문학 205종, 독일문학 124종, 중국문학 126종의 순이다(표4 참조). 일본문학이 2001년에 비해 약 3배로 크게 늘어난 것을 제외하면 다른 언어권의 등락은 그리 크지 않은 편이다.

일본소설이 워낙 많이 팔리다보니 '일류'라는 말까지 등장했다. 특히 나이가 어린 세대일수록 일본만화 세례를 많이 받았는데 그들이 성장해 이제 일본소설을 즐겨 찾는다. 일본소설 붐은 결국 국내소설의 극단적인 침체를 불러왔다. 황석영, 김훈, 공지영, 박완서 등 중견작가 일부를 제외하고는 그야말로 시장을 주도하는 대형작가는 찾아보기 어렵다. 웬만한 작가의 신간소설은 초판 3,000부도 넘기지 못한다. 국내 소설을 출간하는 출판사도 문학잡지를 펴내는 문학출판사 몇 곳을 빼면 찾아보기 어려운 형편이다. 물론 한국소설의 상상력이 젊은 세대를 흡인하지 못하기에 벌어지는 자연스런 현상이다. 하여튼 우리 소설은 하루빨리 새로운 상상력을 내놓을 수 있어야 한다. 그렇지 않으면 결국 우리 소설은 고사상태로 빠져들고 말 것이다.

갈수록 치솟는 선인세

2007년에 번역서 비중은 23.2퍼센트지만 베스트셀러에서 번역서가 차지하는 비중은 훨씬 높다. 가령 교보문고의 최근 5년간 종합 베스트셀러 상위 30위 가운데 번역서는 2003년 이후 절반을 넘어섰다. (2003년 15종, 2004년 15종, 2005년 16종, 2006년 16종, 2007년 16종). 2004년은 『연금술사』(파울로 코엘료), 『다 빈치 코드』『선물』(스펜서 존슨), 『설득의 심리학』(로버트 치알디니), 『인생을 두 배로 사는 아침형 인간』(사이쇼 히로시), 『나무』(베르나르 베르베르) 등이, 2005년은 『살아 있는 동안 꼭 해야 할 49가지』(탄줘잉), 『다 빈치 코드』『모모』(미하엘 엔데), 『연금술사』『블루오션전략』(김위찬 외, 공저자 한 사람은 한국인이지만 이 책은 영어책을 번역했다), 『사랑하라 한 번도 사랑하지 않은 것처럼』(류시화 편역) 등 번역서가 상위 1위부터 6위까지 석권했다. 참고로 한국과 일본을 비교하면 2001년에는 베스트셀러 상위권에서 번역서 점유 비중이 11종(한국)과 9종(일본)으로 엇비슷했지만, 그로부터 7년이 경과하는 사이 한국의 상위권 베스트셀러 목록에서 번역서 비중은 늘 절반을 넘었지만 일본은 현저하게 급감했다. 일본은 2003년 4종, 2004년 5종, 2005년 2종, 2006년 1종이었지만 2007년에는 단 한 종도 없었다.

　상황이 이러니 외국에서 명성을 얻은 '빅 타이틀' 하나만 잘 잡으면 성공할 수 있다고 생각하는 출판기획자가 적지 않다. 심지어 '아마존'에서 하루 두 시간만 놀면 출판기획은 끝난다고 생각하는 사람도 있다. 일간

표4_ 국내에서 발행된 문학 관련도서의 언어권별 형황

분야 \ 연도	2001	2002	2003	2004	2005	2006	2007
총 류	53	199	140	171	300	329	339
한국문학	3,218	3,192	3,673	4,107	5,841	7,227	7,515
중국문학	200	180	146	149	106	155	126
일본문학	261	348	349	339	466	580	778
영문학	698	733	776	802	960	822	884
독일문학	108	104	127	160	173	165	124
프랑스문학	145	183	220	150	178	180	205
스페인문학	10	10	12	25	22	24	32
이탈리아문학	5	4	21	21	22	32	23
기타 제문학	109	114	122	146	193	153	202
계	4,807	5,067	5,886	6,070	8,261	9,667	9,525
한국문학 점유율(%)	66.9	63.0	65.8	67.7	70.7	74.8	75.0

한국출판연구소가 납본통계를 기초로 작성

신문의 북 리뷰를 많이 받는 외서는 대부분 아마존 베스트 순위가 높은 책이다. 한 유력 신문의 출판담당기자는 리뷰할 책을 고를 때 아마존 순위를 중요 판단기준으로 삼는다는 말도 한때 나돌았다.

베스트셀러가 될 만한 외국문학서나 자기계발서는 경쟁이 더욱 치열하다. 한 자기계발서의 경우 선인세를 20만 달러(약 2억 원)나 지불했다는 소식이다. 일본소설이 잘 팔려 '일류'라는 말이 등장하자 일본소설 쏠림현상이 심해졌다. 일본소설은 2001년 260종이 출간됐지만 2006년에는 581종, 2007년에는 780종이나 출간됐다. 2007년은 2001년보다 정확하게 세 배가 되었다. 2007년에는 겨우 1년 사이에 일본소설의 선인세가 적게는 세 배, 많게는 열 배 넘게 올랐다. 이런 무리한 경쟁 때문에 '본전'을 뽑아야 한다는 심리가 작동하고 유명인사를 동원한 대리번역도 그래서 이뤄지는 것이라 볼 수 있다.

인문학의 위기와 번역

앞에서 『마시멜로이야기』 사건이 터졌을 때 시큰둥한 태도를 보였다고 한 것은 자기계발서는 번역의 질이 큰 문제가 되지 않는다는 생각이 심정적으로 작동했기 때문이다. 사실 그런 책은 읽어도 그만, 안 읽어도 그만이다. 또 외국의 자기계발서는 국내 현실에 맞춰 적당히 가감하는 것도 현실이다.

그러나 요즘 회자되는 '인문학의 위기'와 대리번역을 연결하면 문제가 심각해진다. 인문학이 중요한 이유는 삶의 길을 터주기 때문이다. 인문학은 좁다란 길일망정 일단 길을 트면 바로 효과가 나타나지는 않더라도 누군가 지나간 흔적 때문에라도 나중에 터널이 되고 고속도로가 되기도 한다. 그렇다면 누가 길을 내고 누가 다닐 것인가? 안타깝게도 우리 인문학은 서유럽에서 장구한 세월 동안 길을 내기 위해 거친 과정을 생략하고 결과만 가져와 활용한 면이 크다. 작고한 문학평론가 김현은 이를 두고 서양의 경험적인 것을 선험적으로 받아들였다고 비판했다. 조동일은 온통 '지식의 수입상'만 넘친다고 일갈했다. 이제 우리도 스스로 길을 내겠다는 사람이 나와야 한다. 그러나 그런 사람은 찾아보기 어렵다.

인문학은 간단히 말해 '과거의 텍스트를 상대하는 학문'이다. 인문학을 하는 사람이라면 기본적인 텍스트를 원전으로 읽어야 한다. 따라서 우리 원전뿐 아니라 외국 원전을 많이 읽어야 한다. '언어가 되지 않는'

대중이나 기초연구자는 번역서라도 제대로 읽어야 한다. 그래야 그런 사람 중에 길을 내겠다는 사람이 나오지 않겠는가? 번역의 질은 또 어떤가? "번역은 배신자의 행위"라는 유명한 격언이 있다. 번역이 그만큼 어렵다는 말이다. 특히 인문서는 더 그렇다. 나카야마 겐中山元의 『사고 용어사전』 '번역' 항목을 보면 다음과 같이 번역의 의미를 묻고 있다.

"저 쪽으로trans 이끈다ducere라는 동사에서 생겨난 말인 번역. 여기에 있는 것을 저쪽 물가의 사람이 이해할 수 있도록 전달하는 행위이다. 이 행위는 항상 배리背理에 시달린다. 한 언어로 표현된 것을 완전히 같은 가치를 가진 다른 언어로 바꾸는 것은 불가능한 이야기이기 때문이다.

그렇지만 번역은 가능해야 하며 마땅히 행해져야 한다. 하나의 언어로 말한 것을 같은 의미와 가치를 지닌 별개의 언어로 바꾸지 못한다면, 철학의 보편성 자체를 보증할 수 없다. 하이데거는 독일어가 없었다면 철학은 불가능했다고 생각한 듯한데, 일본어로도 하이데거의 사고는 다시 체험되어야 한다. 그것이 시와 철학의 커다란 차이이다.

시에서는 단어 하나가 그 작품 자체이고, 다른 언어로 번역을 한다는 것은 그 작품을 이해할 가능성을 앗아가 버린다. 시인은 언어를 한 번밖에 못쓰는 생물처럼 취급하기 때문이다. 하지만 철학은 개념을 사용해 사고하는 작업이다. 개념을 번역할 수 있는 한 철학 텍스트는 번역될 수 있다.

그럼에도 번역은 배신행위이며 늘 어떤 의심에 시달린다. 원작자가 말하고 싶었던 바를 완전히 표현하는 것은 애당초 기대할 수 없다. 번역은 필터를 거친 전달에 지나지 않으며, 그 텍스트를 확실히 이해하려면 원문을 읽을 필요가 있다"고 한다. 그렇다면 번역된 텍스트는 항상 뒤떨어질까? 번역으로 무엇인가가 새롭게 태어날 수는 없을까? 나카야마는 이어서 "번역이라는 작업도 원작의 의미에 가장 비슷하게 따라갈 것이 아니라 오히려 원작이 의도한 것을 자세한 사항까지 애정을 갖고, 자신의 언어 속에서 자기의 것으로 만들어야 한다. 그렇게 해야만 두 개의 깨진 조각이 한 항아리의 파편으로 인정받게 된다(발터 벤야민의 『번역자의 사명』). 번역할 때는 원작자의 표현에 구애받지 않고 원작자가 작품에서 무엇을 말하고 싶었는지 생각하고 자신의 말로 바꿀 필요가 있다. 때로 번역자는 원작자가 사용하지 않은 표현도 덧붙인다. 그 쪽이 원작자의 의도를 잘 표현할 수 있기 때문이다. 물론 거기에 번역자의 자의적 생각이 존재함은 피해갈 수 없다. 그렇지만 벤야민은 번역자가 애정을 갖고 자기 나름대로 자의적 생각을 덧붙인다면, 원작자의 표현과 번역자의 표현은 '커다란 언어의 두 가지 파편'처럼 된다"라고 했다.

그리고 나카야마는 "외국어로 표현된 텍스트를 읽는 최선의 방법은 원문 읽기는 아닐 것이다. 자신이 번역해보는 것이다. 번역해보면 원문의 텍스트에서 보고 지나쳤던 것을 많이 볼 수 있다. 그리고 번역이라는 행위에서 어떤 보편적인 것을 확인할 수 있다. 그것은 언어의 차이를 넘어선 무엇으로, 그리고 역으로 언어의 차이로 인해 처음으로 부각되는 것"이라며 인문학 연구자 스스로 번역해보는 행위의 중요성을 일깨웠다.

우리에게 던져진 과제는 무엇인가?

번역의 문제는 지금껏 수없이 제기되었다. 하지만 어느 것 하나 제대로 해결된 적이 없다. 지난 몇 년간 학술진흥재단 등의 번역지원으로 적지 않은 책이 출간된 것은 그나마 다행이다. 하지만 이 경우도 출간비용에 비해 지원액이 미미해 책을 만드는 데 한계가 적지 않다. 국가의 지원을 제외하고 우리에게 던져진 과제를 몇 가지 정리해본다.

첫째, 텍스트 선정이 체계적으로 이뤄져야 한다

정보공학의 창안자 마쓰오카 세이고에 따르면 정보편집의 중요한 용법 중에 '계통수系統數'가 있다. 계통수는 계보系譜이고 계열系列이며, 계도系圖다. 우리 눈앞에 있는 정보나 물건이 과거에 어떤 흐름을 갖고 있었는지 그림으로 그려서 그 흐름을 파악하기 위한 '지식의 툴'이 계통수라는 편집방법이다.

모든 인문학 분야의 책도 계통수로 그려볼 수 있다. 그렇게 그려진 그림에서 그 분야의 메인스트림이라 할 큰 가지에 해당하는 책부터 간행되어야 한다. 그러나 우리 현실은 어떤가? 원 텍스트는 찾아볼 수 없는데도 그 텍스트에 대한 비판서는 출간된다. 원전은 보지 못하고 비판만 접하는 이상한 상황이 되는 것이다.

따라서 출판계 전체적으로 시급히 번역되어야 할 책을 선정하는 지혜가 필요하다. 그러려면 인문학 전문출판사가 더욱 늘어나야 한다. 전문출판사는 학계와 긴밀한 관계를 유지하면서 꼭 필요한 책을 출간하는 자세를 견지해야 한다. 하지만 신간이 1,000부도 팔기 어려운 마당에 책을 펴내려는 출판사가 있을 리 없다. 문학 원전의 경우에도 꼭 필요한 텍스트는 번역돼야 한다. 영미문학연구회 같은 단체에서 시급히 번역돼야 할 문학원전 목록을 제시하는 것도 하나의 방안일 것이다.

둘째, 전문번역가를 키워야 한다

2007년 5월 17일 교육부는 '인문학 진흥 기본계획'을 발표했다. 이 계획에는 "교육 분야에서는 인문학 토대 지식을 축적하기 위해 논문형 작품만 학위논문으로 인정해온 관행을 바꿔 동서양 고전을 번역하더라도 박사논문으로 인정하는 제도를 확대하고, 해마다 번역 전문가 1,000명을 선발해 1인당 500만 원씩 지원하는 제도를 도입하겠다"는 내용이 들어있다. 1년에 50억 원씩 10년 동안 500억 원을 투입하겠다는 발상이다.

계획의 실행 여부는 차치하고 원전번역의 중요성을 인정한 것은 우리 사회의 번역이나 번역자에 대한 인식이 진일보한 것으로 볼 수 있다. 하지만 계획이 실행된다고 해서 번역의 질이 올라갈까? 게다가 1,000명씩이나 선발한다고 했는데 과연 그럴 만한 인적자원이 있는가? 한 번역가는 번역가의 가장 중요한 자질로 글을 읽고 소화하는 능력을 들었다. 영어번역은 영한사전에 있는 단어에 구속되지 않고 자기 생각을 비우고 그 단어에 맞는 한국어를 상상할 능력이 있어야 한다. 또 한국어 능력도 필요하다. 그렇다면 우수한 소설가는 번역을 잘 할까? 소설가는 단어에 구애받지 않고 자유스럽게 글을 쓰기 때문에 번역을 꼭 잘 한다고 볼 수 없다.

번역은 언어능력만으로는 해결되지 않는다. 더 중요한 것은 인문적 사유를 할 줄 알면서 폭넓은 상식을 갖추어야 한다는 것이다. 나아가 우리말을 잘 구사할 수 있어야 한다. 하지만 지금 대학생들의 독서습관이나 인문서가 팔리는 상황으로 미뤄 짐작해볼 때 그런 능력을 갖춘 사람을 해마다 1,000명씩 선발하기는 쉽지 않을 일이다.

설사 선발되었다 해도 번역문만 있으면 뭣하나? 그것이 실제 상품 (책)으로 출간되어 독자와 만날 수 없다면 아까운 세금만 낭비하는 꼴이 된다. 그렇다면 출판사와 연계해 책을 펴낸다는 계약서가 있어야 할 텐데 그러려면 500만 원은 크게 부족한 돈이다. 돈만 던져놓고 결과에는 아무런 책임도 지지 않겠다는 정책을 내놓고 인문학을 살리겠다니, 결국 학술번역의 가치를 폄하하고 홀대하는 처사라 하지 않을 수 없다.

그렇다면 전문번역가는 어떻게 키워질까? 2001년에 김선남(원광대 신문방송학과) 교수는 「국내 번역 출판물의 현황과 활성화 방안 연구」(《한국출판학연구》 제43호)에서 "전문 번역가의 부족, 낮은 번역료, 오역 및 중복 출판, 출판사의 과도한 저작권 확보 경쟁 등과 같은 출판사 내·외적인 문제"를 극복하고 번역출판이 활성화되기 위한 방안으로 전문번역인 양성 프로그램 개발, 번역활동 지원 단체의 확충, 번역 출판물 기획의 다양성 확보 등을 제시했는데, 한국출판은 여기에서 한 발짝도 더 앞으로 나아가지 못하고 있다. 앞에서 내놓은 방안은 대학(교육기관)과 출판 현장과 번역가가 삼위일체가 되는 시스템에서 해결할 수 있다.

지금 좋은 번역이 나오지 않는 가장 큰 이유는 실력 있는 번역자가 부족하기 때문이다. 실력 있는 번역자가 나오지 않는 것은 번역만으로 생계를 유지하기 쉽지 않을 뿐만 아니라 사회적 위상도 높지 않기 때문이다. 많은 경험자들이 번역은 엉덩이로 한다고 말한다. 꾸준한 경험의 소유자만이 1급의 번역자가 될 수 있다는 것이다. 하지만 우리는 그런 번역자를 키울 환경을 갖추지 못했다. 번역료는 10년 전에 비해 200자 원고지 한 장당 1,000원쯤 올랐을 뿐이다. 영어번역은 대부분 장당 2,500-4,000원 수준인데 8,000-10,000원쯤 되어도 만족스러운 금액은 아니다. 하지만 출판사에서는 당장 2,500원도 만만치 않은 금액이다. 정가 1만 5,000원의 책이라면 1,000부가 다 팔린다 해도 매출액은 1,000만 원 안팎이다. 이 금액 모두 번역료로 지급해도 시원치 않을 텐데 여기에 제작비, 인건비, 일반관리비 등을 부담해야 하므로 출간 즉시 적자가 발생할 건 뻔하다.

또 베스트셀러가 되더라도 번역자는 상대적 박탈감에 시달릴 수 있다. 출판사는 상당한 부를 축적하지만 번역자에게는 처음 받은 번역료밖에 없기 때문이다. 몇 년 전에 어떤 번역자가 한 소설 시리즈의 번역 인세로 수억 원을 받은 적이 있는데, 몇 년 동안 매절 번역료의 절반도 되지 않는 금액으로 일하는 희생을 감수한 뒤에야 그런 '영광'을 누릴 수 있었다.

셋째, 전문편집자를 키워야 한다

번역전문회사는 대부분 번역지망생과 출판사를 연결해주고 커미션을 챙기는 중간업자에 지나지 않는다. 이 회사들은 보통 번역료의 30퍼센트 가까이를 챙긴다. 심한 경우에는 200자 원고지 1장당 1,000원의 번역료로 적당히 눙치기도 한다. 출판사가 지급번역을 요청할 때에는 여러 사람에게 원고를 쪼개서 번역을 맡기고 그것을 모아 한두 사람이 읽으면서 획일성만 기하는데, 이런 원고는 '눈 뜨고 봐주기' 어려운 수준이다. 일부 전문번역회사들은 출판사와 번역자가 만나는 것을 철저하게 차단해 번역자가 편집자와 만나 번역의 질을 상승시키는 길 자체를 원천적으로 막고 번역자가 교열을 볼 기회마저 박탈한다. 하지만 속도를 요하는 분야에서는 이름만 대면 알 만한 출판사들까지 이런 전문번역회사를 애용한다.

요즘에는 싼 번역료에 속도도 빠르고 내용도 깔끔하게 번역한다는 번역전문회사들이 있다. 전문 '교열자'를 두어 거친 번역문도 깔끔한 문장으로 다듬어준다. 문제는 원문을 대조하며 일일이 교열하는 게 아니라 전혀 엉뚱한 문장으로 만들 확률도 높다는 것이다. 편집자 또한 기계적으로 책을 펴내는 경우가 많다.

꼼꼼하게 공들인 번역으로 소문난 유명 역자들은 편집자가 손볼 필요가 없을 만큼 완벽에 가까운 텍스트를 만들어내지만, 그 밖에는 대부분 편집자가 '공역자'에 준하는 역할을 하거나 심지어 '재번역'해야 하는 수준의 번역문에 시달리게 마련이다. 수많은 편집자는 번역 텍스트의 완성도를 높이기 위해 '공역자' 수준의 역할을 떠맡는다. 명목상의 역자는 고작해야 초벌 번역의 수고를 해주는 보조적 역할에 머물고 편집자가 사실상의 번역자 노릇을 하는 사례도 많다. 국내 저작물에 빗대자면 '새도 라이터'에 해당될 정도의 역할을 자임하고 있다.

따라서 이 정도의 능력을 가진 편집자의 도움을 받아 몇 권만 성실하게 번역해도 번역가는 상당한 수준에 올라설 것이다. 그러나 이런 역할을 제대로 할 수 있는 편집자는 그리 많지 않다. 사실상 대다수의 편집자는 원문대조도 하지 않고 오탈자나 잡아내는 수준의 교열에 머무른다. 그래서 전문편집자의 필요성이 절실하지만 그런 편집자들도 '교수' 직함을 단 학자가 번역자로 나서면 십중팔구 재번역해야 하는 결과가 나오기 때문에 교수들과 일하기를 매우 꺼린다. 요즘에는 '기획출판'이 강조되면서 기획 같은 '고상한' 일은 내부에서 하고 교정·교열 같은 '하찮은' 일은 아웃소싱으로 처리하기도 해서 전반적으로 텍스트의 질이 저하되고 있다. 현실이 이러니 능력 있는 편집자를 키우자는 말이 공염불이 될 수도 있겠지만 어차피 우리가 꼭 걸어가야 하는 길임에는 분명하다.

넷째, 번역비평이 있어야 한다

규칙의 본질은 비규칙적일 때 드러난다. 누군가 '아니다'라고 호루라기를 불면 '이다'라는 본질이 드러나게 된다. 간헐적으로 번역의 문제점을 이야기하는 개인 또는 단체가 있지만 이것이 상시적으로 이뤄져야 한다.

영미문학연구회의 회원들로 구성된 번역평가사업단이 한국학술진흥재단의 지원을 받아 두 차례에 걸쳐 해방 이후 지금까지 발간된 고전 작품 71종의 번역물을 총 점검한 것은 사업단이 스스로 밝혔듯이 "좋은 번역을 가려내는 길잡이이자 번역문화를 혁신하는 데 초석이 될 것"이다. 그러나 이것이 1, 2회성 행사로 끝나서는 안 된다. 저널을 통해 항구적으로 문제를 제기해야만 번역의 질이 올라갈 것이다.

다행히 한국번역비평학회가 2007년 가을에 계간 〈번역비평〉을 창간하고, 2008년 2월에는 출판전문 격주간지 〈기획회의〉가 '잡지 속의 잡지'의 형태로 계간 〈번역출판〉을 창간해 번역비평의 역할을 자임한 것은 매우 고무적이다.

하지만 우려가 없지 않다. 번역비평은 번역 이상의 능력을 지닌 사람만이 할 수 있는데, 현실적으로 그 정도의 능력을 가진 사람 가운데 직접 나서서 그 귀찮은 일을 하겠다고 나설 이가 얼마나 되겠는가. 그런데도 번역비평은 필요하다. 넘쳐나는 '주례사 비평'으로 자초한 문학의 위기에서 살펴볼 수 있듯이 비평 부재는 판 자체를 부패하게 만든다. 따라서 수많은 시행착오를 거치더라도 하루빨리 활발한 상시적 비평공간을 확보해야 할 것이다.

다섯째, 도서관 등 공적 수요부터 키워야 한다

출판시장이 갈수록 자본의 논리에 지배되는 상황에서 상업성은 부족하지만 꼭 필요한 번역출판이 이뤄지려면 공공적인 지원시스템이 본격적으로 가동되어야 한다. 국가나 기업의 지원도 중요하지만 공공도서관과 학교도서관이 근원적으로 움직여야 한다. 번역서뿐만 아니라 출판 전반에 적용되는 것이지만 도서관의 기본적 존립목적인 정보 접근 평등성을 위해 도서관이 양서를 다양하게 구비해야 한다. 하지만 공공도서관은 너무 '빈약'하다.

따라서 소기의 성과를 빨리 이루려면 각급 학교도서관의 활성화가 시대적 소명이다. 학교도서관을 활성화하고 이를 지역 주민도 이용하는 기초생활문화공간으로 거듭나게 한 다음 공신력 있는 기구가 선정한 우수도서를 학교도서관이 의무적으로 구비할 수 있는 정책적·사회적 시스템을 갖추어야 한다. 그래서 양서의 경우 5,000-10,000부쯤 소비될 수 있다면, 출판사들은 구태여 시류에 영합하는 책을 만들지 않고도 안정적으로 경영해 나아갈 수 있다. 이것은 출판뿐 아니라 기초학문과 교육이 사는 길이고 결국 국가가 경쟁력을 갖는 일이다. 우수한 번역서를 여기에서 제외할 이유가 없기에 번역출판도 자연스럽게 활성화될 수 있다. 정책당국자들은 예산타령을 일삼지만 예산이 없어서가 아니라 의지가 없어서일 뿐이다.

'추천도서'는 출판시장을 어떻게 변화시켰나

이 시대는 추천도서 범람의 시대다. 너나없이 추천도서를 제시하느라 여념이 없다. 한우리독서운동본부(이하 한우리)나 아이북랜드 같은 상업적 단체, 어린이도서연구회(이하 어도연)나 책읽는따뜻한세상을만드는교사들(이하 책따세) 같은 공신력 있는 단체, 문화체육관광부·간행물윤리위원회·대한출판문화협회·한국출판인회의 등 기관·출판단체가 선정한 목록이 수시로 언론지상에 오르내린다. 이제 추천도서를 내지 못하는 단체는 권위를 유지하지 못할 것 같은 사회적 분위기마저 조성된 듯하다. 가히 '독서 상업주의'라 불러도 무방할 만큼 추천도서 목록이 늘어났다.

추천도서는 '해악'이 될 수도

『책따세와 함께 하는 독서교육』의 뒤표지를 보면 "추천도서는 독서교육의 나침반"이라는 말이 적혀 있다. 사실 2005년 3월에 논란이 됐던 '서울시교육청 추천도서' 사건이 벌어지기 전이라면 나도 그 말을 믿었을 것이다. 하지만 그 사건을 두고 벌어진 시민단체들의 격렬한 토론을 여러 차례 듣고 나서는 적어도 이 땅에서 추천도서가 '게으른' 교사나 학부모에게는 확실한 '실무지침'일지 모르지만 아이들에게는 '해악'이 될 확률이 더 높다는 결론을 내렸다. 그런 인식은 다음과 같은 칼럼을 쓰게 만들었다.

중·고생을 위한 책을 공정하게 추천해 권위를 쌓아온 한 교사단체는 최근 일종의 카피레프트 운동을 벌이기 시작했다. 인기 작가들에게 저서 한 권씩의 저작권을 포기하게 만들고 그 작품의 데이터를 단체 사이트에 올려 무료로 내려 받아 볼 수 있게 하겠다는 것이다. 취지만 본다면 전적으로 나쁘다고 할 수는 없다. 그러나 저작권은 저자나 출판사에 생명 같은 것이다. 설사 명성과 여유가 있는 저자 중에 그 취지에 동의하는 사람이 나올 수 있다 하더라도, 출판사는 쉽게 포기하기 어려울 것이다. 하지만 불만이 있는 출판사도 냉가슴을 앓을지언정 대놓고 항의하지 못한다. 이 교사단체의 위력을 두려워하고 있기 때문이다.

21세기 독서교육과 독서운동을 이끌어가겠다고 자칭하고 나선 한 독서운동본부는 처음에는 유아와 아동, 청소년에게 좋은 책을 골라 읽히려는 순수한 목적으로 운동을 하는 듯했다. 그러나 어느 순간부터 독서지도사 양성을 주 사업으로 삼더니 운동에 필요한 책을 싸게 공급하지 않는 출판사의 책은 슬슬 선정에서 배제했다. 몇 년 전부터는 계열 출판사를 차려놓고 그 출판사의 책을 추천하기 시작했다. 급기야 최근에는 회사건물을 짓는 데 20여 출판사로부터 거액의 출자를 내락 받은 뒤 거의 그 출판사들의 책만 추천하는 몰염치를 보였다. 이 단체의 하는 양을 보면 독서를 빙자한 상업주의의 한 전형을 보는 느낌이다. 그런데도 언론은 그 단체 독서지도사의 추천이나 의견을 끊임없이 실어준다.

도서대여업을 하는 업체들도 마찬가지다. 처음에는 좋은 책만 골라 대여 하다가 어느 정도 힘을 얻게 되면, 비록 좋은 내용이지만 공급률이 비싼 출판사의 책은 목록에서 제외하는 것이 일반적이다.

시장장악력이 있는 대형서점이나 온라인서점의 추천도서 또한 믿기 어 려운 것은 마찬가지다. 선정기준은 그들에게 이익이 되거나, 이벤트 비 용을 협찬하거나, 광고비용을 부담하거나, 진열비용을 직간접으로 부담 하는 책이 되기 십상이기 때문이다. 출판사 브랜드전도 출판사가 출혈에 가까운 마케팅 비용을 부담해야만 열어준다. 따라서 서점의 추천을 무조 건 믿고 책을 샀다가는 낭패를 볼 확률이 높다. 요즘 1년에 6만 종, 하루 에 200권 가까운 신간이 쏟아진다. 그 많은 책 중에서 진정 좋은 책을 고 르기는 쉽지 않다. 게다가 책은 이제 미디어의 '제왕'도 아니다. 무료정보 가 난무하다 보니 책이 독자의 선택을 받기는 더욱 어려워졌다.

책은 이제 스스로 존재이유를 밝힐 수 있어야 목숨을 부지할 수 있을 정 도다. 하지만 그러기가 어디 쉬운 일인가? 그래서 권위를 가진 저자의 책 이나 강력한 임팩트를 갖는 책이 아니면 독자에게 선택되기 어렵다. 또 그런 권위를 덧씌우기 위한 과도한 마케팅이 횡행한다. 이런 현실에서 누 군가가 책을 먼저 읽고 좋은 책을 가려 추천해준다면 고마운 일임에 틀림 없다. 그러나 지금 이 땅의 '추천권력'은 초발심을 잃었거나 부도덕한 방 향으로 치닫고 있다.

그로 인해 좋은 책을 펴내면서 원칙을 지키려는 출판사가 오히려 악전고 투하는 이상한 일이 이 땅에서 벌어지고 있다. 갈수록 악화가 양화를 구축하는 비율이 높아가는 이 비극적 현실에서 할 말은 오로지 하나다. "추천도서는 다 사라져라." 진정으로 그렇게 목 놓아 소리치고 싶은 현실이다. ('한기호의 출판전망대', 〈한겨레〉 2007.7.21)

이 칼럼에서 언급한 추천도서 유형은 세 가지다. 글에서는 익명으로 처리했지만 책따세, 한우리, 유통업체 등이 추천하는 책이다. 가장 먼저 언급된 책따세에 참여해 학생들에게 책을 추천한 교사들은 억울할지도 모르겠다. 하지만 내가 책따세의 추천도서를 비판하는 이유는 그들의 '성공모델'이 교육당국의 정책대안으로 여겨지는 듯 보여서다. 그래서 제살을 도려내는 심정으로 비판할 수밖에 없었다.

2005년에 서울시교육청은 추천도서를 바탕으로 "두 달 남짓 시범 실시를 한 다음 교육청 산하의 모든 학교에서 조만간 실행할 것"이라고 했다. 이것은 "2004년에 교육인적자원부가 각급 학교에서 독서이력철을 작성하도록 만들어 대학입시에 반영하겠다고 공표한 것과 함께 독서교육을 위한 교육 당국의 의지를 입증"(아래 성명서에서 인용)한 것과 맥이 닿아 있다. 그런데 2007년 오늘 현재 학교현장에서 독서이력철은 엄연한 현실이다. 우려가 현실로 나타나고 있는 셈이다.

2005년 4월 27일, 17개 시민단체가 참여한 '바람직한독서문화를위한시민연대(이하 시민연대)'는 "서울시교육청은 독서교육이란 이름 아래 참다운 독서를 저해하는 '독서지도자료'를 전면 철회하라!"는 성명서를 발표했다. 그 성명서는 서울시교육청의 이번 시책을 "독서의 본질에 대한 무지를 여실히 드러내고 있을 뿐만 아니라, 독서 그 자체를 파행으로 치닫게 만들 위험이 다분히 존재"한다고 규정했다. 따라서 이미 발표한 "독서지도자료를 전면 철회하고, 독서에 관한 올바른 문화적 성찰에 바탕을 두고 바람직한 독서교육을 진지하게 모색"해 줄 것을 서울시교육청에 촉구했다.

'추천' 이상의 '진화된' 운동이 필요하다

성명을 낸 시민연대는 서울시교육청의 독서교육 방안이 안고 있는 문제로 독서의 본질 훼손, 교사의 자율성과 전문성 침해, 출판문화의 건전한 발전 왜곡, 학습도서와 권장도서의 선정 근거 불투명, 학교교육 정상화 저해 등을 들었다. 이미 절판된 도서를 포함했는가 하면 학생 수준에 맞지 않는 책의 추천도 적지 않았다. 책이 전달하고자 하는 내용과는 정반대의 이유로 추천된 경우도 있는데 교사가 책을 읽어보지도 않고 학생들의 잘못된 독후감을 보고 추천한 건 아닌지 의심이 들기까지 했다. 한눈에도 졸속으로 이뤄졌음을 알 수 있을 정도다.

시민연대는 서울시교육청의 독서교육 방안이 출판문화의 건전한 발전을 왜곡하는 이유에 대해 성명서에서 다음과 같이 설명했다.

우리는 생물종의 다양성이 생태계의 유지와 발전을 위해 중요하며 또 필수적이라고 알고 있다. 다양한 생물종들은 긴밀한 연관 속에서 서로의 존립을 가능케 하며, 공존함으로써만이 발전을 거듭해 갈 수 있음을 늦게나마 절실하게 깨닫고 있는 것이다. 생물종의 다양성이 보존·유지되어야 하듯, 마찬가지로 문화의 한 부분을 점하고 있는 출판 또한 다양성이 보존되어야 한다. 다양한 출판물이 생산되고, 유통되며, 또 소비됨으로써 우리 사회의 문화적 역량은 쉼 없이 증대되어 갈 것이기 때문이다. 그러나 서울시교육청의 '독서지도자료'는 특정한 몇몇 책들을 학습 도서와 권장 도서로 선정함으로써, 여타의 책들이 다양하게 존립할 수 있는 여지를 현저하게 잠식한다. 획일화된 도서의 선정은 분명 바람직한 출판문화에 대한 폭력적인 도발이 아닐 수 없다. 교육청의 선정 도서들은 출판문화의 자율성을 잠식하며, 출판 풍토를 왜곡하는 것이 분명하다.

여기서 한번 생각해보자. 나는 책따세의 선구자적 역할을 결코 부정하지 않는다. 하지만 지금 '책따세 선정도서'와 '서울시교육청 추천도서'의 차이는 무엇인가? '책따세 선정도서'가 더 공정하게 선정됐다는 것 말고 다른 차이가 있는가? 전국의 교사들이 책을 읽어보지도 않은 채 '획일적으로' 그 추천도서를 자신이 근무하는 학교의 필독도서로 선정한다면 결과적으로 "독서의 본질 훼손, 교사의 자율성과 전문성 침해"가 일어나는 것 아닌가? 그런데 학교현장에서 실제로 그런 일이 벌어지고 있다. 독서이력철이 현실화된 마당에 책 읽는 습관을 키운다는 것은 당위성이 있다. 그리고 수시로 필독도서가 제시된다. 그러나 학교현장에서는 교사들이 토론을 통해 목록을 제시하는 것이 아니라 여러 기관이나 단체가 선정한 목록에서 '적당히' 책을 뽑는 것이 현실이다. 학교독서운동을 열심히 하는 한 교사는 현장의 사서교사들마저 자신이 선정한 도서의 30퍼센트도 채 읽지 않았을 것이라고 지적했다.

충실하고 착실한 내용 검토와 '임상실험'을 통해 선정된 목록이라 해도 다양성을 침해하는 현실에서, 이제 그런 목록들은 모두 사라지는 편이 낫다. 그리고 이제는 선정도서 이상의 한 단계 진화된 운동이 필요하다. 지금 시급한 것은 학교도서관 활성화와 모든 학교에의 사서교사 배치, 수없이 쏟아지는 아동 청소년도서에 대한 일선 교사의 상시적 비평이다. 사서교사 집단에서 일정 수준에 다다른 신간도서의 목록을 제시하는 것도 한 방법이다.

하지만 책따세는 엉뚱하게도 '1책 1저자' 운동을 벌였다. 저자들이 자신의 저서 중 한 권의 저작권을 포기하게 해서 책따세 사이트에 올려놓은 다음 학생들이 무료로 다운받아 읽게 하겠다는 것이다. 책따세가 이 운동을 벌이자 일부 저자는 체면치레로 (물론 흔쾌하게 내놓은 저자도 있을 것이다) 자신의 저서 가운데 가장 시장성이 없는 책 한 권을 못이기는 척 내놓는 '아량'을 베풀었다. '선정권력'으로 저자나 출판사를 압박하는 데 성공했을지는 모르지만, 학생들이 꼭 읽어야 할 책을 무료로 읽게 한다는 근본목표가 달성됐는지는 의문이다. 그래서 나는 책따세의 이번 운동을 비판했던 것이다.

교육현장에서 영향력 있는 추천도서는 '출판문화의 건전한 발전'을 왜곡하기도 한다. 서울시교육청 추천도서가 발표된 당시에도 출판유통시스템은 즉각 움직였다. 그 당시 온라인서점에서는 '서울시교육청 추천도서 기획전─ 초등, 중등 필독서 최고 30퍼센트 할인+출판사 이벤트' 같은 판촉전을 대대적으로 벌였다. 대형서점에서는 특설코너를 설치했다. 졸속으로 선정된 책이 대단한 '권위'를 갖고 학부모나 학생을 압박한 것이다. 이 책들을 읽지 않으면 학교에서 도태되고 결국 원하는 대학에도 진학하지 못해 인생낙오자가 될 것처럼.

이런 암묵적 강제성은 '목록'만이 유통되는 왜곡된 시장구조를 만든다. 2005년 4월 27일 학교도서관문화운동네트워크가 주최한 '올바른 학생 독서문화 진흥을 위한 공개토론회'에서 출판계 대표로 토론에 참가한 박성경(인문사회과학출판인협의회 기획팀장)은 이런 현실에 대해 다음과 같은 논지의 발언을 했다.

권력을 갖는 목록은 출판문화도 황폐화시킬 수 있다. 아무리 객관성을 갖고 정성을 쏟아 섬세하게 만든 목록이라도 출판되고 있는 모든 책을 검토하기란 물리적으로 불가능하다. 이에 좋은 책이란 기준보다는 목록을 선정하는 이에게 얼마나 노출되었는가가 더 중요해지는 상황이 벌어질 수 있다. 또 그 안에서 좋은 책이란 기준은 선정하는 이의 주관적 판단 하에서 정해지는 것이다. 이에 출판사들은 이러한 권력을 갖는 목록에 자신이 출판한 책을 진입시키기 위해 기관으로 또 선정하는 이에게로 줄을 서 로비를 할 것이란 것은 출판인이라면 모두가 뻔하다 말할 것이다. 현재도 상당수 출판사들은 몇몇 지명도 높은 각 기관과 단체의 선정도서 목록에 자사의 책이 선정되게 각종 로비를 하고 있다. 상당수의 출판사들은 책의 기획방향을 선정이 가능한 책으로 맞추어 갈 것이다. 선정되지 않은 책은 학생들이 읽지 않을 것이 뻔하고 목록에서 탈락하는 책을 많이 만들어내는 출판사는 결국 학생들을 위한 책을 출판하는 것을 포기할 것이다. 또 지금까지 좋은 책에 대한 기준을 스스로 세워 지켜온 많은 출판사들이 그 기준을 목록이란 두 글자로 바꿔버릴지도 모를 일이다. 결국 출판의 황폐화는 독자인 학생들에게 그 피해가 갈 것이다.

지금의 아이들이 살아가는 디지털 세상은 산업화 시대가 아니다. 지식기반사회다. 지식기반사회에서는 개인의 창의적 능력과 지적 다양성, 개성이 중요하다. 이런 시대적 조류를 반영해 국정교과서마저 "인

류문화의 정수를 모아놓은 표준지식"이 아닌 "다양한 지적 호기심을 유
발하고 더 깊은 지식습득의 길을 알려주는 안내자"의 역할로 그 상을 바
꾸자고 하는 움직임이 있는 마당에 획일적으로 같은 책을 읽히고, 나아
가 시험까지 보게 해 평가한다는 것은 너무나 시대착오적인 생각이다.

독서상업주의의 전형, 한우리

두 번째로 언급한 것은 독서상업주의의 전형이라 할 한우리 같은 단체
의 추천도서다. 앞의 칼럼이 발표되자 한우리의 한 간부가 내게 '몰염
치'라고 몰아 부친 것을 사과하라고 다그쳤다. 하지만 나는 결코 사과할
수 없었다. 그들의 목표 지향점이 아무리 좋다 하더라도 선정도서의 객
관성이 부족하다면 그것 또한 일종의 폭력이라고 보았기 때문이다.

그렇다면 그들은 무슨 잘못을 저질렀는가? 첫째, '운동'과 '사업'을 병
행했다. 추천도서를 독서지도사에게 공급하면서 일정한 이익을 취했
다. 물론 그렇게 해서 발생한 이익은 '독서교육과 독서운동'이라는 '거
창한' 목표 달성에 쓰인다. 그런데 이익에 무게를 두다 보니 값싸게 공
급하는 출판사의 책으로 저울추가 기울기 시작했다는 데 문제가 있다.
수많은 양서목록이 있는 한 출판사의 책은 공급가격 문제로 거래가 성
사되지 않은 뒤 최근 몇 년 동안 단 한 권도 선정되지 않았다. 또 우수한
책을 꾸준히 펴내지만 공급조건은 까다로운 출판사들이 갈수록 선정목
록에서 빠졌다.

둘째, '해와나무'와 '가지않은길'이란 계열사의 책을 선정도서에 다수
편입시켰다. 동일한 사업을 추구하는 출판사 중에서 전적으로 자사의
책만을 선정하기도 한다. 차라리 대놓고 하는 일이라면 못마땅하지만

봐줄 만한 구석이라도 있으나 공익을 추구하면서 실제로는 자사의 이익을 추구했다는 것은 지탄받아 마땅하다.

셋째, 사옥을 짓겠다는 목표로 출판사들의 출자를 받으면서 이를 목록선정과 연결시켰다. 선정된 책 공급 금액의 절반을 출자금액으로 전환하는 정책을 편 것이다. 실제로 그 정책이 도입된 이후에 선정된 목록은 대부분 출자의향서를 제출한 출판사의 책으로 채워졌다. 선정된 책이 비록 형편없는 책은 아닐지라도 최상의 책이라고는 할 수 없다. 하지만 그런 책은 앞서 말했듯이 학교현장에서 강력한 위력을 발휘한다. 그러니 문제가 심각하다 하지 않을 수 없다. 더구나 '한우리'의 모델을 모방한 후발주자가 속속 등장하고 있다. 그래서 내가 문제를 제기하지 않을 수 없었다.

대형 유통업체는 이익이 많은 책만 추천해

마지막으로 대형서점의 '추천'이다. 이 문제를 본격적으로 논의하기 전에 1990년대 이후 한국출판 성공신화의 핵이라 할 아동출판이 어떻게 성장했는지를 되돌아보자. 1990년대 초까지만 해도 아동출판은 전집류의 방문판매와 졸속 제작된 책들의 '총판'영업이 주류였다. 우리 아동출판이 급속하게 성장한 데는 1980년대 인문사회출판사들이 대거 아동출판에 뛰어들어 양서를 펴내고자 한 의욕과 자기 자식에게 좋은 책을 읽히려는 '386세대' 부모의 열의, 전교조 합법화 같은 학교 교육현장의 변화, 좋은 책을 골라주려는 어도연 같은 시민단체의 노력, 어린이책 전문서점과 전문도매상의 출현, 일간신문의 어린이책 소개지면 마련, 저작권의 확립 등을 들 수 있다.

그런데 온라인서점과 할인점이 할인판매를 시작하면서 아동출판을 성장시켰던 동력 중 하나인 어린이책 전문서점과 전문도매상이 힘을 잃어갔다. 한때 전국적으로 100여 개에 이르렀던 어린이책 전문서점은 지금 거의 맥을 못 추고 있다. 어린이책 전문서점에 책을 공급하려고 등장했던 어린이책 전문도매상 또한 일제히 도산이라는 비운을 겪었던 것은 당연한 수순이었다. 자금력은 부족하지만 좋은 책을 펴내려는 열의가 있는 출판사들이 좋은 책을 펴낼 수 있는 동력이 되었던 어린이책 전문서점이 힘을 잃으면서 매출은 몇 대형서점과 온라인서점으로 집중되기 시작했다.

처음에는 온라인서점을 통해 여러 단체에서 추천한 책의 판매가 커져 발전적인 유통의 흐름이 이어지는 듯했다. 내용이 이미 검증된 스테디셀러가 온라인서점 영업 초기에 대거 베스트셀러 상위권에 들었으니 말이다. 하지만 학부모들은 전문서점에서 책의 내용을 확인하고 정작 책은 온라인서점에서 구입했다. 그러면서 어린이 전문서점은 견본전시장 수준으로 전락해갔다. 아울러 추천의 '위력' 또한 서서히 줄어들었다. 한우리의 추천이 자체 조직망을 통해 '권력'의 힘을 계속 유지한 반면 어도연 등의 추천은 힘을 잃기 시작했다. 그 틈을 대형서점의 '추천'이 메웠다. 그런데 시장장악력이 큰 대형서점이나 온라인서점의 추천도서 선정기준은 서점 판매이익을 높여주거나, 이벤트 비용을 협찬하거나, 광고비용을 부담하거나, 진열비용을 직간접으로 부담하는 책이 되기 십상이었다. 이런 결과 '팔리는' 책이 곧 선善으로 평가받았다. 그래서 출판사들은 무조건 많이 팔기 위해 목숨을 걸었다.

오늘날 대형 온라인서점의 초기화면은 언론 매체의 역할을 대행하는 듯 보이기도 한다. 일간신문에 크게 소개되는 것보다 온라인서점 초기 화면 노출이 판매에 더 영향을 끼치기 때문이다. 그래서 출판사는 어떻게든 온라인서점의 초기 화면에 책을 노출시키려고 한다. 최근에는 초기 화면에 책을 띄우려면 공급률을 48퍼센트 이하로 낮춰야 한다는 이야기가 공공연하다. 한때 대형서점들은 POP 광고를 하는 출판사의 책으로 판매대를 도배하는 악행을 저지르기도 했다.

이는 무엇보다 출판사의 경영을 심각할 정도로 어렵게 만들었다. 제프리 폭스는 『마케팅 슈퍼스타』(더난출판)에서 "가격할인은 가격전쟁을 초래해 사상자를 낼 뿐 수요를 창출하는 데는 도움을 주지 못한다. 가격할인은 곧바로 이윤감소로 이어진다. 맥킨지 연구결과에 의하면 단위 판매량의 증가 없이 1퍼센트의 가격할인이 이루어질 경우 영업이익은 평균 8퍼센트 감소한다. 가격할인 정책을 쓰는 기업은 일종의 '가격 살해범'이며 무능한 기업"(이홍, 「세상에 나온 책들의 고민」, 〈기획회의〉 210호에서 재인용)이라고 지적했다. 이 지적을 그대로 출판시장에 적용하면 대부분의 출판사들은 책을 팔면 팔수록 밑지는 처지로 전락한다고 볼 수 있다.

온라인서점 등장 이후 아동서 시장에서 시장을 주도하는 것은 대형 스토리만화다. 『만화로 읽는 그리스 로마 신화』(가나), '서바이벌 만화과학상식'(아이세움), 『마법 천자문』(아울북), '코믹 메이플 스토리'(서울문화사) 등의 대형 만화는 출간될 때마다 온라인서점 베스트셀러 상위권을 점하며 시장을 주도했다. 이런 결과는 출판사가 한 권 한 권 심혈을 기울여 만드는 것이 아니라 팔리는 대형 기획을 추구하게 만들었다.

게다가 더욱 심각한 문제는 2003년부터 각광받은 '홈쇼핑'의 대대적인 할인판매다. 이는 긍정적으로 성장하던 책 시장을 다시 '박제된 도서

목록'이 횡행하는 부정적인 시장으로 몰아가는 데 결정적인 역할을 했다. 물론 일부에서 주장하듯 홈쇼핑으로 책을 구매하는 주부들은 그동안 책을 멀리한 사람일 수 있다. 그러나 홈쇼핑의 '현란한 유혹'에 빠져 한꺼번에 책을 잔뜩 사서 쌓아놓는 것이 일반화되면 가족이 함께 서점에 가서 책을 고르며 참다운 삶의 가치를 깨닫는 기회를 박탈당할 수도 있다. 그렇게 해서 시장이 한번 부정적으로 굳어지면 다시 긍정적으로 돌리는 데 지난한 노력이 필요하기에 지금의 매출 상승을 마냥 좋아할 수만은 없다. 한때 홈쇼핑 득세로 아동총판들의 위기가 초래되어 아동출판 자체의 정체성이 심각하게 흔들렸지만, 2007년 이후 오픈마켓의 등장으로 홈쇼핑의 매출 또한 급격하게 줄어들었다. 홈쇼핑의 부정적인 모습이 부메랑이 되어 홈쇼핑을 강타한 것으로 볼 수 있다.

최근 아동출판시장의 흐름

그렇다면 아동출판은 어떻게 변화했는가? 아동출판 시장은 대략 창작동화, 그림책, 논픽션 등으로 3분 된다. 그 세 분야의 최근 흐름을 각기 살펴보자(『21세기에 한국인은 무슨 책을 읽었나』 등에 실린 출판칼럼니스트 한미화의 분석이 많은 도움을 주었다).

창작동화

『동화를 먹는 치과의사』의 저자이자 창작동화 출간에 몰두해온 푸른책들 신형건 대표가 2005년에 분석한 자료에 따르면 겨우 10여 년 전만 해도 한 해에 출간된 국내 창작동화는 20여 종에 지나지 않았다. 당시 한 온라인서점에서 판매 중인 국내 창작동화는 2,200여 종이었는데 그중

2000년 이전에 출간된 것은 350여 종이다. 최근 5년간 출간된 책이 85퍼센트나 차지한다. 2002년과 2003년에는 각각 403종, 466종으로 정점에 도달했다가 2004년부터 줄어들기 시작했다.

1. 스테디셀러의 아성이 되었다.

2. 추천도서와 필독서 중심의 소비가 이뤄지면서 유명작가의 집중도가 높아졌다.

3. "질이 담보되지 않은 쏠림현상이 만들어낸 자기 무덤"을 판 꼴이 되었다.

4. 신간의 시장진입이 어렵다.

5. 주제는 '일하는 아이들'과 '생각하는 아이들'로 크게 나뉘었다.

6. 『전봇대 아저씨』의 채인선, 『어두운 계단에서 도깨비가』의 임정자, 『학교에 간 개돌이』의 김옥, 『왕당콩 갈비 게으름이 욕심쟁이 봉식이』의 김리리 등이 던져 준 새로운 상상력(또는 감수성)이 주목받았다.

7. 리얼리즘 계열은 생활동화, 사실주의 동화, 현실동화 등으로 변신했다.

8. 독자를 유혹하기 위한 일러스트레이션의 힘이 커졌다.

9. 아동문학은 최근 '각종 문제의 전시장'으로 변화하고 있다.

10. 최근 유망한 신인들의 등장은 그나마 다행이라 할 수 있지만 대형신인의 출현은 이뤄지지 않고 있다.

그림책

2005년부터 그림책은 전집을 제외하고 한 주에 70여 권쯤 출간된다. 그러나 성수기에는 150여 권으로 두 배 이상 늘어난다. 1997년만 해도 몇 출판사가 '선구자적' 자세로 악전고투하면서 1년에 겨우 몇 권 펴내던 것을 생각하면 매우 괄목할 만한 성장이다. 전체적으로 어린이책 시장은 인지도가 높은 외국책으로의 쏠림현상이 너무 심각한데, 그림책 시장은 국내 작가가 거의 힘을 발휘하지 못한다. 상대적으로 완성도와 인지도가 높은 외국그림책의 실질적 시장점유율이 95퍼센트 이상이다. 『돼지책』『우리 엄마』등 앤서니 브라운의 책은 나올 때마다 '의심의 여지없이' 독자의 선택을 받고 있다. 존 버닝햄, 클로드 부종, 레이먼드 브릭스 등 국내에서 인기 있는 외국 작가들의 그림책은 나오는 족족 번역 출간되고 있어 '익숙한' 저자로의 쏠림현상은 갈수록 심해졌다. 그림책의 1차 독자는 '글로벌' 안목이 높은 주부들인데 그들은 책의 질만 놓고 평가하기 때문에 이런 결과가 나온 것이다.

1. 그림책은 어릴 때 보고, 부모가 되어 아이에게 읽어주고, 나이 들어 다시 읽는 책, 즉 가와이 하야오의 말처럼 '평생 세 번 읽는 책'이 되고 있다. 이런 흐름은 어쩌다가 『구름빵』(백희나, 한솔수북) 같은 대형 신간의 출현을 가져오기도 한다.

2. 말과 그림이 결합한 매체의 장점을 보여준다. "'보여주며 말하기'는 모든 예술, 모든 지식의 가장 강력하면서도 우월한 형태이며, 멀티미디어의 핵심"이기 때문이다.

3. 그림책의 밀리언셀러 시대가 왔다. 하지만 『달님 안녕』(보드 북까지 합해 100만 부), 『강아지 똥』『누가 내 머리에 똥쌌어』(이상 60만 부), 『사과가 쿵』『곰 사냥을 떠나자』『작은 집 이야기』『괴물들이 사는 나라』(이상 50만 부) 등은 모두 오래전에 출간된 스테디셀러다.

4. 어린이책 운동의 성과, 온라인서점의 활성화, 육아관련 포털사이

트의 영향력 등으로 말미암아 스테디셀러의 아성이 되었다.

5. 홈쇼핑용 전집물 생산과 판매가 크게 늘었다.

6. 방문 대여시장이 확대되고 있다.

7. 앤서니 브라운, 존 버닝햄 등 해외 인기작가의 신간은 1만 부가 금방 팔릴 정도로 인기지만 국내 작가는 별로 등장하지 않는다.

8. 시장이 세분화되고 있다.

9. 전반적으로 시장이 크게 위축되었다.

10. 그나마 성인시장이 형성되는 것은 좋은 징조다.

논픽션

'신기한 스쿨버스' 시리즈가 성공을 거두며 어린이 과학책에 대한 관심이 높아지기는 했지만 아직은 문학 영역에 비해 미개척지라고 볼 수 있다. 논픽션 도서 대부분은 동물, 식물, 곤충의 한살이나 특징 등을 서술하는 데 머물러 있으며 생명과학 일반, 지구과학이나 우주과학, 물리과학 영역은 극히 제한적으로 출간되어 있다. 과학적 지식뿐만 아니라 사회적 영역과 예술 분야를 체계적으로 다루되 연령별 난이도와 접근방식을 달리한다면 논픽션 영역에서는 시도해볼 만한 분야가 많다.

논픽션 부분에서는 어떻게 지식을 효과적으로 재미있게 전달하느냐가 관건으로 『우리 몸의 구멍』(천둥거인)이나 『신기한 스쿨버스』(비룡소)에서 보듯 논픽션에 픽션적 기법을 가미한 창의적 논픽션을 모색할 필요가 있다. 고전적 접근 방식을 탈피하면 내용에 따라 형식을 넘나들며 지식을 쉽게 풀어낼 수 있다. 예를 들어 단순한 위인전에서 벗어나 비주얼과 당대의 생활상이나 문화를 가미할 수도 있고, 모험과 추리적 기법을 이용해 논픽션적 주제를 다뤄볼 수도 있다. 요즘 인기를 누리는 신화라는 주제도 학습만화의 형태가 아니라 예술적 측면에서 또는 문화적 측면에서 비주얼을 통해 접근하는 게 가능할 것이다.

1. 문학영역은 포화상태라 오히려 논픽션에는 미개척지가 많다.

2. 논픽션적 주제를 레퍼런스북, 드릴북, 액티비티북, 만화책의 형식으로 다양하게 풀어내는 방법이 시도되고 있다.

3. 문학영역보다 시장 규모가 경미하고 아직 시장성이 담보되지 않았다는 현실적 문제가 남아 있지만, 요즘 목록에서 논픽션 영역의 주제를 새로운 형식으로 접근한 책들이 주목받기 시작했다.

4. 스토리텔링을 추구하고 있다.

5. 어린이 교양서는 "어린이문학과 그림책이라는 기름진 토양 위에 자란 나무"라 할 수 있다. 『사진과 그림으로 보는 한국사편지』(웅진)는 120만 부나 판매됐다.

6. 픽션으로 시장진입이 어려운 신생출판사나 이미 픽션영역의 책들이 갖춰진 기존 어린이 출판사들이 외연 확장의 수단으로 삼고 있다.

7. 문학은 작가적 역량이 중요하지만 논픽션은 출판사와 편집자의 능력이 요구되는 분야라 그나마 신인 저자나 신생 출판사가 등장하기 쉬운 분야다.

8. 학계의 성과를 어린이책에서 소화하고 있다.

9. 『한국생활사박물관』(사계절)처럼 학계의 연구를 추동하는 경우도 있다.

10. 다큐멘터리 일러스트레이션이라는 새로운 영역을 개척했다.

위에서 분석한 것처럼 아동시장은 스테디셀러의 아성이 되면서 신간의 성공적인 시장 진입이 힘들어졌다. 유망 신인의 등장도 어려워졌다. 이제 출판사들은 신간의 손익분기점을 맞추기가 쉽지 않다고 아우성이다. 아동출판시장에서 '바로 이것'이라 할 만한 신간의 출현이나 새로운 트렌드를 찾아보기가 어렵게 된 것이다. 다만 요즘 아동출판시장에서 포착되는 분명한 '트렌드'는 홈쇼핑 등을 겨냥한 대형 전집이 졸속으로 생산되는 일이 늘었다는 점이다. 또 단 권으로 펴내도 될 책을 10여 권으로 늘려 세트의 정가를 올린 다음 대거 할인해서 판매하는 일이 한때 일반적인 흐름으로 자리 잡기도 했다.

유망신인도, 트렌드도 모두 사라진 아동출판시장

지금 아동출판시장에서는 아동독자의 영양불균형이 갈수록 심해지고, 화제작이 나오지 않으며, 안정적으로 성장하던 유명 출판사들마저 정체상태에 빠져들었다. 아동출판시장에서도 철저하게 '쩐의 전쟁'이 벌어지고 있어 악화가 양화를 구축하는 형편없는 시장으로 전락하고 말았다. 몇몇 대형서점 쏠림현상이 빚은 과당경쟁과 저가정책, 대형서점의 부도덕한 추천도서 양산 등이 낳은 지극히 당연한 결과다.

결론적으로 지난 10년 동안 우리 출판의 질적 도약을 상징하던 아동출판시장은 도덕성 있는 단체들이 추천도서만 선정하고 그 이상의 대안을 보여주지 못하는 사이에 암흑 속으로 빠져들었다. 지금 위력을 발휘하는 것은 오로지 대형서점이나 독서상업주의 단체가 이익추구라는 속마음을 감춘 채 추천한 추천도서뿐이다. 그 책들은 학교현장과 할인업체의 기형적인 결합을 통해 건전한 생산구조를 파괴해 아동출판 시장을 불건전한 시장으로 전락시키고 있다. 뿐만 아니라 아이들이 '국민

체조'하듯이 일제히 추천도서를 읽게 만들어 창조적 독서의 파괴가 일상적으로 일어나고 있다. 이런 현실에서 아동출판의 질적 저하는 지극히 당연하다. 따라서 지금의 모습을 냉철하게 분석하고 미래를 위한 새로운 대안 마련이 매우 시급하다.

머니게임의 출판시장, 어떻게 살아남을 것인가

최근 한 출판사는 주먹구구식 경영을 탈피하고자 출판계 바깥의 컨설팅 전문가를 통해 회사 상태를 점검해봤다. 그런데 그 전문가는 자료를 한 번 살펴보고는 출판시장을 한마디로 정리했다. 다름 아닌 '머니게임', 조금 더 길게 풀어쓰면 '돈 놓고 돈 먹기'라는 말이다. 지금 한국출판 상황을 이보다 더 간결하게 표현하기는 어려울 듯하다. '돈 놓고 돈 먹기'는 자본만 있으면 가능하다는 이야기지만 예측 불가능한 시장이라는 뜻도 된다.

그런데 나는 이런 이야기를 너무나 많이 들었다. 언제는 그렇지 않았냐고 할 사람이 있을지도 모른다. 하지만 지금처럼 원칙이 무너지고 온갖 편법이 난무한 적은 없었다. 먼저 전제할 것은 수많은 출판사들이 고작 몇 대형 온·오프라인서점을 살리자고 고혈을 짜가며 혈투를 벌이는 요즘의 추태가 하루빨리 사라지지 않는다면 한국출판은 결코 희망이 없다는 사실이다.

'머니게임'이 벌어지는 출판시장

시장이 이렇게 변한 가장 큰 이유는 과잉경쟁이다. 고령화, 출산율 저하, 무료정보와의 경쟁, 활자 기피, 가치관 다양화 등으로 출판업계가 어려움을 겪는다는 것은 주지의 사실이다. 또한 해마다 신간 종수는 늘어나는데 유통업체가 이를 소화하지 못하고 있다. 출판물 납본을 대행하는 대한출판문화협회 통계를 보면 2005년 한 해의 신간 종수는 4만 3,585종이다. 하지만 "납본 체계의 이원화와 분류 미흡 등으로 출판의 기초 통계인 발행 종수조차 불확실하며, 국가 납본통계의 세부 분야별 집계가 안 되고" 있기 때문에 통계만으로 신간을 헤아리기는 어렵다. 만약 교보문고 신간입고 종수를 신간발행 종수로 친다면 신간은 5만 9,797종이나 된다. 그렇게 따지자면 교보문고 신간입고량의 73퍼센트만이 납본되고 있는 셈인데 우리는 이것을 신간 종수로 여겨왔다.

대한출판문화협회 납본대행 종수: 4만 3,585종

국립중앙도서관 일반도서 납본수집 종수: 5만 1,872종

교보문고 신간입고 종수: 5만 9,797종

출처: 『출판지식산업 육성계획』, 문화관광부, 2007.4

교보문고 입고 기준으로 보면 하루에 거의 200권이 새로 탄생하는 셈이다. 여기에 더해 비슷한 종수의 잡지가 서점에 들어온다. 출간 종수가 늘어났다고 해서 책이 다양하게 출간되는 건 아니다. 지난 몇 년간 자기계발서가 크게 늘어났듯이 '따라 하기' 기획이 성행해서 비슷비슷한 책이 많이 출간된다. 6만 종이나 출간된다고 하지만 사실상 탄생할 이유

조차 찾기 어려운 책의 종수만 늘어날 뿐이며 그 책들의 대부분은 바로 유아사망상태로 빠져든다.

한국 출판계가 신간 종수를 지금의 절반 이하로 줄이는 것이 급선무로 보인다. 고바야시 가즈히로는 『출판대붕괴』(2001)에서 일본 출판의 대붕괴에 대항하기 위한 열 가지 제언을 내놓았다. 그 가운데 첫 번째 제언이 "출판업계는 축소 균등의 길을 걸어야 함을 자각하고 대형 출판사는 신간서적의 무분별한 간행을 하루라도 빨리 멈춰야 한다. 먼저 전체적으로 신간 종수를 1년에 3만 종 이하로 억제하는 노력(2000년에는 6만 7,000종, 2001년에는 7만 종 - 필자)과 솔선수범이 필요"하다고 했다.

한국출판에도 이런 처방이 무척 절실하다고 본다. 그러나 지금 출판계는 그런 처방에 귀를 기울일 분위기가 아니다. 단행본의 경우 규모가 큰 출판사일수록 신간 종수로 승부를 걸다시피 한다. 더구나 대형 출판사들이 임프린트 시스템을 도입하고 규모의 경쟁을 벌이면서부터 신간 종수를 늘리려는 출판사가 더 많아졌다. 한편 단순히 종수만을 늘리는 것이 아니다. 과도한 경쟁체제 때문에 그야말로 '팔리는 책'을 추구하는 경향이 강해졌다. 과잉생산과 과도한 유통병목현상이 벌어지는 현실에서, 게다가 책 구매율마저 현저하게 떨어지는 마당에 팔리는 책을 추구한다고 탓할 수만은 없다. 하지만 그 정도가 너무 심하다는 데 문제가 있다.

10여 개 업체 매출이 1조 3,800억 원

온라인서점이 본격적으로 영업을 시작한 때가 2000년이다. 그로부터 8년이 지난 지금까지 온라인서점 매출비중은 해마다 급증했다. 유통시장에서 벌어지는 가장 큰 변화는 무엇인가? 바로 유통의 집중화다.

표5에서 보는 바와 같이 대형 오프라인서점, 주요 온라인서점, 상위 도매상 등 10여 개 업체 매출은 2006년에 최초로 1조 원을 넘어섰고 2007년에는 1조 3,800억 원이나 된다. 이 금액은 대한출판문화협회가 집계한 한 해 단행본 출간금액을 훨씬 넘어선다. 전체 매출액은 미미한 변화를 보이지만 주요 업체들의 매출은 갈수록 증가했다. 대형 오프라인서점들은 체인점을 계속 늘리고 있어 그 비중은 더욱 큰 폭으로 증가할 듯 보인다. 표에는 빠졌지만 모닝365 같은 군소 온라인서점과 G마켓, 옥션 등의 매출은 500억 원 안팎으로 추산된다. 주로 할인점 등에 책을 공급하는 벤더(총판)인 관악사, 수송사, KG북플러스(고견출판유통) 등의 매출도 500억 원 안팎으로 추정된다.

우리나라 단행본 출판시장 규모를 2조 5,000억으로 보았을 때 교보문고, 영풍문고, 예스24, 인터파크, 알라딘, 서울문고 등 주요 온라인서점과 대형서점의 합계 시장점유율은 55퍼센트를 약간 넘는다. 온라인서점만 따지면 교보온라인과 리브로 등을 포함할 때 전체 시장의 30퍼센트를 훨씬 넘어선 것으로 볼 수 있다.

그러나 온라인서점과 대형서점의 시장장악력(파괴력)은 점유율 이상으로, 70퍼센트가 넘는다는 시각이 일반적이다. 이런 이유 때문에 대형서점과 온라인서점의 마켓파워(시장지배력) 상승에 따른 출판사들의 마케팅 전략 수립이 중요해졌다.

이에 비하면 전국 규모의 대형 도매상인 북센과 송인, 북플러스의 2007년 매출액은 각각 640억 원과 625억 원, 633억 원으로 온라인서점 4위 업체인 알라딘의 절반도 되지 않는다. 중소 소매점의 대대적 몰락

표5_ 주요 유통업체의 매출변화(단위: 억)

업체명	2003년	2004년	2005년	2006년	2007년	비고
교보	1,799	2,075	2,700	3,297	3,700	체인 2,200, 온 1,500
영풍	971	971	980	1,115	1,342	
리브로	350	320	330	400	500	
서울문고	282	296	600	640	700	오프라인 670, 온 30
북센	850	640	750	670	640	도 448, 마트 130, 반품 192
송인	560	570	600	600	625	반품 125
북플러스	350	350	650	405	633	도·마트 221, 온 441
예스24	1,030	950	1,324	1,650	2,300	
인터파크	1,000	1,080	950	1,350	1,960	
알라딘	400	430	650	800	1,400	
합계	7,592	7,712	9,534	10,927	13,800	

한국출판마케팅연구소 작성. 도는 도매상, 온은 온라인서점.

에 따른 결과로, 이런 현상은 갈수록 심화될 것이다. 북센과 송인, 북플러스 등 대표적 도매상의 경우 매출의 상당 부분을 일반서점 거래가 아닌 도서관 납품, 마트점 거래, G마켓, 옥션 등에서 채우는 형편이다.

G마켓, 옥션 등 인터넷 유사업종 매출액도 증가하는 추세다. 특히 G마켓의 베스트셀러 판매량은 영풍문고 전체 매출액 규모와 맞먹는다. SKT가 모닝365의 대주주로 참여하면서 계열사인 싸이월드와 네이트를 동원해서 대대적인 시장 공략에 나설 것이라는 소문이 있다. 후발주자로서 빠르게 시장점유율을 키우기 위해 무리한 영업을 시도한다면 또 한 번 온라인서점의 판도가 변화할지도 모른다. 그렇게 되면 온라인 시장 규모는 더욱 커지겠지만 출판시장은 더 혼란에 빠질 수도 있다.

할인마트 시장은 오프라인서점의 몰락으로 말미암아 베스트셀러나 아동도서 등 특별한 책의 경우 여전히 대체시장으로서 가치를 지닌다. 따라서 출판사들은 관악사, 수송사, KG북플러스 등 총판서점과도 지속적으로 관계를 맺고 있다. 특히 아동출판사 영업자들은 지방 오프라인서점보다는 할인마트 관리에 열을 올린다. 일일이 방문해 판매상황을 직접 점검하고 벤더에 책 공급을 요청하고 있을 정도다.

대형서점과 온라인서점의 실질 시장장악력은 80퍼센트를 넘어섰으며 주요 서점의 매출 집중도는 개별 책에서도 그대로 드러난다. 한 신생 출판사가 2007년 5월에 출간한 인문서적 한 권이 분야별 베스트셀러 1위에 올랐는데 이 책은 한 달 만에 초판 3,000부가 매진됐다. 책 출간에서 초판 매진까지 유통업체별 점유율은 표6과 같다.

순수 온라인서점 점유율은 43퍼센트나 되며 온·오프라인이 함께 있는 교보문고까지 합하면 61퍼센트나 된다. 여기에다 대형서점 두 곳을 합하면 71퍼센트다. 언론에 크게 보도될 수준의 책은 점유율이 더 올라간다. 2006년 8월 27일과 9월 3일에 방영된 MBC 스페셜 2부작 〈내 아이를 위한 사랑의 기술〉에서는 지난 35년간 자녀 교육지침서로 사랑받아온 『부모와 아이 사이』(앨리스 기너트 외, 양철북)를 소개했다. 이 책은 그 뒤 별다른 마케팅 활동 없이 곧바로 종합베스트셀러 상위에 오르면서 9월 한 달 동안만 무려 4만 8,000부가 팔렸다. 그런데 그중 80퍼센트가 예스24, 인터파크, 교보문고(오프라인서점 포함), 알라딘 등 온라인서점 네 군데에서 팔렸다고 한다. 2007년에는 이런 양상이 더욱 심화됐다.

그러면 베스트셀러는 어떤가? 『파페포포 안단테』(심승현, 홍익출판사)는 2007년 3월 30일 첫 출간된 책인데 초판 5만 부가 출간일에 완전 매진되었다. 교보문고와 인터파크의 예약판매 성공으로 각 도매서점에

표6_ 한 인문서적 베스트셀러와 『파페포포 안단테』의 유통업체별 점유율(%)

업체면	한 인문서적 베스트셀러	『파페포포 안단테』
교보문고	18	12.4
북센	-	11.3
북플러스(온·오프 합)	-	9.4
서울문고	5	2.1
송인서적(일원화도매상)	25	6.2
알라딘	12	3.0
영풍문고	5	4.7
예스24	25	8.5
인터파크	6	9.5
• 기타	4	32.9
합 계	100	100

서 주문이 폭주했으며 4월 한 달 동안 20만 부를 돌파하고 5월 한 달 동안 10만 부가 팔렸다. 발간 후 3주 동안 전체 온·오프라인서점에서 종합 1위, 교보문고 연속 7주 종합 1위, 출판인회의 6주 연속 1위 기록. 그리고 6월 19일에 35만 부를 기록했다. 이 책의 유통업체별 판매점유율도 표6에 나와 있다.

『파페포포 안단테』같은 시장성이 검증된 베스트셀러의 온라인서점 매출 비중은 전체 점유율과 비슷한 수준으로 나타난다. 예스24, 인터파크, 알라딘 등 온라인서점 세 곳의 매출비중이 21퍼센트이며 교보문고까지 합하면 33.4퍼센트나 된다. 여기에 도매서점 북센과 송인, 북플러스를 합치면 57퍼센트이므로 이들 도소매 온·오프 서점에서 판매된 부수가 시장의 절반을 넘어섬을 알 수 있다. 이 통계를 보면 단행본 출판사의 영업력이 어디로 집중될지는 삼척동자도 짐작할 수 있다. 지금 대부분의 출판사는 주요 온라인서점과 대형서점, 도매상 등 10여 개 업체를 집중 관리함으로써 시장을 장악하고자 한다.

이 중에서도 특히 교보문고에 중점을 두는 출판사가 많다. 교보문고 온·오프라인의 단행본 매출은 예스24나 인터파크보다 상대적으로 약세일 때도 있지만 교보문고 매장이라는 대표성, 역사성, 그에 따른 전시장 효과, 시장 장악력, 홍보력, 파괴력 등에서 단연 돋보이기 때문에 1차 공략 대상은 역시 교보문고다.

『파페포포 안단테』라고 다르겠는가? 전편인 『파페포포 메모리즈』와 『파페포포 투게더』는 180만 부나 판매됐다. 그러나 전편이 출간된 지 3년여 만에 출간되는 책이므로 시장 진입이 쉽지 않다고 판단하여, 충성 고객(파페포포 카페 12만 회원 등)을 대상으로 출간 전 3개월 동안 적극적인 메일링 서비스 등으로 인지도를 확장했다. 젊은이들이 주류를 이루는 인터넷의 각종 블로그, 카페 등을 다양하게 공략(예를 들어 20대 여성들이 주 회원인 ○○카페에 '파페포포에 얽힌 추억담을 소개해주세요'라고 요청하는 등)해서 인지도 확산에 주력했다. 출판사가 관여한 블로그와 카페는 도합 100여 개에 달했다. 이들에 대한 증정도서만 1,500여 부나 되었다.

또한 출간 초기에 교보문고와 인터파크, 예스24 등 세 업체를 집중 공략했다. 충성고객과 대형서점을 직접 연결하는 선택과 집중 전략을 구사한 셈이다. 교보문고, 영풍문고, 예스24, 인터파크, 알라딘, 리브로 등 온라인서점 예약판매에 '저자 사인본 판매/ 미니북 2권 증정'이라는 메리트를 부여했고 여기에 충성고객을 연결했는데, 예약판매한 책만 9,000부로 교보문고의 경우 '해리포터' 이후 최고 부수를 기록했다.

또한 예약판매 개시 4일 동안 '파페포포' 카페에 교보문고의 예약판매 채널을 단독 연결함으로써, 예약판매가 교보문고에서만 이루어지도록 조정했다. 이로써 예약판매 3일 만에 교보문고 종합베스트 1위(1일 예약 판매량 500부 안팎)에 올랐다. 온라인서점의 꾸준한 노출(네이버, 다음 등 인터넷 공간 포함)로 광고 효과를 극대화한 전략이 맞아떨어졌으며 특히 1차 론칭 기간 동안 온라인 교보의 지속적 노출은 베스트 1위 진입에 절대적인 역할을 했다. 그리고 교보→인터파크→예스24→네이버와 다음→기타 오프라인 도소매 서점으로 이어지는 파급 현상을 적절히 이용했다. 이것이 독자와 언론의 관심을 유발했다.

하지만 신문광고는 전혀 하지 않았다. 과거에 신문매체에 집중하던 광고를 온라인서점 초기화면 배너 광고 등에 집중했다. 이것은 온라인 서점의 초기 화면이 미디어 이상의 기능을 담당하는 현실을 최대한 활용한 사례다. 신문광고 등 기존 언론매체를 이용한 광고 전략의 맹점을 여실히 반증한 셈이다.

다른 한편 대기업과 연계 이벤트 마케팅(오리온 초코칩 쿠키, 커피빈, SKT 등)을 다양하게 펼쳐, 이를 사회적 관심사로 키우고 독자를 유도하는 방편으로 활용했다. 이런 식의 대기업과의 공동마케팅은 갈수록 늘어난다. 『구라 삼국지』(전유성, 소담)는 둘둘 치킨, 『토크쇼 화법』(김일중, 중앙북스)은 에스티코STCO의 할인권을 책에 넣어 론칭하기도 했다.

『파페포포 안단테』는 변화한 유통현실을 적극적으로 활용한 예다. 그런데 이런 사례는 무척 일반화되었다. 많은 출판인들이 출구가 보이지 않는다고 아우성이지만 이런 전략으로 성공한 사람들은 오히려 기획력과 마케팅력만 갖추면 요즘 출판시장은 그야말로 대단한 '블루오션'이라고 말하기도 한다. 출판시장은 여전히 진입장벽이 낮으며, 작은 예산으로도 신간 한 권 잘 만들면 큰 매출을 올릴 수 있다는 것이다. 게다가 '1인 출판'도 가능하니 위험부담도 적다고 말한다.

온라인서점으로 집중되는 마케팅

실제로 온라인서점이 시장점유율을 키워가던 2000년대 초입에는 밀리언셀러가 더욱 늘어났다. 21세기 들어 밀리언셀러는 60종을 넘어섰다 (『21세기 한국인은 무슨 책을 읽었나』, 한국출판마케팅연구소). 2002년 대한민국 출판역사상 최대 이벤트인 MBC의 〈느낌표〉로 10여 종 가까운 밀리언셀러가 탄생했지만 그것 이상으로 영향을 미친 것이 온라인서점의 등장이다. 그래서 온라인서점을 보다 적극적으로 활용해야 한다고 주장하는 사람이 적지 않다. 다음은 한 출판인이 정리한, 온라인서점을 둘러싼 환경변화다.

① 온라인서점의 적극적인 시장 공략과 생산자들의 대대적인 지원: 오프라인서점의 대대적인 몰락 속에서 메이저 출판, 또는 베스트셀러 생산자들의 온라인서점에 대한 적극적인 참여는 매출 확대 및 유지를 위해 필연적이다. 온라인서점은 매출 확대의 교두보 역할을 할 뿐만 아니라 실질 판매에서도 월등한 마켓파워를 갖고 있다.

② 오프라인서점의 소극적이고 진부한 경영이 가장 큰 문제: 교보문고, 영풍문고조차도 오프라인의 특성을 살리지 못하고 있는 현실. 변화한 출판 환경에 능동적으로 대처하지 못하고 있는 모든 중소서점은 급속도로 지리멸렬해질 것이다.

③ 도서정가제의 사실상 와해가 온라인서점의 활성화에 기여할 것: 뼈대

만 남아 존재하는 도서정가제가 온라인서점에 사실상의 면죄부 및 활력소로 작용하고 있다. 새로 만들려는 도서정가제(18개월 미만의 신간의 경우 온·오프라인 공히 10퍼센트의 할인을 허용하려는 새로운 입법. 2007년 6월 20일 국회 본회의를 통과했다.)는 오히려 온라인서점에 강력한 지원군 역할을 할 것이다.

④ 매력적인 온라인서점의 판매 정책: 할인에 준하는 각종 혜택(할인 쿠폰, 마일리지 등)을 부여하는 등 온라인서점의 소비자 우선주의 정책이 독자들의 시장 참여를 더욱 부추긴다. 또한 도서상품에 대한 시장 분석, 판매전략 등에서 오프라인서점보다 월등한 우위에 있어 출판사들의 공감대가 폭넓다.

⑤ 온라인서점의 미디어적 기능: 신문의 북섹션이 제 역할을 하지 못하고, 신문을 통한 광고 효과 역시 날로 미미해지는 상황에서 온라인서점의 메인 화면 노출, 배너 광고 등은 미디어적 가치를 지니고 있어 판매에 지대한 영향을 끼친다. 대다수 메이저 출판사 및 베스트셀러 생산 회사는 이를 적극 이용하고 있다.

⑥ 온라인서점의 정착화와 독자들의 신뢰 확보: 타 유통채널과의 불협화음, 운영상의 문제점(매출액 대비 최소 이익구조), 출판사에 점점 불리해지는 유통 관행에도 불구하고 온라인서점은 독자들의 신뢰를 바탕으로 완전 정착했다고 보는 편이 타당하다. 이는 오프라인서점의 몰락과 극명하게 대비되는 부분이다.

⑦ 오프라인서점의 쇠퇴가 온라인서점 탓인가?: 오프라인서점의 쇠퇴에 일조한 것은 사실이지만, 이유의 전부는 아니다. 온라인서점은 문화적 격변기에 태어난 대중주의의 산물로서 어쩌면 한국인의 정서에 가장

잘 맞는 특성을 지닌 채널인지도 모른다. 인터넷의 평등주의는 현대 한국사회의 조류와 특성에 가장 잘 부합하며, 온라인서점은 가장 성공한 케이스다.

⑧ 온라인서점은 더욱 진보할 것: 예스24, 인터파크, 알라딘 등 3대 온라인서점은 적어도 3년 이내에 현재보다 더 확고하게 교보문고와 더불어 출판유통의 핵심으로 자리할 것이다. 시장의 변화는 이미 시작되었고 탈락자가 속출하고 있다. 진정한 시장주의자가 되기 위해 시장 상황의 변화를 이용할 방책을 세워야 한다.

나는 생각이 조금 다르다. 온라인서점은 서적 정보를 축적한 것만으로도 대단한 일을 했다. 그러나 앞으로는 공보다 과가 더 돋보일 것이다. 온라인서점의 가장 큰 문제는 시장 선점을 위한 이전투구로 출판시장을 황폐하게 만든 데 있다. 시장을 주도하는 출판사들은 회사마다 조금씩 생각의 차이가 있겠지만 앞에서 말한 출판인의 판단과 크게 다르지 않을 것이다. 그들은 영향력 있는 업체, 특히 온라인 쪽에 마케팅을 집중하여 성장을 구가한다. 팔리는 책을 더 잘 팔리게 하는 데는 지금 체제가 적절할지도 모른다.

하지만 그런 이익이 상위 출판사에 한정된다는 데 문제가 있다. 온라인서점의 초기화면에 책을 띄우는 비용은 갈수록 증가한다. 그나마 온라인서점이 요구하는 조건을 들어주지 않는다면 언감생심이다. 배너광고 또한 노출빈도는 줄면서 비용은 올라가고 있으며, 소형 출판사는 접근하기조차 어렵다. 사실 그로 인한 출판사의 양극화는 심각한 상태다. 특단의 대책을 세우지 않으면 결국 출판사나 서점 모두 다섯 곳 정도만 살아남고 나머지는 사라질지도 모른다는 극언마저 나온다. 즉 머니게임의 승자독식 사태가 벌어질 수 있다는 말이다.

최근 몇 년간 밀리언셀러에 오른 것은 『시크릿』 『마시멜로 이야기』 『배려』 등 세 권뿐이다. 『시크릿』이 8개월 만에, 『마시멜로 이야기』는 10개월 만에 달성한 기록이지만 『배려』는 25개월이나 걸렸다. 밀리언셀러가 자기계발서 일색이란 것도 달갑지 않다. 이러다가는 베스트셀러에 대한 독자들의 불신이 갈수록 커질 것이다. 그런데 더 문제는 중간 규모의 베스트셀러가 크게 줄어들었다는 것이다. 특히 언론 홍보가 잘 되는 인문서는 지난 몇 년간 2~3만 부 정도 팔리는 책도 찾아보기 어려운 형편이다. 또 양극화 이상으로 문제가 되는 것은 신간 론칭이 더욱 힘들어졌다는 점을 꼽을 수 있다. 『파페포포 안단테』의 경우 이미 180만 부 이상 팔린 전편들의 브랜드 이미지가 후속 책에도 강력한 영향을 끼쳤기에 시장 초기 진입이 가능했다고 볼 수 있다.

검색 습관이 가져온 기획 흐름의 변화

어느 시대고 출판기획자는 팔리는 책, 즉 독자들이 원하는 책, 시장성이 있는 책을 추구하게 마련이다. 그런 책은 시대마다 흐름을 달리한다. '검색형 독서'가 일반화되면서 출판기획자들이 주로 찾는 책은, 컨셉트(주제의식)가 분명한 책(내용을 한 줄로 요약할 수 있는 책으로 원 테마가 많다), 풍부한 사례가 넘치면서 이야기(스토리텔링)성이 확실한 책, 객관적으로 권위가 검증된 책이라는 것은 앞에서도 이야기했다. 인터넷이라는 매체가 위력을 발휘하고 나서부터는 이런 성향이 강화됐다. 인터넷 등장 이후 정보의 소유권은 독자(소비자)에게 넘어갔다. 오늘날 독자는 검색을 통해 자신이 원하는 책을 찾는다. 교보문고는 검색을 통해 책을 찾는 비중이 2005년에 이미 80퍼센트를 넘어섰다. 독자는 출판사가 일방적으로 제공하는 정보는 별로 신뢰하지 않는다.

출판기획적 측면에서 봐도 그렇다. 출판기획의 3요소는 책의 가치, 현실성(아무리 좋은 아이디어라도 원고로 만들지 못하면 망상에 불과하다), 판매부수(이익)로 일컬어진다. 과거에 책은 학술적 가치, 인문적 가치 등이 더 중시되었지만, 지금은 임팩트가 관건이다. 아무리 좋은 내용의 책이라도 강렬한 임팩트가 없으면 독자에게 선택받지 못한다. 책의 제목, 차례, 표지, 본문 편집 등에 일관된 흐름을 주어 한 순간에 강렬한 이미지를 부여하고자 하기도 한다.

오늘날 독자는 프로슈머다. 생산자이면서 소비자다. 그들은 유저가 퍼뜨리는 정보, 즉 다른 독자(고객)의 판단을 보고 구매를 결정한다. 브랜드 가치 결정의 주체가 바로 독자(고객)인 것이다. 그들은 책의 권위를 스스로 평가한다. 드라마나 영화로 만들어진 소설이나 인기강좌를 열고 있는 저자의 경제경영서도 권위를 키우는 방편이다. 그러나 오늘날 책에 권위를 부여하는 가장 큰 요인은 베스트셀러 1위에 올랐다는 사실일 수도 있다. 아니, 적어도 오늘의 한국출판에서는 베스트셀러 1위가 바로 권위다.

베스트셀러에 올리기 위해서는 그에 맞춤한 책을 찾아야 한다. 독자는 브랜드파워가 있는 책에 쉽게 현혹된다. 인터넷은 문화의 확산속도를 빠르게 만들었다. 1,000만 관객의 영화, 50퍼센트가 넘는 시청률의 드라마처럼 단숨에 밀리언셀러가 되는 책도 가끔은 등장한다. 브랜드파워가 있는 책을 만드는 가장 손쉬운 방법은 빅 타이틀을 거머쥐는 것이다. 지금 출판시장에서는 빅 타이틀을 확보하기 위한 힘겨운 싸움이 일상적으로 벌어진다. 인기 저자나 외국의 빅 타이틀에는 목숨을 걸고 덤벼든다. 한국소설은 안 팔리지만 일본소설은 잘 팔린다. 일본 작가 중에서도 가장 인기 있는 작가로 올라선 오쿠다 히데오의 기출간작은 계약이 거의 끝났다고 한다.

황석영, 공지영, 김훈 등 인기 있는 국내 작가들의 책은 존재함으로써 바로 '가치'를 지닌다. 반기문 같은 화제의 인물을 다룬 책은 즉각 인기를 누린다. '해리포터' 시리즈 , 'Why' 시리즈, '마법 천자문' 시리즈, '서바이벌 만화 과학상식' 시리즈 등 블록버스터와 인기 학습만화 시리즈는 새로운 권이 추가될 때마다 폭발적인 반응을 몰고 온다. 때로는 초판만 수십만 부씩 발행된다. 그때까지 판매부수는 책의 권위(기호적 가치)와 다름없다. 그 권위가 시장에서 즉각적 반응을 몰고 오는 셈이다. 그래서 출판사들은 책에 어떻게 해서든 권위를 씌우고자 노력한다. 그렇게 해서 만들어진 권위는 장기적으로 책이 팔리는 구조를 만들어내기 때문이다.

아동문고 쪽은 이런 현상이 더욱 심각하다. 아동서적은 보통 창작동화, 그림책, 기타(논픽션 등)로 3분 되는데, 창작동화나 그림책은 스테디셀러의 아성으로 꼽힌다. 아동도서의 실질 구매자는 대부분 부모들로, 그들이 '검증'된 책을 주로 소비하기 때문이다. 이때 독자들이 책을 판단하는 가장 중요한 잣대가 베스트셀러 순위이기도 하다.

사재기, 발본색원할 수 있는가

베스트셀러 순위에 책을 올리려는 욕망은 종종 불협화음을 연출한다.

과정이야 어쨌든 베스트 진입에 성공하고자 무리한 영업행위도 마다하지 않는다. 대표적인 예가 사재기다. 사재기는 자사 책을 되사들여 베스트셀러를 만드는 것을 말하는데, 대형 오프라인서점에서 직접(또는 대행자를 이용해) 책을 되사는 전통적 방법부터 인터넷 사이트를 통한 간접구매에 이르기까지 다양하고 교묘하게 이뤄진다. 어느 출판사의 편집장은 한 대형서점의 회원카드를 수십 장 갖고 있다고 밝히기도 했다. 일부 분야에서는 사재기를 하지 않는 출판사가 없다는 말까지 나돌지만 증거가 확실하게 공개된 적은 별로 없다. 증거 없는 추정은 불신을 조장하지만 사재기로 의심할 만한 이벤트를 다양하게 벌이는 것만은 분명하다. 사재기를 대행하는 업체의 회원사 명단이 한때 인터넷에 나돌았는데, 그 명단에 오른 출판사가 모두 사재기를 했다는 증거는 없었다. 하지만 사재기를 했을 개연성이 컸던 출판사가 상당수 올라 있었던 것도 사실이다.

그동안 사재기 파동이 몇 차례 있었다. 그때마다 출판단체에서는 사재기를 한 출판사를 적발해 공개했다. 그러나 적발당한 출판사에서는 다 같이 사재기 해놓고 왜 우리만 공개하느냐고 반발을 했다. 사실상 사재기 파동이 벌어질 때마다 출판계는 망신만 초래했다. 사재기를 하지 않아도 되는 근본적인 시스템을 만들어야 함에도 일부 '암세포'만 도려내면 출판계가 건전해질 것으로 여긴 탓이다. 자본주의 구조에서는 건전한 세포의 활동을 키워 암세포가 활동을 못하게 만들어야 눈에 보이는 암세포만 도려낸다고 건강이 회복되지는 않는다. 어쨌든 사재기에 대한 출판계의 대응은 미사일이 날아다니는 세상에 몽둥이를 들고 나선 셈이었다.

현 단계에서 사재기 문제를 해결하는 유일한 해결책은 매출액 1,2위의 업체가 판매상황을 공개하는 것이다. 그리고 사재기를 한 것이 명백하게 확인된 책을 다시는 베스트셀러에 올리지 않겠다고 양심선언부터 해야 한다. 경찰을 동원해 압수수색할 수도 없는 노릇이니 그들의 양심에 기댈 수밖에 없다.

베스트셀러 조작으로 몇 차례 망신을 당한 출판사가 있었음에도 여전히 바잉파워를 키운 몇몇 서점의 베스트셀러 순위는 엄청난 영향력을 가진다. 순위에 오르느냐 아니냐에 책의 사활이 갈리다시피 한다. 문제는 집계를 발표하는 서점이 칼자루를 쥐고 있다는 데에 있다.

그 때문에 "우리가 출판 트렌드를 창출한다"고 큰소리를 칠 만큼 온라인서점은 자신들이 베스트셀러를 만들어낼 수 있다는 자신감에 빠져 있다. 그런 자신감이 단순히 온라인서점의 영향력, 특히 미디어적 기능이 커졌음에 기인한다면 천만다행이지만, 순위 조작 방조나 공조를 통해 그럴 수 있다고 여긴 것이라면 문제는 무척 심각하다. 온라인서점은 출판사와 협력이벤트를 벌이면서 회원들에게 책 정가만큼의 쿠폰을 준다. 당첨자에게만 보내준다고 하지만 실제로는 모든 응모자에게 보낸다. 독자가 그 쿠폰으로 책을 사면 책이 팔린 것으로 치니 이것 또한 명백한 사재기 공조다. 이런 방법을 활용해 베스트셀러가 된 책이 적지 않다고 알려졌다.

저자 사인회도 사재기 협력 사례로 볼 수 있다. 서점 직원들이 돌아가며 책에 사인을 받고 책값은 출판사가 일괄적으로 계산한다. 그렇게 나간 책도 판매부수에 넣는다. 인기저자치고 사재기에 동원되지 않은 저자가 없을 정도다. 기업체가 대량구입을 원하면 서점을 통하게 하거나

서점 장부에만 책이 입고된 것으로 올리고 책이 팔렸다고 간주해서 베스트셀러에 올려준 것도 지금까지 적시한 사재기의 대표적인 서점공조 사례다.

일부 서점의 대담성은 이제 판매대를 파는 행위도 마다하지 않는다. 한 대형서점은 자사 체인서점에 POP 광고를 부착할 때도 출판사가 비용을 부담하게 한다. 일부에서는 이를 두고 서점이 경영타개책으로 광고업에도 진출했다고 비아냥대지만 전략적으로 베스트셀러를 기대하는 책은 이를 고려하지 않을 수 없다. 비용은 지점 판매력에 따라 15-100만 원까지 저마다 다르지만 모든 지점에 부착하면 500만 원가량 든다고 한다. 게다가 광고기간은 짧아도 3개월이니 광고비용은 1,500만 원이 기본이다.

서점 판매대까지 돈 주고 사야 하는 현실

판매대만 '산다고' 되는 일도 아니다. 입고율도 낮추어야 한다. 모든 체인점의 판매대를 산다면 적어도 2-3,000단위로 입고부수가 올라가는데 그때 입고율이 50-55퍼센트(56-59퍼센트로 버티는 출판사도 있지만 45퍼센트 아래로 내려가는 경우도 있다고 한다) 정도다. 출판사의 소매 출고율이 보통 70퍼센트임을 감안하면 입고율부터 무리한 영업이 시작되는 것이다.

그 밖에도 초기 구매를 유도하려고 무리한 조건을 다는 일이 적지 않다. 끼워주기(1+1은 1+3까지 발전했다), 경품(기업과의 공동마케팅으로 책값보다 비싼 경품이 자주 주어진다. 심지어 12,000원짜리 책에 198,000원의 CD가 경품으로 주어진다. 독자가 책보다 경품에 빠지게 하는 것이다. 경품으로 땅, 해외여행권 등 고가 상품도 등장했다), 마일리지(서점마다 온갖 마일리지를 도입해 계산조차 쉽지 않을 정도다), 할인쿠폰(1,000원이 보편적이지만 5,000원까지 올라가기도 했다. 공정거래법 경품 고시에 따르면, 경품은 정가의 10퍼센트를 넘지 못하나 5,000원까지는 제한을 받지 않았다. 그래서 1만 원 아래의 책에 5,000원의 할인쿠폰이 붙는다. 때로는 3~4만 원의 할인쿠폰이 붙는 불법도 자행되지만 이를 문제 삼기보다는 성공적인 마케팅으로 평가하기도 했다), 배송료(예약판매를 할 때 건당 2,000원에 이르는 배송료를 출판사가 부담하는 경우가 많다), 다른 상품 할인권(기업체와 공동 마케팅 때에는 협력업체 상품의 할인권이 함께 주어진다) 등은 기본이다. 이런 일은 출판산업진흥법의 발효 이후 일부 행위가 불법으로 규정되는 바람에 다소 주춤해졌으나 언제 다시 발홍할지도 모른다.

배너 광고, 타깃메일 보내기 같은 마케팅 비용도 따로 부담해야 한다. 이 조건들을 들어주었을 때 책의 손익분기점은 적어도 2-3만 부 선이다. 실제로 의미 있는 책이 아니라면 1년에 2만 부가 팔리지 않을 책은 거들떠보지도 말라고 내부규칙으로 정했다는 출판사도 있으니, 서점의 이런 '마케팅'을 기다렸다는 듯이 반길 출판사가 적지 않음은 자명하다. 덕분에 서점의 '광고업'은 성업중이다. 서점은 출판사가 이 같은 조건을 들어주지 않으면 책의 시장성 여부와 관계없이 기본부수(보통 20-100부)밖에 받아주지 않는다. 그러니 울며 겨자 먹기로 서점의 전략에 따라가는 출판사가 적지 않다.

그러나 1년에 2-3만 부 판매되는 책이 얼마나 되겠는가? 지금이야 2-3만 부에서 그치지만 점차 상향조정될 것이다. 쾌락에 중독되면 갈수록 더 자극적인 무언가를 찾는 것과 다름없다. 머지않아 처음부터 10만 부 이상을 염두에 두고 신간 마케팅을 펼쳐야 할지도 모른다. 그것은 출판의 황폐화와 다름없다. 출판사는 갈수록 수천 부밖에 팔리지 않을 책에는 눈길조차 주지 않을 것이며, 그렇게 되면 책의 다양성, 창의성, 혁신성 등은 급속하게 사라진다. 몇 년 전부터 올해의 책을 선정하기가 힘들다는 소리가 나온다. 이것이 바로 명백한 증거다.

너나없이 '대한민국 최저가 경쟁'에 뛰어들다 보니 출판사는 아무리 팔아도 이익이 나지 않는 출혈경쟁만 벌이는 셈이다. 20만 부를 팔았는데도 이것저것 털고 나니 손에 남는 게 하나도 없더라는 이야기마저 나온다. 너나없이 이익률이 형편없이 떨어졌다고 죽는 소리다.

왜 이런 일이 벌어지는가? 이제 지면광고나 홍보는 크게 위력을 발휘하지 못한다. 할인이벤트를 제외하고 제 기능을 하는 프로모션 툴이 없다. 오로지 위력을 발휘하는 것은 베스트셀러의 순위뿐이다. 온라인서점이 벌이는 이벤트의 99퍼센트는 할인이벤트다. 하루에 400-500만 명의 독자가 할인이벤트를 확인한다니 이해할 만하다. 그런데 생각지도 못했던 책이 갑자기 베스트셀러 반열에 오른다. 그런 책은 빠른 시간에 50-70여 개의 독자평이 달린다. 일선의 영업자들은 그런 경우 십중팔구 사재기 혐의가 있다고 본다.

위력을 발휘하는 것은 베스트셀러 순위뿐

무리한 행위가 좋은 결과만을 가져올 리는 없다. 온갖 수단을 동원해서 베스트셀러 순위에 올려놓아도 2-3주를 버티지 못하고 꺾이는 게 대부분이다. 일부 출판사에서는 계속 강도를 높이겠지만 내부종사자들도 베스트셀러 순위를 믿지 않게 되었다. 당연히 베스트셀러의 약발도 떨어졌다. 그렇다고 출판계가 합리적 대안을 내놓느냐 하면 그도 아닌 듯하다. 여전히 몽둥이로 때려잡아서라도 사재기를 발본색원하겠다는 엄포만 있다. 그러다 보니 이제 독자들마저 베스트셀러를 백안시한다. 결국 사회적 자산의 수준으로 올라서야 할 베스트셀러가 부정적 이미지만 뒤집어쓴 꼴이다. 당연히 출판사는 아무런 이득도 챙기지 못한다.

원래 유통업체 영업은 베스트셀러에 집중되게 마련이다. 서점 또한 팔리는 책을 원하는데, 그러한 욕망의 표출을 탓할 수는 없다. 서점경영의 효율화를 꾀하려면 어쩔 수 없는 측면이 있기 때문이다. 한 대형서점 담당자는 주당 30부 이상 판매되지 않는 책은 중앙 판매대에 진열하지 않겠다고 공언하기도 했다. 날마다 매장의 단위면적당 판매액을 따져야 하는 서점으로서는 잘 팔리고 마진도 좋은 책이라면 금상첨화이다. 그러니 출판사에게 늘 높은 마진을 요구한다.

생산업자와 서점(유통)업자의 욕망이 맞아떨어지면 베스트셀러를 만들기가 쉽지만, 욕망이 일치했다 해도 서로 조건이 맞아야 한다. 그런 경우 출판사는 공급업자로서 권한을 포기해야만 한다. 납품업자로 전락했다는 자조가 있을 정도다. 하지만 지금은 공급업자가 스스로 선택한 길일 때가 많다. 무리를 해서라도 무조건 베스트셀러에 올려야만 성공할 수 있다고 믿기 때문이다.

더구나 책의 사이클 타임이 굉장히 짧아졌다. 하루에 200종이나 신간이 등장하기 때문에 대형서점에서도 신간 코너에서 3일을 버티기가 어렵다. 최근에는 출간 후 적어도 10일 안에 상위권에 들지 못하면 서가에서 바로 쫓겨난다는 인식이 팽배하다. 베스트셀러에 진입했다 해도 2-3주를 버티지 못하는 게 대부분이지만 어떻게든 한 달 이상만 버티면 스테디셀러로 편입될 확률이 높다고 여겨 출판사는 여전히 초기 마케팅에 목숨을 건다. 무슨 수를 써서라도 초기에 판매지수를 높여야 한다는 인식이 일반적이다. '인터넷 효과' 때문에 나타난 일인데 앞으로 보편적인 현상으로 굳어질 듯하다.

이제 출판사는 기획 단계부터 마케팅 계획을 수립해 주요 온라인서점 또는 대형서점과 숙의한다. 출간되기 최소 1,2개월 전부터 서점과 마케팅 전략을 공동으로 세워 이벤트도 함께 벌인다. 출판기획자는 메이저 언론사의 출판담당기자가 아니라 주요 온라인서점 MD와 만나기 위해 줄을 선다. 그들은 사전에 마케팅기획서를 작성해 서점에 먼저 제안을 한다. 대형 출판사의 마케팅 비용은 90퍼센트 이상이 4대 온라인서점에 집중된다. 어떻게든 서점의 협력을 이끌어내지 못하는 사람은 출판사에서 살아남기 어렵다는 초조감이 불러온 현상이다.

그러한 과정을 통해 베스트셀러에 올리지 못하면 책의 존재 자체를 인정받지 못하는 처지로 전락한다. 영업자들은 이를 두고 호적에 잉크도 바르지 못한다고 격하한다. 초기에는 공동이벤트를 벌이기도 조심스러웠지만 이제는 서점의 자신감이 넘쳐 도가 지나친 느낌마저 든다고 한다. 서점들이 출판사와 '공동마케팅'을 할 때 가장 먼저 고려하는 것은 '판매조건'이다. 이때 저자의 인지도, 책 자체의 브랜드 파워, 홍보 가능성 등을 고려대상으로 넣지 않는 것은 아니겠지만 그것만으로는 충분하지 못하다. '거래조건'이 맞지 않으면 그런 모든 호조건마저 고려대상에서 쉽게 무시된다.

현재의 구조는 출판사, 서점, 독자 모두에게 이익을 주지 않아

온라인서점 성업 이후 무리한 마케팅으로 이익을 얻은 사람은 누구일까? 온라인서점? 아닐 것이다. 매출 1,2위를 달리는 교보문고와 예스

24의 매출이익 비율은 여전히 형편없는 것으로 알려졌다. 물론 교보문고는 지점 개설에 비용을 계속 투자하지만 할인경쟁이 수익률을 떨어뜨리는 것만은 분명하다. 그러니 지금 이 땅에서 이익을 내면서 안정적인 성장을 구가하는 유통업체는 그야말로 극소수다. 또 그나마의 이익도 출판계의 고혈을 빨아서 올린 것이니 출판사들이 쓰러진다면 그들의 운명도 점치기 어려운 형편이다. 이러니 사재기라도 유도해서 매출을 올리고 싶은 마음이 들겠지만 그보다 중요하고 시급한 것은 베스트셀러의 신뢰성을 키울 자정 노력이다.

그렇다면 출판사는? 몇몇 출판사를 제외하고는 위기를 느끼기 시작한 듯 보인다. 대다수 출판인은 그야말로 앞이 보이지 않는다고 한다. 10년 전에 비해 이익률이 현저히 낮아져 어떻게 끌고나갈지 모르겠다고 아우성이다. 그러나 그들은 대부분 패배감에 젖어 있다. 오히려 대형 유통업체의 눈치 보기에만 급급하다. 출판사의 책을 구매해 판매하면서 판매비용을 제조업체로부터 뜯어내는 서점의 행위(POP 광고비용과 '명품관'소동이 대표적이다)를 보고도 비판은커녕 따라가기에 급급하다. 일부에서는 서점들이 광고업이나 임대업에 진출해 업종 다양화에 나섰다고 비판하지만, 대부분은 판매과정의 거의 모든 비용을 제조업체가 지불하는 현재의 체제에 분개할 뿐 상황을 개선할 의지는 찾아보기 힘들다.

마지막으로 독자는? 현재의 구조로는 독자에게도 이득이 되지 않는다. 책을 싸게 사는 듯하지만 궁극적으로 자신들이 진정 원하는 책은 볼 수 없게 될 것이기 때문이다. 지나치게 높은 정가를 붙인 책을 할인해서 사지만 사실은 원천적으로 값싼 책을 사는 것보다 못하다.

생산자나 소비자, 유통업자 모두에게 이익이 되지 않는 이런 구조는 빨리 사라져야 한다. 지금 우리에게 가장 시급한 것은 지금의 어려움을 가져온 팩트에 대한 공감과 현실정보의 공유를 통해 장기적 비전을 찾는 것이다. 마침 출판계와 서적계 공동의 노력으로 2007년 6월 20일 출판문화산업진흥법이 국회를 통과했다. 모든 서점이 신간의 경우 정가의 10퍼센트 범위 안에서 할인하여 판매할 수 있도록 허용하고, 도서정가제 효과를 제고하기 위해 신간 정가제 적용기간도 1년에서 1년 6개월로 늘렸다. 또 공정거래위원회와 문화관광부가 함께 삽입하고자 한 일몰조항도 삭제됐다. 2007년 말에는 정가의 10퍼센트 범위에서 경품류를 제공하도록 하면서도 5,000원 미만의 경품(할인쿠폰)은 무조건 허용하는 공정거래법의 경품 고시도 개정돼 이제 신간은 10퍼센트 이내의 할인과 판매가격 10퍼센트 이내의 경품으로 일단락됐다.

하지만 문제는 또 있다. 구간은 지금보다 더 심한 할인이벤트가 벌어질 우려마저 있다. 그러나 법 이전에 모두가 받아들일 만한 합리적 안을 업계 내부에서 만들어내야 한다. 그러지 못하면 출판은 결국 희망이 없는 시장으로 전락하고 말 것이다. 결론적으로 지금의 구조를 벗어나려면 다음과 같은 변화가 전제되어야 한다.

시급히 이루어져야 할 변화들

첫째, 출판사, 서점, 도매상 삼자가 공존할 수 있는 원칙을 정립해야 한다. 출판사, 도매상, 서점으로 이어지는 책의 출고율을 전면적으로 재검토하여 공평하고 적정한 조건이 되도록 해야 한다. 또한 실질적인 가격결정권을 서점에 부여하는 지금의 방식을 탈피해야 한다. 지금 책에 붙은 책값은 그야말로 무용지물이다. 서점은 온갖 편법수단을 동원해 실질구매가를 자유롭게 조정한다. 이는 책값 불신을 조장한다. 이 때문에 할인이 적용되지 않는 신간의 론칭은 심각한 위기에 빠져 있다. 하루빨리 이 구조를 벗어나야 한다.

둘째, 진정한 공정경쟁을 유도해야 한다. 공정경쟁은 독자가 양질의 책(상품)을 언제 어디서나, 가장 값싼 가격으로 살 수 있는 구조다. 그러나 지금 독자는 자신이 원하는 순간에 책을 사기 어렵다. 온라인서점을 통하면 살 수 있다지만 자기만의 감식안(이것은 일종의 비평이 수반되는 것이다)으로 책을 사볼 수 있는 기회를 박탈당했다. 책값을 올리고 할인을 하는 경우도 많아 엄격하게 말해 책을 싸게 사는 것도 아니다. 더구나 '대한민국 최저가 경쟁'은 책의 질마저 떨어뜨렸다. 따라서 출판사나 서점이 공정경쟁을 할 수 있는 시스템이 조성되어야 한다.

셋째, 따라서 궁극적으로는 완전도서정가제가 도입되어야 한다. 사재기나 과다 할인경쟁 등 지금 출판계에서 벌어지는 온갖 추태는 결국 도서정가제와 연결되어 있다. 따라서 앞으로 완전도서정가제로 여론의 가닥을 모아가야 할 것이다. 완전도서정가제가 도입되면 온라인서점이 어려워질 것이라고 한다. 그러나 이것은 그야말로 기우일 뿐이다. 할인 정책을 쓰는 아마존닷컴은 책과 CD로는 이익을 내지 못하지만 일본의 아마존재팬은 정가판매에다 1퍼센트의 마일리지만을 적용하는 데도 이익을 낸다. 따라서 온라인서점도 할인경쟁보다 이익을 내는 구조로 바꿔야 한다. 그것은 오프라인서점이 살아남을 수 있는 터닝 포인트도 될 수 있다. 그렇게 되면 거리의 서점, 지하철 판매대, 터미널이나 역의 책 판매도 증가하고 전문서점도 늘어날 수 있다.

넷째, 출판사는 무료정보에 대응하는 값싼 가격의 책을 펴낼 수 있어야 한다. 지금 독자들은 웹에서 무엇이든 열심히 읽고 있다. 그들을 유혹할 수 있는 양질의 책을 펴내야 한다. 현실은 출판사들이 명목가격만 올려놓고 대폭 할인해 판매하는 꼴이다. 이처럼 책의 가격을 올려놓고 할인으로 현혹하는 게 아니라 일본의 문고처럼 질이 검증된 저가의 책을 펴내야 한다.

다섯째, 학교도서관이나 공공도서관 활성화로 공적인 수요 창출을 이뤄내야 한다. 출판사가 양서만 펴내도 살아남는 구조를 만들면 구태여 이전투구를 벌이지 않을 것이다.

마지막으로, 판매력 있는 유통업자들이 각성해야 한다. 사실상 이것 말고는 기대할 만한 해결책이 없다. 그들은 어떤 비판을 듣더라도 할인 경쟁에서 살아남아 점유율 1위를 유지하려들 터이니 말이다. 그래서 출판시장의 미래가 두렵기만 하다.

'출판진흥위원회' 같은 기구의 설립이 절실

자, 결론을 내리자. 이 땅의 출판유통구조는 모든 출판사가 고혈을 짜서 몇 개 대형 온라인서점의 생존을 도와주는 형국이다. 해마다 큰 폭의 매출성장을 하고 있는데도 늘어나는 매출에도 형편없는 비율의 이익을 내거나 아예 이익을 내지 못하는 대형유통업체들은 매입가 인하, 광고비 인상(배너 광고, 검색창 광고 등), 타깃메일 같은 마케팅 비용의 인상, 매장 진열대 판매 등을 갈수록 노골화하고 있다.

그러나 이런 어려움을 헤쳐 나아가기 위한 출판계의 대응은 어떤가? 사실상 지난 몇 년간 무 대응에 가까웠다고 볼 수 있다. 출판사와 서점, 오프라인서점과 온라인서점, 대형출판사와 소형출판사, 대형서점과 중형서점과 소형서점 등이 갈가리 찢어져 자기주장만 일삼았다. 하지만 출판문화산업진흥법 통과 이후 한국출판인회의를 중심으로 모두가 공존하기 위한 유통의 원칙을 세우려는 노력이 일관되게 추진되고 있어 천만다행이란 생각이 든다. 물론 그런 노력을 저해하려는 '음모' 또한 음흉하게 도사리고 있다.

그런 음모를 분쇄하고 출판이 발전하려면 '총론'을 제대로 세우는 문제뿐 아니라 '각론'이 없는 현실부터 타파해야 한다. 해결책을 찾기 위해서는 문제의 본질 파악(즉 총론)이 정확하게 이뤄진 다음에 그 문제를 해결하기 위한 구체적인 방안(즉 각론)을 세우고, 차근차근 일을 처리해야 한다. 그런데 지금 문제의 본질 파악조차 제대로 이뤄지지 않고 있다.

제대로 된 전략을 세우려면 현실을 진단하고 미래를 내다보는 안목을 갖춘 전문가가 많아야 한다. 하지만 국내 출판계에는 연구개발이 제대로 이뤄지지 않고 있지 않는데다 연구자 또한 찾아보기 어려운 것이 현실이다. 출판계 현안을 해결하기 위해서 '전문가'가 아닌 회사 업무에 바쁜 출판사 대표가 단기필마로 나서야 하는 현실은 너무나 비극적이다. 그러니 늘 미래 비전이 없는 이전투구만 난무하고, 문제 해결을 위한 시스템을 만들지 못해 즉자적인 대응만이 있는 것이다.

자본주의 사회는 수많은 이익집단들이 톱니바퀴처럼 엇물려 있다. 그 바퀴가 잘 물려 있을 때는 부작용 없이 잘 굴러가지만 잘 물리지 못하면 심각한 문제가 발생한다. 그런 때에도 출판계의 논리로만 상대를 몰아치기보다 설득력 있는 구체적인 논리로 상대를 설득할 수 있어야 한다. 하지만 늘 생존권적 발악 수준의 구호만 있되 구체적인 논리를 세우려는 노력은 경시했다. 그러니 단말마적 외침만 늘 반복되는 것이다. 비전이 제대로 갖춰지지 않았으니 미션 또한 정확하게 세워질 리 없다.

국가는 늘 수많은 진흥책을 남발하고 있으나 구체적인 실천은 거의 없다. 그럴 수밖에 없는 가장 큰 이유는 진흥책을 실제로 수행할 기구가 없기 때문이다. 그래서 '출판진흥위원회' 같은 기구의 설립이 절실하게 요청된다. 온갖 이익집단이 갈라져 각자 제 목소리만 왕왕 외쳐대는 지금의 구조로는 총론도 없고 각론도 없는 한심한 사태가 지속될 수밖에 없을 것이다.

'프로젝트 리더형' 기획자가 되어야

요즘 출판계에서는 광고도 홍보도 안 먹히고 오로지 온라인서점을 통한 할인이벤트만 통한다고 난리다. 하지만 과도한 할인이벤트를 벌여봐야 수지타산을 맞추기 어렵다. 그렇다고 뾰족한 수가 보이는 것도 아니다. 인터넷에 블로그니 뭐니 하며 정보를 올려보지만 이 일 또한 '노가다'다. 힘들여 해봤자 효과가 큰 경우가 흔치 않다. 그렇다고 이대로 주저앉을 수는 없다. 그렇다면 이제 어떻게 해야 한단 말인가?

사람과 사회를 움직이는 편집력 필요

지금까지 흔히 마케팅믹스 전략이라고 하면 product(상품), price(가격), place(유통), promotion(프로모션)을 일컬었다. 4p전략이라고도 하는데 1990년대만 해도 이 가운데 가장 중요하게 여겨진 것은 프로모션이었다. 프로모션은 광고, 홍보, 인적판매, 이벤트, 판매촉진 등과 같은 것이었다. 이런 프로모션 툴을 통합한 전략을 얼마나 적절하게 수행하느냐에 따라 좋은 반응을 얻을 수 있었다.

1990년대 중반까지만 해도 광고가 베스트셀러를 만든다는 기사가 연이어 등장했다. 책 광고가 텔레비전에까지 등장할 정도로 출판광고가 성황이었다. 또 서평기사 하나가 밀리언셀러를 만든 경우도 심심치 않게 등장했다. 『소설 동의보감』(이은성, 창비), 『영원한 제국』(이인화, 세계사) 등은 소설가 이문열의 서평이 발단이 되어 밀리언셀러에 올랐다. 그러나 지금은 광고 효과도 형편없이 추락했고, 거의 모든 일간지에 대문짝만하게 소개된 책마저 초판이 팔리지 않는 경우가 태반인 철벽시장으로 전락했다.

2000년대에 들어서면서 제5의 마케팅전략인 packaging(포장)의 중요성이 더욱 부각된다. 이를 달리 말하면 만들기making다. 편집과 디자인, 제작 등이 하나로 결합해 독자가 대접받았다는 느낌이 들 정도의 책을 만들어야 한다는 것이다. 즉 책의 물성을 키워 책 자체를 좋아하는 페티시즘의 단계까지 올려야 한다는 말이다. 그러다 보니 제목, 표지, 차례, 중간제목 등에 일일이 신경을 써야 했다. 하지만 이제 출판 인력의 수준이 전체적으로 높아져 잘 만든 책이 넘쳐난다. 그러니 그 이상의 노력이 필요하다.

프로모션, 만들기 다음으로 출판마케팅의 패러다임은 무엇일까? 나는 일본에서 발행되는 〈편집회의〉 2007년 2월호 특집 「필요한 것은 주위를 끌어들일 수 있는 영향력!─사람을 움직이고, 사회를 움직이는 편집자가 되자!」를 보고 '바로 이것'이라는 직감이 들었다. 그 특집의 머리말에는 이런 구절이 있다. "편집자 중에는 한 권의 책 또는 한 장의 지면을 위해 장인과 같이 꾸준히 노력해서 주위의 사람과 다른 존재를 모두 마케팅 툴로 삼는 편집자도 있습니다. 그러나 편집자의 일은 자기의 실력을 발휘해서 항상 새로운 사람과 물건과 일들을 세상에 내놓는 것입니다. 그렇기 때문에 단지 자기만족을 위해 일을 하는 것이 아니라 자신이 공들인 책과 잡지가 얼마나 사회에 영향을 미칠 수 있는지를 항상 생각할 필요가 있습니다."그것은 "한 권의 책 또는 기사를 계기로 사내의 사람들을 끌어들이고 사람들을 움직이고, 더 나아가서는 시장을 움직이는 편집력"이 필요하다는 지적이었다.

"주위 사람을 능숙하게 자기편으로 만들 수 있는 책을 만들어 판매와 연결 지을 수 있는 편집자와 책을 스타트 라인으로 세상과 사람의 의식을 바꾸어가려는 프로젝트를 준비하는 편집자"들이 등장해야 한다는 말이다. 이를 '프로젝트 리더형 편집자'라 일컫는다. 예전에는 편집자가 책만 잘 만들면 되었다. 그러나 이제는 기획단계에서부터 마케팅까지 염두에 두어야 한다.

로버트 라이시는 『부유한 노예』(김영사)에서 기획력과 마케팅력을 함께 갖춘 사람을 기크&슈링크라고 일컬었다. 기크geeks는 "예술가나 발명가 혹은 디자이너, 엔지니어, 금융전문가, 과학자, 작가, 음악가 같은 성격의 소유자로, 특정 분야에서 새로운 가능성을 볼 수 있는 능력이 있고 그러한 가능성을 찾고 개발하는 데에서 희열을 느끼는 사람들"이다. 슈링크shrinks는 "마케팅 전문가, 재능을 발굴해내는 사람, 비를 오게 하는 주술사, 유행을 감지하는 사람, 제작자, 컨설턴트, 저돌적으로 밀어붙이는 사람, 즉 사람들이 시장에서 가지고 보고 경험하고 싶어 하는 새로운 가능성이 무엇인지를 밝혀내고 그 기회를 어떻게 하면 잘 살리는지를 아는 사람들"이다.

공공성이 문화선진국으로 가는 '블루오션'

일부 출판사는 마케팅 담당자를 편집자로 전환하기도 한다. 책의 내용을 정확하게 파악해 독자의 욕구에 맞는 책으로 만들 줄 알며 마케팅기획을 동시에 할 줄 아는 사람들로 교체하는 것이다. 그들이야말로 "사람을 움직이고, 사회를 움직이는" 프로젝트 리더형 편집자에 가깝다. 그들은 사회적 트렌드를 만들어낼 수 있어야 한다. 그러기 위해서는 언론과 연대하고, 기업체의 후원이나 NGO, NPO의 협력도 이끌어내 책이나 잡지를 공익적인 수준으로 끌어올려야 한다. 쉽게 말하면 책을 매개로 하여 사회적인 공익이벤트를 벌인다고나 할까? 이것이야말로 과잉공급과 과잉경쟁의 시대에 책이 지닌 가능성을 열어가는 중요한 원동력이 아닌가 싶다.

문화판에서는 드디어 '공공'의 시대가 도래했다고 난리다. 공공디자인은 "21세기 문화선진국으로 가는 블루오션"이라고 일컬어진다. 광고도 공익성을 도입하고 있으며 신문이나 방송은 끊임없이 공공을 위한 이벤트를 벌인다. 어느 것 하나 공공이라는 문패를 걸지 않으면 안 되는 분위기마저 조성되고 있다. 출판이라고 예외겠는가? 책에도 공익이벤트가 도입된다. 『꽃으로도 때리지 말라』(김혜자, 오래된미래)는 인세의 일부를 세계의 가난한 자를 위해 쓴다는 문구를 책 표지에 삽입했다. 그런 이벤트는 차츰 넘쳐나리라.

환경문제를 다룬 『못타이나이』의 경우

프로젝트 리더가 되려면 공익이벤트의 수준을 한 단계 끌어올려야 할 것이다. 그렇다면 그것은 무엇인지 구체적인 사례를 통해 알아보자. 〈편집

210

회의〉특집에는 모두 여섯 개의 사례가 등장한다. 탁월한 편집력으로 성공한 여섯 명의 편집자가 자신이 기획한 책을 들고 서 있는 장면이 특집의 서두를 장식한다. 그 책들은『모닝』〈링카란〉〈Re:S〉〈D Long Life Design〉『못타이나이』『고이조라』다. 이 가운데 세 경우만 자세하게 살펴보자.

『**못타이나이**』
매거진하우스, 2005

『못타이나이』는 매거진하우스에서 펴낸 단행본이다. 특집에서 밝힌 책의 기획과정은 이렇다. 2004년에 노벨평화상을 수상한 왕가리 마타이 2005년 2월에 마이니치 신문사의 초대로 일본을 방문했을 때 '못타이나이(아깝다는 뜻)'라는 단어를 듣고는 환경문제를 떠올리기에 매우 적합한 말이라고 생각했다. 그녀는 곧바로 이 단어를 세계 공통어로 만들자고 제안했다. 이 움직임에 주목한 매거진하우스는 2005년 6월, 아깝다는 개념을 10분 안에 알 수 있는 책인『못타이나이』를 간행하기에 이른다. 일상생활에서 아깝다는 것과 관계된 화제를 간결한 문장과 일러스트로 설명하고 글을 영어로 번역해 책에 함께 실었다.

책의 편집체제는『세계가 100인의 마을이라면』과 비슷하다. 책의 크기, 두께, 깔끔한 양장

제본이라는 형식적 특징 외에, 두 책 모두 누구라도 쉽게 알 수 있는 보편적인 테마를 다루고 있다는 내용적 측면에서도 매우 흡사하다.

책의 본문은 '밥은 마지막 한 알까지 먹는다' '물고기는 머리, 내장, 뼈, 껍질까지 남김없이 먹어왔다' '쓰레기의 약 60퍼센트가 포장지다' '전국 4만 개 점포에서 하루에 판매기한이 지난 도시락 520톤이 폐기된다' '방치된 1대의 자전거를 회수해 처분하는 데 1만 엔 이상의 세금이 사용된다'는 등 일상생활에서 아까운 것에 얽힌 19개의 에피소드를 펼침면으로 구성하여 그림과 글을 통해 알기 쉽게 설명하고 있다. 서문은 마타이가 썼다.

그렇다면 이 책과 관련한 움직임은 어떤 것인가? 특집에서는 다음의 다섯 가지로 정리하고 있다.

첫째, 출판사 사장이 즉시 후원했다. 책의 기획을 제안한 사람은 출판 기획자인 요시노 신고였다. 매거진하우스의 이시사키 사장으로부터 그의 제안을 들은 매거진하우스의 편집자 사카와키는 내용이 좋았기 때문에 바로 출판을 결정했다. 책의 출간을 결정하는 것은 편집부의 권한이었는데, 제안을 듣는 순간 이 테마라면 재미있는 책이 나오겠다는 예감이 들어 흔쾌히 결정한 것이다. 사장의 지원과 외부 기획자인 요시노의 편집에 힘을 얻어 책을 만들기 시작했다. 사장도 아군이 되어 강력한 후원자가 되었음은 물론이다.

둘째, 판매부와 선전부를 끌어들였다. 타 부서를 움직이는 데에는 교정쇄 단계에서 '이 책은 승부를 걸어야 할 책'이라는 인식을 심어주는 것이 중요하다. 10분 안에 읽을 수 있다는 『못타이나이』의 장점이 타 부서에도 전해졌다. 책의 출간 즈음해서 사내의 기대도 높아지고, 프로젝트

食事を残すのは、とてもお行儀の悪いこと。
お米の一粒一粒には、作った人々の
大変な苦労と思いが宿っています。
だからこそ、ごはんは最後の一粒まで、
ありがたくいただく。
これこそが、日本人の心に生きる
「もったいない」の精神です。

It's bad manners to not finish your meal. Each grain of rice is the product of the farmer's labour, a labour of love and hard work. That is why we gratefully eat a bowl of rice until the last grain. This is the Japanese spirit of *mottainai*.

『못타이나이』의 '밥은 마지막 한 알까지 먹는다'를 설명하는 페이지.

팀도 결성되었다. 담배 한 개비 피울 만큼의 짧은 시간 동안 읽을 수 있는 『못타이나이』가 독자에게 유익한 책이라는 인식을 회사 내에서 공유하도록 하는 데 성공했다. 단행본 출판부에서는 초판이 1만 부쯤 팔릴 거라고 예상했지만, 판매부와 선전부에서는 5만 부 정도로 내다봤다. 책을 발행한 후에는 고이즈미 준이치로 수상과 고이케 유리코 환경부 장관에게 책을 보냈으며, 책 판매수입의 일부를 마타이의 식림활동에 기부하였다.

셋째, 마이니치 신문사와 파트너십을 맺었다. 환경문제를 세상에 널리 알릴 책으로 만들기 위해 마이니치 신문사가 펼친 '못타이나이 캠페인'과의 연합은 빼놓을 수 없는 것이었다. 책의 편집을 시작할 당시에, 우선 '못타이나이 캠페인'을 전개하는 마이니치 신문사에 협력을 구했다. 캠페인 사무국 매니저인 고노오카와 만나 캠페인의 텍스트가 될 만한 책을 만들고 싶다며 협의했다. 책의 띠지에는 마타이의 사진을 실었으며 서문은 마타이가 기고했는데, 이것들은 전부 마이니치 신문사의 협력으로 가능했던 것이라고 한다.

마이니치 신문사 측에서도 파트너십을 결성함으로써 서로 속성이 전혀 다른 독자층을 확보할 수 있었고, 캠페인의 전개력이 2-3배로 커지는 것에 흥미를 느꼈다고 한다. 매거진하우스가 캠페인을 소개하고, 마이니치 신문사가 책을 소개하는 효과가 있었던 것이다.

넷째, 기업이 책을 일괄 구입했다. 이온 그룹에서는 리폼사업의 페어에 맞춰『못타이나이』를 개시하기 위해 1,000권을 구입했다.

다섯째, 제2탄『나의 못타이나이』를 출간했다. 마이니치 신문사와 공동으로 독자로부터 모집한 아까운 에피소드를 책으로 정리한『나의 못타이나이』를 2탄으로 출간했다. 마타이는 표창 파티에서 우수작품자를 칭찬했다.

이상에서 살펴볼 수 있는 바와 같이 매거진하우스 자체에서는 하기 어려운 활동도 마이니치 신문사와 요시노와의 공동전략으로 실현할 수 있었다. 타사와의 이러한 콜라보레이션 사업은 편집자 한 사람의 힘으로는 도저히 진행할 수 없는 것이었다. 프로젝트 진행은 매거진하우스 영업국장인 유우가에 이지가 주도했다. 매거진하우스에서는 '회사 구성원들이 하나가 되어서 파는 책'이 한 해에 2-3권에 불과한데『못타이나이』도 그 가운데 한 권이 되었다. 요즘은 편집자는 월급쟁이로만 일하려고 한다. 그러나 힘 있는 책은 전 사원과 외부협력자가 함께 모여 신념을 갖고 전력투구해야만 만들 수 있다. 바로 이것이 일체감을 낳을 수 있었던 원동력인 듯하다.

라이프스타일 잡지 〈링카란〉의 경우

〈링카란〉은 몸과 마음을 편하게 해주는 생활을 제안하는 라이프스타일 잡지로 소니매거진스가 격월간으로 발행한다. 링카란은 인도네시아어로 '바퀴'를 뜻한다. 이 잡지는 몇 년 동안 환경을 키워드로 링카란의 숲, 링카란의 밭, 링카란 카페 등 지면에 담지 못할 정도로 많은 활동을 전개하고 있다.

먼저 링카란의 숲. 1998년, 인도네시아 카리만탄 섬에서 대규모 산불이 발생했다. 열대우림 재생에 일조할 수 있을까 하는 생각에 2004년 창간 기념 이벤트로 인도네시아 현지에 '링카란의 숲'을 만들었다. 이로써 독자가 참가하는 형태로 숲에 나무를 심는 활동을 펼치고 있다. 환경활동은 그저 도덕적인 것으로 생각하기 쉽지만 잡지이름인 고향의 숲을 지킨다는 스토리를 만듦으로써 독자에게도 전달하기 쉬운 기획이 되었다.

2004년 8월 제1회 식목투어에 독자 네 명을 초대한 이후로는 해마다 1회, 에코투어 전문 여행 회사가 주최하는 '링카란의 숲' 식목행사를 실시하고 있다. 현지를 관리하는 파트너 기업 비보vivo 코퍼레이션과 함께 일본에 머물면서 식목활동을 할 수 있는 시스템도 만들었다. 한 계좌당 5,000엔만 내면 현지에 갈 수 없는 개인 참가자를 대신해서 개인당 두 그루씩 나무를 심어주고 식수 증명서를 보내준다. 가족과 친구의 명의로도 가능하기 때문에 식목을 선물하는 경우도 많다.

기획에서 실천까지 강하게 지지해준 사람이 〈링카란〉의 감수를 담당했던 환경 NPO 에콜로지 온라인 대표 우에오카. 〈링카란〉의 편집장 미나가와가 전에 소속되었던 레코드 레이블의 판매촉진부 선배이기도 하다. 잡지 창간 기념으로 무엇인가를 실시하고 싶다고 생각하던 미나가와는 우에오카의 환경 네트워크를 통해 비보 코퍼레이션의 식목활동을 알게 되었고 그것이 계기가 되어 미나가와, 우에오카, 비보 코퍼레이션 3자가 만난 자리에서 링카란의 숲 아이디어가 생겨났다.

"기업이 열대우림에 나무를 심겠다고 선언해도 독자에게는 막연한 느낌이 든다. '링카란의 숲'처럼 나무를 심을 장소를 정하고 원할 경우 식목투어에 참가해서 현지를 보러 갈 수 있도록 한다면 리얼리티도 충분하고 독자들로부터 좋은 반응을 얻지 않을까 생각했다"는 것이 기획 의도다.

2005년부터는 우에오카의 지인이자 도치기현栃木縣의 농부인 마치다의 협력을 얻어 '링카란의 밭'을 출범시켰다. 마치다의 유기무농약 농업 시스템을 '링카란의 밭'이라 부르고 연간 3회, 농작물의 수확과 미각을 체험할 수 있는 기회를 독자들에게 제공하고 있다. "농부의 지혜와 지역순환의 유형 등 이야기만으로도 매력적인 농부"라는 컨셉트를 도입한 경우다.

링카란의 숲과 링카란의 밭을 축으로 해서 더 많은 기업의 협력을 얻어내 실현한 것이 환경전시회 '에코 프로덕트 2006'에서 운영한 '링카란 카페'(2006.12.14-16)다. 각 기업에서 요리와 식기와 의자 등을 제공받아 카페를 열었다. 〈링카란〉에도 등장하는 요리 유닛의 남풍식당에서는 요리, 콤페니아 올가니카에서는 유기 재배한 커피 원두, 고쿠요에서는 국내에서 벌채한 의자, 기후현의 다치미시에서는 재생도기로 만들어진 식기 등을 제공했다. 그 대가로 카페에서는 각 기업의 환경에 대한 노력을 소개했다. 인접한 소니 전시회 부스에서는 내방객에게 나뭇잎 모양의 카드에 환경 메시지를 써 붙이도록 했고, 붙여진 카드 수만큼 소니가 링카란의 숲에 나무를 심는 행사를 진행했다. 링카란이 제작한 메인 스테이지의 토크 라이브에는 GAKU-MC, 토키 아사코, 기무라 준코 등 세 명의 아티스트와 탤런트가 등장해 음악잡지를 많이 출판하는 소니매거진스의 강점을 살려서 음악과 환경을 연결하는 방식으로 폭넓게 전개했다.

이 모든 이벤트의 기획자인 편집장 미나가와는 주위 사람을 끌어들이는 비결을 "상대의 메리트를 생각하는 것"이라고 한다. 환경의식이 높은 기업들이 모이는 장소에 아티스트가 참석함으로써 새로운 비즈니스 기회가 생겨날 수도 있고, 상대가 눈치 채지 못하는 부수적인 메리트를 포함하여 윈-윈 관계를 만들어가는 것이 기본이라는 말이다. 요즘 몇년 동안은 환경이라는 키워드가 있기 때문에 사람과 기업을 끌어들이기 쉬워졌다고 한다. 〈링카란〉이 제작하는 토크 라이브에는 환경과 음악을 융합시킨다는 아이디어로 아티스트 세 명을 끌어들일 수 있었다.

링카란의 숲과 링카란 카페를 비롯해, 미나가와가 담당하는 기획과 콜라보레이션은 〈링카란〉의 취재를 통해 확장된 네트워크를 계기로 생긴 경우가 많다고 했다. "의식적으로 네트워크를 넓히기보다는 흥미가 있는 것은 헛걸음이 될지라도 일단 시도한다. 처음 만난 사람을 끌어들이는 것은 어렵지만, 면식 있는 것만으로 장애물을 낮출 수 있다"는 것이다.

링카란의 숲과 밭과 카페를 연결함으로써 라이프스타일 잡지라는 〈링카란〉의 이미지는 더욱 확실하게 독자에게 각인되었다. 잡지 편집장이 이벤트의 전문가가 되어 주위의 모든 사람을 끌어들인 것이다.

〈Re:S〉의 경우

리소나 은행의 프로젝트(REENAL)와 공동으로 창간한 〈Re:S〉는 일회용 제품이 널리 쓰이는 요즘, '나의 물통을 가진 생활'을 세상에 퍼뜨리는 운동을 전개하고 있다. 이 운동은 사무실 아래 카페에 놀러온 한 초등학생이 가진 물통에 향수를 느끼고, 그날 바로 물통을 사러간 것을 계기로 시작되었다. 이에 큰 보온병 회사가 협찬하고 리소나 은행이 기업과 다리를 놓아 〈Re:S〉는 지면상에서 '물통이 있는 삶'을 제안하거나 기업과 손을 잡고 독자가 원하는 오리지널 물통을 개발하고 있다. 전국의 카페와 찻집을 끌어들여 물통에 음료수를 채워주는 운동도 전개한다. 이에 참여하는 점포가 점차 늘어가는 것은 당연하다.

앞으로 출판기업들은 돈만 추구한다는 기업 이미지를 벗어나 사회적으로 유익한 운동을 벌인다는 이미지로 가꿔나가야 한다. 지금까지 우리 출판기업은 남몰래 좋은 일을 한 것이 대부분이다. 하지만 앞으로는 주도적으로 나서서 다양한 사람을 끌어들이며 독자의 마음을 움직일 이벤트를 벌일 필요가 있다. 아니, 어쩌면 우리는 필연적으로 그 길을 걸어가야 할지도 모른다.

시니어 출판의 가능성

숭례문이 불타던 날 나는 밤을 꼬박 새웠다. 세상에 불구경만큼 재미있는 것이 없다지만 국보 1호가 몇 시간 동안 타들어가는 모습을 보고도 손을 쓸 수 없는 게 안타까웠다. 그런데 하루 만에 잡힌 범인이 70대 노인이라는 사실에 또 한 번 놀랐다. 나이 육십을 이순耳順이라 하고 칠십을 수로垂老(또는 수백垂白)라 부르는데, 칠십 노인이 어찌 이리 광포해졌을까? 그러고 보니 보성살인사건으로 최근 사형선고를 받은 이도 70대 어부였다. 두 인물을 연결지어보니 일본의 아쿠타가와상 작가인 후지와라 도모미藤原智美가 만든 조어인 『폭주노인』이란 제목의 책이 떠올랐다. 후지와라는 젊은이보다 노인들이 쉽게 이성을 잃고 폭언을 내뱉거나 사람을 위협하는 경우가 많은 것에 착안해 이 조어를 만들었다고 한다.

물론 우리나라에서 폭주노인을 대상으로 한 책이 잘 팔릴 리 없다. 하지만 지금 중장년 세대는 책을 읽어온 세대다. 386세대가 대표적인 예다. 그들 중에는 젊은 날에 책의 가치를 깨닫고 평생 책을 가까이 한 사람이 많다. 그들이 바로 1990년대 이후 출판시장에서 생산자와 소비자의 역할을 동시에 수행하면서 시장의 파이를 키운 세대다. 그들의 자녀는 이제 대부분 중·고등학생이 되었고, 그들은 본격적으로 장년세대에 진입하기에 나는 앞으로 청소년 출판과 시니어 출판의 전망이 밝다고 내다봤다.

청소년 출판과 시니어 출판

그렇다면 청소년 출판 시장은 어떤가? 〈기획회의〉 216호(2008. 1. 20)는 현장에서 청소년 출판의 가능성을 열어가는 편집자들의 좌담을 특집으로 꾸렸다. 그런데 현장 종사자들은 청소년 출판에 기대감을 버리지 않으면서도 뚜렷한 대안을 제시하지 못했다. 그래서 나는 특집 제목을 '고뇌하는 청소년 출판, 성장동력과 걸림돌'로 잡을 수밖에 없었다. 아동출판이 포화상태에 이르고 대학생 대상의 인문사회과학출판이 아사상태에 빠져들자 출판사들은 어쩔 수 없이 청소년 출판에 눈을 돌렸고, 일부 대형출판사들이 본격적으로 시리즈물을 준비하기는 했지만 전망이 확실하게 보이지도 않는다는 의견이 주류였기에 '고뇌'라는 단어를 붙였던 것이다.

출판사들이 청소년 출판에 뛰어들긴 했으되 고민이 늘어난 것 또한 사실이다. 2008년에 접어들면서 고민은 더욱 늘어났다. 이명박 정부의 교육정책을 보면 영어와 엘리트교육에만 열을 올리고 있다. 영어 하나만으로도 사교육시장은 벌써 널을 뛸 태세다. 그러니 오로지 대학 입시에 인생의 모든 앵글을 맞춘 중·고생이 책을 읽을 여유가 있을 리 없다. 책을 읽어야 할 대상은 사교육에 시달리느라 책을 읽을 여유가 없고 '실용'정부의 인수위는 책 관련 예산을 가위질하기 바빴으니 공적 수요를 기대하기도 어렵다.

이명박 대통령의 성향으로 볼 때 영어 광풍은 아무도 제어하기 어려울 것으로 보인다. 그런 교육에 힘을 쏟다 보면 자연 평등교육의 요체인 학교도서관 예산은 큰 기대를 하지 못할 수도 있다. 과도한 엘리트교육은 그나마 성장하던 학교도서관 수요를 대폭 줄여버릴 소지가 크다. 보수화된 권력자들은 어려운 처지의 아이들이 책 읽는 꼴을 봐주지 못할 확률이 높기 때문이다. 어쨌든 이 문제에는 우리가 전의를 더 불태워야 할 것이다.

그렇다면 시니어 출판은 어떤가? 오히려 희망이 있다고 본다. 나는 일본 출판에서 그에 관한 시사점을 얻었다. 386세대와 비견되는 일본 세대가 단카이 세대다. 일본에서는 이들 시니어를 겨냥한 잡지와 무가지 창간, 전용 웹사이트 오픈 등이 줄을 잇는다. 또 단카이를 주인공으로 하는 드라마나 방송도 늘어나고 있다. 우리라고 다르지 않다. 〈거침없이 하이킥〉이라는 시트콤에서 '야동'을 즐기는 이순재가 인기를 끌고 〈마파도〉라는 영화가 화제를 끌면서 노인에 대한 인식이 달라졌다. '폭주노인'이라는 부정적 이미지나 죽을 날만 기다리며 노인정에서 화투나 치는 소극적인 이미지가 아니고 더 적극적으로 인생을 개척하는 이미지가 갈수록 늘어날 것이다. 그런 사회적 분위기에 힘입어 시니어 출판도 점차 활성화될 것이다.

물론 아직 시니어 출판의 주 독자층은 노인세대보다 한참 아래세대인 40-50대이다. 2000년대 초반만 해도 시니어 출판물을 찾는 독자의 80퍼센트는 40대였다. 지금은 그 독자층이 50대까지 외연을 넓혔다고 볼 수 있다. 일본의 출판전문지 〈편집회의〉의 2007년 5월호 특집은 「단카이 시니어의 마음을 사로잡는 편집의 기술」이다. 일본에서도 시니어 세대를 타깃으로 한 콘텐츠는 아직 타깃 설정도 불충분하며 발전 도상의 시기일 뿐이라고 한다. 2007년은 단카이 세대가 정년을 맞이한 첫해였기에 이런 특집이 가능했을 것이다.

시니어 세대를 겨냥한 책을 펴내는 기획자들은 대부분 시니어보다 아래 세대다. 따라서 자신이 경험해보지 않은 세계를 다루다보니 현장성이 떨어지는 콘텐츠로 전락할 가능성이 높다. 게다가 시니어 세대의 의식이나 지향성이 하나로 굳어졌다고 볼 수도 없다. 박완서 소설집 『친절한 복희씨』(문학과지성사)에 등장하는 한 주인공은 평생 식모 노릇만 했지만 말년에 화끈한 연애를 하고 행복한 결혼생활도 한다. 그러므로 시니어 세대를 긍정적으로 바라보면서 마음으로 그들의 진취적 모습을 이해해야 시니어 출판의 가능성은 현실로 바뀔 수 있을 것이다.

〈편집회의〉 특집은 잡지와 단행본으로 나눠 흐름을 살핀다. 단카이 시니어 세대를 중심으로 50세 이상의 독자들을 사로잡는 잡지는 라이프스타일부터 패션, 건강, 연금을 테마로 한 것까지 다양하다. 물론 대부분 도락道樂 잡지다. "부유한 은퇴 세대가 취미로 혹은 독특한 상품을 음미하기 위해 집에서 읽는 잡지로 포지셔닝"(마츠모토 스미코, 『시니어 비즈니스 성공 전략』, 해냄)했기 때문이다.

여기에서 그 잡지들을 전부 소개할 필요는 없을 것이다. 일본에서는 시니어 대상의 잡지가 계속 창간되었지만 편집 종사자들의 나이가 젊어서 시니어들의 마음을 충분히 이해하지 못해 폭발적인 히트로 이어지지는 않았고 휴간되는 잡지도 늘어나고 있다 한다. 그러나 2005년 7월에 창간된 55-65세의 부부를 타깃으로 한 시니어 라이프스타일 잡지 〈햐쿠라쿠〉(매월 25일 발행, 정가 800엔) 편집장이 밝히는 성공의 노하우에서 우리는 이 시장의 발전 방향을 점쳐볼 수 있다. 〈햐쿠라쿠〉는 잡지의 주된 테마를 '안티 에이징'에서 '엔조이 에이징enjoy aging'으로 바꾸고, 시니어 세대의 연애와 섹스 등 지금까지 시니어 잡지에서 금기시되었던 기획도 의욕적으로 다루고 있으며, 독자의 눈을 끄는 비주얼에도 심혈을 기울여 정기구독만 14-15만 부가 된다고 한다. 다음은 〈햐쿠라쿠〉를 다룬 잡지의 기사를 재구성한 것이다.

안티 에이징에서 엔조이 에이징으로

'시니어'라는 말을 들으면 당신은 어떠한 이미지를 떠올리는가? 노인, 만년, 나머지 인생, 또는 일식, 엔카, 잠방이. 시니어=노인이라는 종래의 이미지에 사로잡혀 시니어는 이러해야 한다는 발상으로 잡지를 만들기 때문에 팔리지 않는 것이다. 중·장년층보다 위의 세대를 타깃으로 한 잡지는 '시니어 잡지'라고 불리지만 그들은 육체적·정신적으로도 예전의 시니어에 비해 젊다. 록 밴드를 결성하기도 하고 다도茶道의 요리보다 프랑스 레스토랑의 풀코스를 좋아하는 사람도 있다. 일상에서는 유니크로의 옷과 청바지를 즐겨 입는다. 예전의 '시니어'라고 하는 분류에서는 이해하기 힘든 존재다. 이 세대의 의식과 라이프스타일의 변화는 일본인의 평균 수명이 늘어난 것과 관련 있다.

　패전 직후에는 인생 50년이라고 이야기하곤 했다. 그러나 지금은 인생 80년의 시대다. 인생 100년의 시대도 곧 도래할 것이다. 대학을 졸업하고 정년까지 38년이라고 생각하면, 그 후의 인생도 그에 필적할 만큼의 시간이 된다. 결국 정년 후의 인생을 야구의 '소화시합(우승팀이 가려진 이후 시즌종료까지의 시합)'처럼 생각하는 것은 이제 틀린 인식이다.

그렇다면 시니어 잡지는 어떠해야 할 것인가. 만년을 어떻게 살아야 하는가가 아니라, 대학을 졸업하고 막 사회에 진출했을 때처럼, 지금부터 사회에서 어떻게 살아야 할 것인가, 사회에 어떻게 공헌해야 할 것인가 같이 긍정적이고 적극적인 삶의 방식을 제안하는 잡지여야 하지 않을까. 결국 리타이어(은퇴)가 아닌 리셋을 추구해야 한다. 시니어지 테마로 많이 다뤄지는 '안티 에이징'조차 이제 시니어지의 메인 테마는 되지 않는다. 사실 〈햐쿠라쿠〉는 창간 당시 안티 에이징을 메인 테마로 내걸었다. 확실히 건강을 지키며 나이를 먹지 않는 것이 이 세대 사람들의 주된 관심사이긴 하지만 지금부터 30년 가까이 어떻게 살아갈까 하는 문제가 되면 신체에만 신경을 쓰고 있을 수 없다. 앞으로 시니어 잡지는 안티 에이징이 아니라 '엔조이 에이징', 결국 나이가 들어가는 자신을 그대로 이해하고 어떻게 인생을 즐길지가 중요한 테마가 될 것이다.

엔조이 에이징적 시점에서 발상은, 기획 수립 방법, 타이틀 붙이는 법, 레이아웃과 디자인, 사진을 보여주는 법 등 모든 점에서 변화할 것이다.「사람은 몇 살까지 연애할 수 있을까?」(2007.4)는 최근 가장 잘 팔린 기획 중 하나다. 지금까지 금기시했던 시니어 세대의 연애와 섹스를 정면으로 다루었고, 이 세대의 실상에 더욱더 가까이 갈 수 있었다. 여행 기획에서는 창간 때부터 제안해온 '부부의 여행'이라는 표현을 '소중한 사람과 가는 여행'이라고 바꾸었다. 아내도 친구도 모두 소중한 사람이 될 수 있겠지만, 소중한 사람이라고 표현함으로써 여행의 뉘앙스가 바뀐다. 시니어라 해도 부부끼리 여유롭게 즐기는 여행뿐 아니라, 가슴 뛰는 듯한 즐거운 여행이면 좋을 것이다. 또한 일류 레스토랑을 소개하는 맛집 기획에서는 그 가게에서 가장 인기 있는 요리의 레시피를 곁들여서 소개했다. 이러한 기획과 접근방식은 물론 비주얼과 레이아웃도 시니어 독자를 끌어들이는 중요한 요소다.

〈햐쿠라쿠〉에서는 원근감 있는 사진을 효과적으로 사용해서 지면에 입체감을 나타내거나 한 페이지에 적어도 두 곳은 소제목을 넣어 읽기 쉽게 만드는 등 독자의 눈에 들어오는 지면 레이아웃을 노렸다.

시니어 잡지는 글자를 잘 읽을 수 있으면 되겠지, 라는 건 잘못된 생각이다. 단카이 세대는 텔레비전이 등장했을 당시 아이들이었다. 어릴 때부터 텔레비전을 보고 자라서 비주얼 감각이 발달했다. 게다가 이 세대가 되면 노안이 진행되어 활자만 있는 지면을 읽으면 눈이 피곤해진다. 〈햐쿠라쿠〉에서는 문자와 비주얼의 비율을 반반으로 잡고 있다. 시니어 잡지이기 때문에 이러해야 한다는 고정관념이 시니어 잡지를 만드는 데 큰 함정으로 작용하는 것이다. 오히려 시니어와 주니어의 벽이 사라지고 있다고 느껴진다. 지금까지 시니어 잡지들에서 금기시했던 기획도 점점 다뤄질 거라고 생각한다.

시니어 단행본의 다섯 가지 성공 사례

그렇다면 단행본은 어떤가? 색칠공부와 본떠쓰기, 종이 접기, 퍼즐, 퀴즈, 엔딩 노트 등 다섯 가지를 성공사례로 들고 있다. 색칠공부를 어른도 즐길 수 있는 아트로 넓힌 가와데쇼보신샤의 '성인용 색칠공부' 시리즈는 2005년 제1탄 발매 후 부수를 계속 늘려가고 있으며 2007년 3월에 시리즈 총계 179만 부를 돌파했다. 색칠공부가 뇌 활성화에 도움이 되어 치매를 예방할 수 있다고 알려지면서 유사상품이 엄청나게 쏟아졌다.

본떠쓰기라는 새로운 시장을 개척한 것은 2006년 1월에 출판된 『연필로 쓰는 오쿠노 호소미치』(포플러사). 오쿠노 호소미치라는 글을 50일 동안 본떠 쓰는 전에 없던 형식이 반향을 불러 일으켰다. 포플러사에서는 그 이후로도 『연필로 쓰는 도연초徒然草』 『연필로 쓰는 마쿠라노소시枕草子』와 『연필로 쓰는 한시』 등을 연이어 내놓았다. 이 또한 '붓으로 본떠쓰기' 책이 나오는 등 다양한 접근방식의 유사서적이 쏟아졌다.

어른을 대상으로 한 종이접기 책도 다양한 형태로 발간되었다. 『멋지고 실용적인 종이접기』와 『생활 속에서 즐기는 실용적인 종이접기서』에는 포장과 젓가락 받침 등 생활에 도움이 되는 실용성 높은 종이접기 작품이 수록되어 있다. 종이접기 책은 뇌 훈련 개념을 조합하기도 했는데 독자의 80퍼센트는 여성이었다.

뇌 훈련 붐을 배경으로 퍼즐을 활용한 훈련도 활황을 보였다. 가장 많이 출판된 것이 '넘버 프레스'라는 퍼즐이다. 가로×세로 9칸에 해당하는 숫자를 넣는 것으로, 간단하면서도 심오해서 일본에서는 2006년부터 인기가 급상승했다. 그중에서도 니코리는 스도쿠라는 상표로 『포켓 니코리』 등 많은 시리즈를 출간했으며, 서점의 한 코너를 차지하기까지 했다.

학습훈련도 성황을 이뤘다. 『어른이 시작하는 우뇌 훈련』 『어른의 산수 뇌 훈련』 등 성인을 타깃으로 한 것이 눈에 띈다. 이미 학습훈련은 아이들의 공부가 아닌 어른들의 교양에도 사용되고 있다. 지도를 사용해서 뇌를 단련함으로써 인기를 끈 지도 훈련은 『뇌를 갈고 닦는 지도역사 훈련』 『일본지도 뇌 훈련』 등이 있으며, 뇌의 능력을 향상시키고 수험서로도 사용할 수 있다고 주장하는 책도 있다.

수학자 아키야마가 감수한『뇌를 단련시키는 훈련 — 어른의 히토후데 (펜을 한 번도 떼지 않고 쓰는 것)』라는 히토후데 훈련도 등장했다. 또한 쇼와 40년대(1965-74)를 퀴즈로 돌아보는 학습훈련도 등장했다. 검정 학습 훈련과 쇼와 붐에서 힌트를 얻었다는『쇼와력 검정 학습훈련』이 그것이다. 울트라맨과 만물박사 등 일본이 활기찼던 쇼와 40년대에 관한 336개의 퀴즈에 대답하는 쇼와력을 검증하는 독특한 훈련이다. 주된 타깃은 이 시대에 아이들이었던 40대 후반의 독자들이지만 예전을 회상하는 6-70대의 반향도 크다고 한다. 덧붙여서 복고적인 것에 관심이 있는 30대의 반응도 좋다. 해설이 충실한 것이 인기의 비밀인 듯하다.

인생을 되돌아보면서 자신의 역사를 만드는 책도 인기를 끌었다.『뇌를 활성화하는 자신의 역사연표』는 1년을 두 페이지로 구성하여 왼쪽 페이지에 그 연도에 일어난 사건을 싣고 오른쪽 페이지에 독자가 추억을 적어 넣음으로써 뇌가 젊어진다는 컨셉트를 도입했다.

『적어 넣기 연표식 자신의 역사 앨범』도 입력하는 방식을 취한 자신의 역사지만 1907-2006년의 연도별 사건을 문장과 사진으로 상세하게 소개했다. 그때를 아련하게 회상하면서 자신만의 앨범을 만들 수 있게 했다.

죽음에 대비해 가족에게 전하는 메시지를 쓰는 '엔딩 노트'는 2004년부터 조용한 붐을 일으켰다.『소중한 가족에게 전하고 싶은 엔딩 노트』는 엔딩 노트와『자신의 생각을 잘 전달하는 엔딩 노트 쓰는 법』두 권으로 구성되었다.

후자는 엔딩 노트를 쓰는 방법뿐 아니라 말기 의료와 장기이식도 다뤘다.『자신을 소중히 하기 위한 작은 엔딩 노트』는 에무라 신이치의 일러스트가 따뜻한 기분을 느끼게 하는 한 권이다. 단카이 세대의 퇴직이 본격화되고, 앞으로의 인생을 생각해보는 사람이 늘어나면 새로운 접근방식의 엔딩 노트도 나타날 것이다.

예로 든 다섯 유형은 대단한 흐름을 이뤘다. 잡지와 달리 모두 '뇌의 활성화'를 위한 기획물이라는 공통점이 있다. 일본에서는 본격적인 시니어 출판 시장이 5-6년 뒤에나 열릴 것으로 내다보고 있다. 우리는 그보다 더 늦을 지도 모른다. 하지만 지금부터 서서히 대비해보는 것은 어떨까? 이따금 시니어를 대상으로 하는 책이 등장해 시장성을 키워가고 있으니 말이다. 남들보다 한 걸음 앞서 시장을 선점하는 것도 한 방안이다.

시니어 마켓 공략을 위한 세 가지 편집 기술

이 특집의 마지막은 인생의 두 번째 무대에 돌입할 단카이 세대를 확실히 사로잡기 위해서 지금까지의 성공과 실패를 돌이켜보고 다시금 시니어 마켓 공략을 위해서는 다음 세 가지의 편집 기술이 필요하다고 정리하고 있다. 우리에게도 타산지석이 될 것이다.

포인트 1: 시니어 세대도 십인십색, 기호성에 맞춘 세분화 필요

단카이 세대는 '덩어리'라는 말과 반대로 기호성이 다양한 세대라고 일컬어진다. 따라서 스테레오타입의 시니어 상을 상정하면 실패할 것이다. '단카이 시니어를 타깃으로'라는 사고방식에는 함정이 있다. '단카이'라는 이름 아래 하나의 카테고리로 취급되어온 세대이지만 모두가 '부유층'도 아니며, '인생 적자 시니어'도 있다. 모두 비틀즈를 좋아하는 것도 아니다. 단카이 시니어 세대 중 누구를 타깃으로 한 상품인가, 목표를 정할 필요가 있다.

게다가 지금까지의 '시니어=나이든 사람'이라는 이미지와 '시니어이기 때문에 이러해야 한다'는 사고방식을 버리고 새로운 시니어의 자세를 이해해야만 한다. 유니크로를 입으면서 록 밴드를 조직하는 사람들도 있다. 지금까지 시니어와는 의식이 다른 것이다.

이 변화를 느끼지 못하고 종래의 것에 양념을 가미하기만 한 미디어를 만들면 틀린 방향으로 기획을 하게 된다. 하물며 상대는 숙련된 소비자인 단카이 세대다. 기호성에 맞춰서 데이터와 타깃을 좁힌 미디어가 요구된다.

실제 〈야사이 하타케(채소밭)〉 〈꿈의 통나무집에서 살다〉 등 테마의 범위를 좁힌 전문 잡지는 단카이 시니어를 겨냥한 잡지는 아니지만, 이 세대의 일정 층을 독자로서 확보하고 있다.

포인트 2: 시니어층의 터부를 단정하지 말라

단카이 시니어는 연애결혼이 일반화했던 세대이기도 하다. 나이가 들어도 가슴 뛰는 설렘을 잊지 않고 있다. 지금까지 금기시되던 시니어의 연애와 섹스라는 테마가 받아들여지고 있다.

〈햐쿠라쿠〉에서는 '사람은 몇 살까지 연애할 수 있는가?'라는 특집을 편성하여 매출을 올렸다고 한다.

이혼경험이 있는 '바츠이치'라는 단어에 저항감을 느끼지 않는 5-60대도 늘어나고 있으며, 황혼이혼도 인기있는 테마다. 단카이 시니어는 연애결혼이 일반화된 최초의 연애세대이기도 하다. 나이가 들어도 이성과의 만남을 원한다는 사실을 염두에 두어야 한다.

50대 이상의 연애를 진지하게 다룬 미디어가 더 등장할지도 모른다. 또한 커뮤니케이션 도구로써 블로그 등 인터넷을 이용하는 시니어가 급증하고 있음도 간과할 수 없다. 이제까지 '시니어 상'과는 전혀 다른 상품이 출판계에 등장할 것으로 기대된다.

포인트 3: 시니어와 주니어의 차가 좁아진다?

취미를 즐긴다는 점에서 시니어와 주니어의 가치관 차이는 크지 않다는 인상을 받는다. 앞서 언급한 〈야사이 하타케〉의 테마는 채소 재배다. 정원 손질과 직접 기른 채소를 맛있게 요리하기는 젊은 세대도 관심을 보이는 테마다. 그렇게 생각하면 젊은 편집자가 재미있다고 느낀 기획은 유연함을 갖춘 단카이 시니어라면 재미있어 할지도 모르겠다.

다만 30대와 5-60대를 상대로 한 기획에서는 표현방식에 차이를 두어야 함을 잊어서는 안 된다. 타깃에 따라 제목에 적용할 단어의 사용법, 비주얼을 보여주는 방식, 취재처 선정도 변한다. 〈꿈의 통나무집에 살다〉는 통나무집 만들기를 자세히 보여주고 싶을 때 5-60대를 대상으로 한 기획에서는 있는 그대로를 촬영하고 시골생활에 대한 상상을 그대로 보여줄 요소를 일부러 사진에 담아낸다고 한다.

젊은 편집자는 시니어 세대와 교감해야 하지만, 그렇다고 해서 자신과 똑같다는 생각을 하면 자칫 실패할 수 있음을 명심했으면 하는 바람이다.

90이 훨씬 넘은 노인에게 섹스를 언제까지 했냐고 물었더니 그런 건 나보다 더 나이가 든 사람에게 물어보라고 했단다. 마찬가지로 나도 그

나이가 되지 않아 시니어 출판의 미래를 정확하게 점칠 능력은 없다. 또 시니어 출판의 전모를 정리하기에는 우리 출판의 현황이 일천하다. 그래서 부득불 일본의 사례로 시니어 출판을 정리해보았다.

젊은이들은 왜 일본소설을 읽나?

오쿠다 히데오奧田英朗는 요즘 한국에서 가장 잘 나가는 일본작가다. 한국에서 그의 출세작이라 할 수 있는 『공중그네』(은행나무)는 60만 부나 팔렸다. 도서평론가 이권우가 "우리 문학지형도에서 이만한 역량을 발휘하는 본격 문학가를 찾아볼 수 있는가"라는 질문을 던진 계기가 된 『남쪽으로 튀어』(은행나무)는 20만 부를 넘겼다. 그의 신작은 나오는 족족 5-10만 부 넘게 팔린다. 단순한 대중작가가 아니라 작품성까지 인정받게 되자 한국에서 가장 인기 있는 일본작가로 올라선 것이다.

일본소설 인기의 뿌리는 일본만화

이 정도의 작가를 출판기획자들이 가만둘 리 없다. 그러다 보니 그의 작품 선인세는 천정부지로 뛰어오른다. 그의 신작 『이에비요리家日和』는 단편집인데도 선인세가 1억 5,000만 원까지 치솟았다고 한다. 아직까지 누가 판권을 따냈다는 말은 들리지 않지만, 일본소설의 인기가 어느 정도인지를 알려주는 상징적인 사건이다. 나오키상 등 주요문학상을

233

수상한 소설은 보통 3-5,000만 원의 선인세가 형성되며 좀 인기 있을 듯 하면 5,000만-1억 원도 심심치 않게 등장한다고 한다. 겨우 1년 사이에 일본 소설의 선인세가 적게는 세 배, 많게는 열 배 이상 오른 셈이다.

일본 소설의 인기가 요즘 몇 년 동안 빠르게 오른 것은 출간종수에서 도 드러난다. 2004년에 339종이 번역 출간된 일본소설은 2005년 466 종, 2006년 580종을 거쳐 2007년에는 778종이나 출간되었다. 불과 3년 사이에 2.3배나 늘었다. 이름만 대면 알 만한 출판사들이 너나없이 일본 소설 팀을 새로 꾸렸으니 당연한 결과다.

과거에는 무라카미 하루키, 무라카미 류, 요시모토 바나나 등 몇 사람 의 스타작가에게 집중되었던 인기가 점차 많은 작가로 분산되고 있다. 요시다 슈이치, 이사카 코타로, 가네시로 가즈키 등도 마니아층이 형성 된 경우이다. 이 가운데 요시다 슈이치는 1만 부 정도의 독자층이 형성 되었다고 본다. 그런데도 그의 책 선인세는 100만 엔(약 800만 원) 안팎 까지 치솟았다.

일본소설이라고 무조건 상업적 성공이 보장되지는 않는다. 국내에 출간되는 일본소설 가운데 손익분기점을 넘기는 경우는 10퍼센트 안팎 이다. 그런데도 출판기획자들은 일본작가의 이름만 보고 무작정 달려 들기도 한다. 그 결과 서점에 가보면 이 땅이 일본인지 한국인지 분간되 지 않을 정도다. 그 이유는 뭘까? 가장 큰 이유는 이 소설들이 젊은이의 정서에 잘 부합하기 때문일 것이다.

대중문화평론가 김봉석은 일본소설 붐이 마니아에서 시작되었다고 분석한다. "무라카미 하루키, 무라카미 류, 요시모토 바나나, 에쿠니 가 오리 등 소수의 작가에게 국한되어 있던 일본소설 출간은 최근 들어 폭발적으로 증가했다. 그 가운데 눈에 띄는 것은 장르소설의 출간이다. 대중소설 작가로 분류되는 미야베 미유키, 히가시노 게이고, 온다 리쿠 등은 거의 모든 작품이 나올 태세이고 다양한 스타일의 추리, 판타지, 공포 같은 장르소설들이 줄을 잇는다. 일본 장르소설의 출판 러시는, 인터넷 추리동호회 등에서 활동하던 마니아들이 출판편집자로 자리 잡으면서 대중성은 물론 작품성이 있는 소설들을 선별하여 관심을 끈 덕"(『29개의 키워드로 읽는 한국문화의 지형도』, 한국출판마케팅연구소)이라는 것이다.

이런 마니아 붐은 일본만화에서 비롯되었다고 보아야 한다. 일본문화가 전면 개방된 후 혜택을 가장 많이 받은 것은 일본만화다. 2007년에는 외국만화가 2,646종 번역 출간됐는데 그중 98.34퍼센트인 2,602종이 일본만화다. 만화는 애니메이션과 결합함으로써 영향력을 키웠다. 만화와 애니메이션은 일본을 대표하는 문화이자 산업 아닌가? 일본 애니메이션이 전 세계 시장의 65퍼센트를 점할 정도이니 이웃나라인 우리로서는 그 기세에 놀랄 뿐이다. 주요 만화출판사들의 매출에서 일본만화가 차지하는 비중은 80퍼센트가 넘는다. 우리 만화는 그야말로 '구색' 갖추기일 뿐이다. 그리고 일본만화를 열심히 읽은 세대가 이제 성장해 일본소설 붐까지 일으키는 것이다.

2000년대 초반부터는 '표지와 삽화에 애니메이션이 다수 등장하는 젊은 층 대상의 오락소설'인 라이트노블이 빠르게 유입되고 있다. '스즈미야 하루히' 시리즈는 30만 부 가까이 판매되기도 했다. 2006년부터 라이트노블 전문 잡지 〈파우스트〉가 번역 출간되고 있는데, 라이트노블의 국내 인기가 만만치 않음을 보여주는 사례다. 그렇지만 그런 작품을 다루는 국내작가는 아직 손꼽을 정도이며 한국적인 전형을 보여주는 작품은 아직 나타나지 않았으며 일본의 아류 수준에 머물고 있다. 그래서 국내 시장은 일본 '수입품'으로 유지되고 있다.

일본만화와 일본소설의 인기는 영화와 드라마에까지 빠르게 번지고 있다. 우리 문화 콘텐츠의 원천이 일본만화와 일본소설인 것처럼 여겨질 정도다. 영화 〈미녀는 괴로워〉와 드라마 〈하얀 거탑〉은 폭발적 인기를 얻었던 대표적인 경우다. 가타야마 쿄이치의 『세상의 중심에서 사랑을 외치다』가 원작인 〈파랑주의보〉, 가네시로 가즈키의 『플라이, 대디, 플라이』가 원작인 〈플라이 대디〉처럼 일본소설이나 만화 가운데 영화의 원작을 찾는 경우가 늘어가고 있다. 오쿠다 히데오의 『공중그네』도 우리나라의 영화사가 영화 판권을 확보했다. 우리 영화계가 오쿠다 히데오의 전 작품을 영화화하겠다고 나섰지만 오히려 원작자가 뜸을 들이는 형편이다.

일본소설, 인터넷소설, 카툰만화의 독자층은 닮아

한국 출판시장에서 요시모토 바나나가 최고의 인기를 구가하고 에쿠니 가오리가 기반을 닦던 몇 년 전에 일본소설과 함께 인기를 끈 것은 인터넷소설과 카툰만화였다. 그러나 인터넷소설은 곧 기세가 꺾였고 카툰만화는 '파페포포' 시리즈 등 몇 종을 제외하고 별로 힘을 쓰지 못했다. 일본소설, 인터넷소설, 카툰만화라는 세 유형의 공통점을 찾자면 일상과 비일상을 넘나드는 몽환적 분위기나 상상력을 매우 섬세한 문체로 그려낸다는 점이다. 이들 작품에서는 공통적으로 진지함을 찾아볼 수 없다. 지나간 일기장을 들추어보는 듯하다고 할까? 한국의 젊은 세대는 절대 빈곤과는 거리가 멀다. 물질적 풍요를 충분히 누렸다. 부족한 것은

'과외'를 받아서라도 채우면 된다고 배우고 자란 세대였다. 하지만 가슴속으로는 끝없는 상실의 고통을 느끼는 세대이기도 하다. 가족과 떨어져 원룸에서 살고 휴대전화나 메신저 등 '1인용'으로 세상과 '소통'한다. 정치·경제·사회문제에는 아예 관심을 두지 않고 남의 시선을 전혀 의식하지 않고 주체적으로 살고자 하는 욕망이 있다. 그러면서도 늘 '관계의 쓸쓸함'에 젖어 있다.

한국에서 중·고등학교는 대학을 가기 위한 정거장일 뿐이다. 신자유주의 논리가 강고해진 대학은 그저 취업을 위한 지식이나 조건을 마련하는 통과의례 장소로 전락한 지 오래다. '이구백' 탈출이 관건이다 보니 대학에서 지성이나 낭만을 찾는다는 것은 언감생심이다. 『88만원 세대』(우석훈 외, 레디앙)에서는 20대의 95퍼센트가 비정규직 노동자가 될 것이라는 예측을 내놓았다. 이런 현실이 젊은이들마저 모든 일을 자기 중심적으로 판단하게 만들었다.

일본소설, 인터넷소설, 카툰만화는 이런 정서의 소유자들이 즐기는 장르였다. 일본출판계는 이런 독자를 의식해 끊임없이 새로운 상품을 쏟아낸다. 대중소설에도 상이라는 타이틀을 붙여 '권위'를 키운다. 휴대전화소설 문학상도 만들었다. 서점인들이 추천한 서점대상도 만들었는데 1-3회 대상 수상작은 모두 200만 부가 넘게 팔렸다. 젊은 세대를 위해 새로운 상품을 만들며 함께 호흡하고자 하는 것이다. 시장과 언론과 출판사가 연대해 끊임없이 화제작을 만들어낸다. 그런 작품들은 늘 영상과 함께하기에 생동감이 사라지지 않는다.

그러나 커피를 마시며 가볍게 즐기는 소설은 이 땅에서 늘 매도 대상이었고, 결국 대중소설이라는 밭을 고갈시켰다. 평론가에게 호평을 받는 소설은 진지하기만 할 뿐이다. 그러니 청소년의 관심을 끌 만한 작품은 늘 '부재' 상태다.

일부 작가들은 일본소설과 닮은 소설을 내놓았지만 대중은 모조품보다 '원조'를 즐겼다. 『달려라 아비』의 김애란, 『카스테라』의 박민규처럼 '21세기적 상상력'으로 새로운 마니아층을 형성해가는 작가도 있지만 그야말로 소수다. 그런 '궁핍'이 결국 일본소설 붐을 조성한 것으로 볼 수 있다.

한국에서 인기를 끄는 일본소설은 대체로 삶의 진지함보다 아련한 추억 등 가벼운 일상을 다룬다. 국내에 영화로도 개봉됐던 『세상의 중심에서 사랑을 외치다』나 『지금, 만나러 갑니다』 같은 소설들은 극도로 축소된 인간관계를 다룬다는 공통점이 있다. 앞의 소설은 한 쌍의 연인이, 뒤의 소설은 죽은 지 6개월 만에 환생한 아내와 남편, 아들 등 가족 세 명만 등장한다. 이런 소설에 관심을 두는 사람일수록 세상의 변화를 철저하게 외면하고 오로지 자신만을 중시하는 듯한 성향을 띤다.

신자유주의가 전 세계를 휩쓸면서 노동시장의 유연화는 필수적으로 따라왔다. 일본이라고 예외는 아니다. '회사형 인간'이라는 말에서 알 수 있듯 회사에서 열심히 일만 하면 평생고용을 보장한다는 '일본식 경영'으로 모든 국민이 중산층의 삶을 사는 1억 '총중류사회'를 추구했다. 그러나 1990년대 중반 이후 버블 붕괴 후 이런 체제가 급속하게 무너지고 사회가 양극화되면서 젊은이들은 '하류사회'로 내몰렸다.

단카이團塊 세대(패전 후에 폭발적으로 태어난 베이비붐 세대로, 1947~49년에 태어난 사람들)는 여전히 기득권익을 보호받고 있지만 단카이 주니어 세대는 '프리터'(아르바이트 등 비정규직 취업자)나 '니트'(취업 의욕도 없고 직업

교육도 받지 않는 무직자)로 전락해갔다. 미국에서는 하층의 일자리를 이민 노동자들이 채웠지만 일본에서는 젊은이들이 그 자리를 차지했다. 이 세대는 부모의 보호만을 받으려는 경향마저 있어 파라사이트족 또는 캥거루족으로 불리기도 한다.

현실 극복의지를 담은 작품이 늘어나야

일본소설의 주인공들은 대체로 독신이거나 룸메이트와 동거한다. 전문 직 여성이 등장하기는 하지만 프리터나 니트가 주류를 이룬다. 주인공 들은 주위의 시선을 의식하지 않고 자유롭게 생활하려는 경향이 있다. 한국의 20대도 취업이 어려워지면서 이런 정서에 쉽게 빠져들고 있다. 하지만 그런 일이 일반화된 사회는 '삶의 열정'은 찾아보기 어렵고 근거 없는 상실감만 넘치게 마련이다.

　신자유주의 체제에 사는 사람은 누구나 세계사적 변전과 맞닿아 있 다. 미국에서 금리를 0.5퍼센트만 올려도 한국에서는 실업자가 꽤나 늘 어난다. 이런 현실에 대한 철저한 상황인식과 극복의지를 심어줄 작품 이 늘어나 젊은이들도 그런 작품을 많이 읽을 수 있다면 일본소설에만 몰두하는 현실은 저절로 극복될 것이다.

4부 ● 최근 출판시장의 흐름

최근 5년 출판시장의 키워드

〈기획회의〉는 2003년 이후 해마다 10대 뉴스를 발표했는데, 그해 대중이 책을 찾은 이유 가운데 가장 중요한 항목을 1위로 선정했다. 2007년 10대 뉴스 1위는 '현명한 삶의 추구'로 잡았다. 여기서 현명이라 함은 철학자처럼 지혜롭다는 뜻만은 아니다. 영악스러울 정도로 유연하면서도 자연스럽게 '나만의 생활'을 즐기는 것을 말한다.

유행이나 시대흐름에 무조건 따라가지 않고 자신만의 개성(차이)과 내면의 아름다움을 내보이고자 한 것이다. 이를 자세히 설명하기 전에 2003년부터 2006년까지 4년간의 흐름을 다시 정리해본다(이 흐름은 『21세기 한국인은 무슨 책을 읽었나』에 실린 글을 요약한 것이다).

2003년부터 2006년까지의 흐름

2003년에는 자기파산자가 늘어났고 체감실업률은 최고조에 이르렀다. 정년과 관련된 은어가 유행하는가 싶더니 '오륙도'에서 '사오정' '38선' '이태백' 등으로 급속하게 나이를 낮춰가며 대중을 자극했다. 때마침

'북핵'이 터지고 '이라크전쟁'이 발발했으며 '태풍'까지 나타나 대중을 불안 속으로 몰아넣었다. 이때 대중이 선택한 책은 『폰더 씨의 위대한 하루』(앤디 앤드루스, 세종서적), 『2막』(스테판 M. 폴란, 명진출판), 『남자의 후반생』(모리야 히로시, 푸른숲) 등이었다. 또한 불안에서 빨리 벗어나고자 하는 마음에 '돈'을 확보해 '부자'가 되고 싶다는 욕망을 발산했다. 그리고 『한국의 부자들』(한상복, 위즈덤하우스), 『나의 꿈 10억 만들기』(김대중, 원앤원북스), 『인생을 두 배로 사는 아침형인간』(사이쇼 히로시, 한스미디어) 등 인생대역전을 기대하는 책들이 대중의 가슴을 파고들었다. '아침형 인간'은 어떻게든 살아남으려는 대중에게 새로운 삶의 철학으로 다가왔고, '10억'은 고달픈 사회에서 자유로워지고 싶은 욕망의 다른 표현이었다. 그래서 2003년의 키워드로 '절박한 개인의 부각'을 선정했다.

그 뒤 세계의 화두는 '지식경영'에서 '창조경영'으로 넘어갔고, 대중은 인류가 생산한 모든 '지식'을 활용해 상상을 통해 자기 이야기를 만들어야 하는 상황에 놓였다. 2004년에 우리 독자들이 팩트와 픽션이 하나로 융합된 팩션의 대표상품이라 할 『다 빈치 코드』(댄 브라운, 베텔스만코리아)와 희망(꿈)을 향한 기나긴 구도 여행을 그린 『연금술사』(파울로 코엘료, 문학동네)를 즐겨 찾은 것은 결코 우연이 아니었다. 두 책은 1년 내내 종합 베스트셀러 1위를 다퉜다. 그래서 2004년의 키워드는 '개인의 자기 상상력 추구'로 뽑았다.

절박한 처지에 빠진 자신의 처지를 깨닫고 그것을 벗어나는 최고의 길이 자기 상상력을 회복하는 것뿐임을 확인한 대중은 2005년에 스스로 어젠다를 찾아 나섰다. 부자와 가난한 자, 대기업과 중소기업, 정규직과 비정규직, 보수와 진보의 격차는 갈수록 심해지고 빈곤과 실업의 문제가 더욱 첨예해지자 대중은 스스로 무장을 촉구할 수밖에 없었다. 2005년에 대중이 추구한 어젠다는 대략 다섯 유형이다.

첫째, 『살아 있는 동안 꼭 해야 할 49가지』(탄줴잉 편, 위즈덤하우스) 같은 평범한 개인의 '실천매뉴얼'이다. 둘째, 『10년 후 한국』(공병호, 해냄), 『2010 대한민국 트렌드』(LG경제연구원, 한국경제신문)를 비롯한 '미래담론'이다. 셋째, 『강의』(신영복, 돌베개)를 비롯한 '요다형 책'이다. 넷째, 기본과 원칙이다. 힘들고 고단한 때일수록 기본을 잃지 말라는 지혜를 던져준 『블루오션전략』(김위찬 외, 교보문고), 『괴짜 경제학』(스티븐 레빗, 웅진지식하우스), 『서른살 경제학』(유병률, 인물과사상사) 등이 인기를 끌었다. 마지막으로, 자기가 하고 싶은 일을 즐기되 자신만의 능력을 표출하는 '임파워먼트empowement'다. 바람의 딸 한비야가 국제 NGO 월드비전 긴급구호 활동 5년의 경험을 정리한 『지도 밖으로 행군하라』가 이 성향을 대변하는 책이었다. 〈기획회의〉는 이 가운데 임파워먼트가 가장 발전가능성이 있을 것으로 판단하고 2005년의 키워드로 선정했다.

2006년을 대표하는 아이콘은 '행복'이다. 더 정확하게 말하자면 '나만의 행복 추구'다. 행복의 사전적 의미는 "마음에 차지 않거나 모자라는 것이 없어 기쁘고 넉넉하고 푸근함, 또는 그런 상태"다. 그러나 2006년 대중이 추구한 '행복'은 모자라는 것이 있어도 내가 즐거우면 그만이라는 철저하게 개인주의적인 차원의 메시지다. 여기서 '행복'은 '성공'의 대체물이다. 지난 몇 년간 대중은 변화의 중요성을 깨닫고 어떻게든 성공하려고 안달했지만 쉽지 않았다. 지금 개인의 미래를 옥죄는 것은 국가 차원을 넘어선 어떤 것이다. 아무리 일을 해도 풍요로울 수 없는 구조에 빠져드는 신빈곤층이 늘어나는 현실에서 개인은, 차라리 치열한 경쟁을 통해 얻는 성공을 포기하고 부족하더라도 자기만족을 위해 살기로 '결심'했다. 공지영 소설 『우리들의 행복한 시간』(푸른숲), 이기적인 발상에서 나만의 행복을 찾는 10가지 원칙을 제시한 『행복한 이기주의자』(웨인 다이어, 21세기북스) 등 행복이라는 아이콘을 화두로 삼은 책들이 2006년 베스트셀러에 올랐다. 이제 2007년 출판시장을 되돌아본다.

1위 현명한 삶의 추구

2007년은 IMF구제금융 사태를 맞이한 지 꼭 10년이 되는 해다. IMF가 무릎을 꿇고 도와달라고 하는 한국정부에 융자 조건으로 내건 것은 금융의 외자 규제 철폐, 공공 투자 삭감, 은행 정리, 노동시장의 유연화 촉진 등이다. 그 후 등장한 김대중 정권은 1998년 2월에 노조 측의 반대에도 불구하고 정리해고제를 통과시켰는데, 비정규직 노동자가 지나치게 늘어나자 2007년 7월 1일부터 비정규직보호법이 시행되었다. 비정규직보호법은 비정규직 노동자의 불합리한 차별시정과 남용방지를 위해 제정됐다지만, 2년 이상 비정규직으로 근무한 사람은 무조건 정규직으로 전환시켜야 한다는 조항 때문에 오히려 비정규직노동자가 일자리에서 쫓겨나는 현상을 초래했다. 지난 10년간 한국의 노동시장은 한마디로 전 국민의 임시직화가 추진이었다. 한 달에 88만 원을 버는 비정규직을 의미하는 『88만 원 세대』(우석훈 외, 레디앙)의 저자들은 20대의 95퍼센트가 비정규직 노동자가 될 것이라는 예측을 내놓았다.

기업들은 명예퇴직이나 일방적 해고의 상시화시스템을 가동했으며 젊은 층은 안정된 직장에 진입하기조차 어렵게 되었다. 21세기 초두만 해도 대중은 자신을 변화시켜 비주류에서 주류로 올라서고자 하는 욕망을 강하게 표출했다. 벤처 열풍이 대표적이다. 그러나 그 대부분 실패로 돌아갔으며 양극화가 촉진됐고 상대적 빈곤감은 극에 달했다. 한번 나락에 떨어진 신빈곤층working poor은 아무리 노력해도 다시 회복하지 못하는 아픔을 겪었다. 그러는 사이에 가족은 해체되었고 개인이라는 존재는 이제 철저하게 혼자 세상에 내던져졌다.

'성공'이라는 화두를 포기하고 나만의 행복을 추구했던 개중의 심리는 2006년에 한 단계 진화했다. 성공을 이룬 자는 허무했고 실패한 자는 절망했다. 그런 그들이 2007년에는 일과 개인생활에서 철저하게 이기적인 성향을 띤 것이다. 하지만 미래를 전혀 예측할 수 없는 불안감으로 정치, 경제, 역사, 문화 등 다양한 분야에서 새로운 가치와 논리가 생성되는 모습을 지켜보면서 자신을 빠르게 변화시켜야 한다는 강박관념에 시달려야 했다. 그래서 개중은 돈과 성공, 건강이라는 생활 관련 장르에서부터 철학과 고전 등 문학 장르에 이르기까지 이것만 읽으면 기본은 한다는 기초 책 찾기에 열을 올렸다. 하지만 말이 기초이지 개중은 그것을 만병통치약(솔루션)으로 여겼다.

2007년의 개중은 남보다 효율적으로 핵심을 취하고 싶다는 욕구에 충만했다. 따라서 그런 욕구에 맞는 책이 갈수록 시장성을 키워갈 수밖에 없었다. 2007년에 이런 경향에 맞아떨어진 출판흐름은 대략 여섯 유형으로 나타나는데 그것은 이어지는 글(261-262쪽)에서 구체적으로 살펴볼 수 있을 것이다.

2위 중견작가 소설의 약진과 한국형 팩션 붐

한국소설이 크게 약진했다. 김훈의 『남한산성』(학고재), 황석영의 『바리데기』(창비), 박완서의『친절한 복희씨』(문학과지성사), 공지영의『즐거운 나의 집』(푸른숲) 등 브랜드가 있는 중견작가의 신작이 인기를 끌었다. 하반기와 연말에 출간된 박완서와 공지영의 소설은 출간되자마자 대단한 반응을 일으켰다. 그리고 한국형 팩션의 출간이 두드러졌다. 『남한산성』과 신경숙의『리진』(문학동네), 이정명의『바람의 화원』(밀리언하우스), 김탁환의『열하광인』(민음사), 김별아의『논개』(문이당), 김경욱의『천년의 왕국』(문학과지성사),『추사』(한승원, 열림원) 등 우리 작가가 쓴 팩션이 줄을 이어 출간됐다.

이렇듯 어느 해보다 국내소설의 약진이 돋보였다. 하지만 전반적인 약진이라기보다 브랜드 있는 몇 작가가 우연히 한 해에 의미 있는 책을 펴내는 바람에 국내소설이 잘 팔린 것이기에 소설시장의 한계 또한 명확하게 드러난 해였다. 김훈, 황석영, 박완서, 공지영은 모두 21세기에 책이 많이 팔린 작가들이다. 사실 이들을 빼놓고는 상업성이 확실한 작가를 찾아보기 어렵다.

이런 한계를 벗어나려면 마우스와 스크린에 익숙한 젊은 독자를 유인할 새로운 상상력의 대두가 절실하다. 그런 면에서 "촬영용 스크립트를 연상시키는 과감한 생략과 의식적 평면서술, 현실과 허구를 교차편집하는 자유로운 이야기 운산, 그리고 책장을 덮은 뒤에야 비로소 마주치게 되는 동시대 현실의 맨얼굴"(문학평론가 강경석)이라는 특성을 지닌『바리데기』가 젊은 여성독자의 대대적인 호응을 받은 것은 의미가 크다 하겠다. 또『뿌리깊은 나무』에 이어『바람의 화원』까지 대중화에 성공한 이정명의 출현도 큰 성과라 할 것이다.

3위 여성용 자기계발서의 폭발적 증가

알파걸(엘리트 소녀), 골드미스(고소득의 미혼녀), 스완족(성공을 거둔 미혼의 강한 여성들), 미리오네제(고소득의 이혼녀) 등 구매력이 큰 여성의 중요성이 갈수록 커지고 있다. 남남경쟁이나 남녀경쟁 이상으로 여여경쟁이 심화되었고, 여성들은 자녀 일변도에서 벗어나 세상과 이웃, 친구나 동료와 친해지는 법에서부터 경쟁에서 이기는 다양한 방법을 골고루 찾기 시작했다. '여자'가 제목에 들어간 책의 출간이 크게 늘었으며 싱글족을 예찬하는 책까지 속출하고 있다. 『화성에서 온 남자, 금성에서 온 여자』(존 그레이, 동녘라이프)의 맥을 잇는 남녀의 차이를 이해하는 책들 또한 계속 출간되고 있다.

4위 한국형 스토리텔링의 득세

2006년은 『마시멜로 이야기』를 비롯해 『배려』 『핑』(스튜어트 에이버리 골드, 웅진윙스) 등 스토리텔링 성공 우화 3총사가 대대적인 붐을 이뤘다. 이 중 『배려』의 인기는 꾸준히 지속돼 2008년 2월에 밀리언셀러에 등극했다. 이런 흐름을 좇아 한국형 스토리텔링이 연이어 생산되었다. 『경청』 『용기』 『소통』 『겸손』 등 인간의 마음 한 구석을 확대해 보여주는 한 단어 제목 스토리텔링이 한 흐름을 이뤘다. 또 『펭귄을 날게 하라』(한창욱·김영한, 위즈덤하우스)처럼 스토리텔러가 공동 저자로 등장한 책도 좋은 반응을 얻었다.

5위 블로그형 에세이의 유행

1인 미디어의 대표주자인 블룩book(블로그+책)은 이제 대세처럼 여겨진다. 그중에서도 『두나'S 런던 놀이』 『두나'S 도쿄 놀이』(이상 배두나, 테이스트팩토리)를 비롯한 '블로그형 에세이'가 큰 흐름을 이뤘다. 블로그형 에세이는 "호흡이 길지 않은 글, 생동감 넘치는 사진, 일인칭 주어를 앞세운 글쓰기, 적극적인 자기 노출, 마니아적 취향, 댓글" 같은 특징이 있는데 이것은 "인터넷에 매혹된 독자를 종이매체로 불러내기 위한 한 처방이자 1인 미디어의 대중화가 빚은 우리 시대의 출판 스타일"(이상 정민영, 「블로그형 에세이」, 〈기획회의〉 212호, 2007.11.20)이다.

6위 심리학 등 인간기반 인문학의 성장

인문서 시장에서는 현대사회 문명의 토대인 종교에 관한 격렬한 논쟁을 불러일으킨 『만들어진 신』(리처드 도킨스, 김영사)이 8만 부, 다 빈치에서 파인만까지의 천재들이 어떤 방식으로 사고력을 훈련해 그들 안에 내재된 창조성을 일깨웠는가에 방점이 찍힌 『생각의 탄생』(로버트 루트번스타인 외, 에코의서재)이 7만 부 팔려 화제가 되었다. 이 두 책의 성공은 인문서가 현실에 착근만 잘하면 여전히 가능성이 크다는 것을 증명해준 드문 예였다. 또 심리학, 철학, 역사학, 인류학 등 인간기반 인문학이 여전히 강세를 보였다. 특히 심리학 서적은 폭과 깊이를 넓혀가며 이 시장을 주도했다. 이 시장의 선도층은 7-80년대 인문사회과학의 시대를 열었던 독자로 이제 장년층에 접어들었다. 이들이 여전히 시장을 주도하는데 이제 30대까지 저변을 넓혀가고 있다. 이 시장의 독자는 개인 선호도가 뚜렷해 주제가 확실하고 잘 만든 책이라면 가격에 구애받지 않고 즉각 반응을 보인다. 그리고 독자에게 인정받은 책은 장기 스테디셀러가 된다는 특성이 있다.

7위 아동출판의 정체와 청소년 출판의 가능성 대두

오랫동안 출판시장을 주도했던 아동출판은 스테디셀러의 아성이 되면서 신간을 내도 손익분기점을 넘기기 어려운 처지로 전락했다. 사실 이 시장은 386세대 부모가 자식을 위해 정성스럽게 만든 책을 골라 읽히려는 노력에 힘입어 성장했다. 하지만 최근 몇 년간 질보다는 양에 비중을 둔 전집 홈쇼핑 판매 등으로 매우 부정적인 시장으로 전락해버렸다.

이에 비해 중·고생을 대상으로 하는 청소년 출판은 차츰 시장의 규모를 키우고 있다. 사계절의 '1318문고', 바람의아이들의 '반올림', 푸른책들의 '푸른도서관', 비룡소의 '청소년문학선', 시공사의 '시공청소년문고', 창비의 '청소년문학', 서해문집의 '책상 위 교양' 등 청소년 시리즈는 청소년출판에서도 장기 스테디셀러가 가능하다는 사실을 증명했다. 『철학콘서트』(황광우, 웅진지식하우스), 『피노키오는 사람인가 인형인가』(양운덕, 창비), 『도덕을 위한 철학 통조림』(김용규, 주니어김영사), 『철학카페에서 문학 읽기』(김용규, 웅진지식하우스) 등 청소년이 읽을 만한 철학서나 『한국사 상식 바로잡기』(박은봉, 책과함께), 『국사 시간에 세계사 공부하기』(김정, 웅진주니어) 등의 청소년용 역사서가 좋은 반응을 얻고 있다는 것은 청소년 출판 시장의 잠재력을 확인시켜준다. 또한 궁리, 뜨인돌, 내인생의책, 생각과느낌, 낮은산, 다림 등 브랜드 있는 중견 또는 신생출판사의 진출이 늘어나고 있어 그 성장 가능성이 크다.

8위 출판문화산업진흥법 통과와 새로운 변형도서정가제 정착

2007년 6월 20일 국회를 통과하여 10월 20일 발효된 '출판문화산업진흥법'은 18개월 미만 신간의 경우 온·오프라인 공히 10퍼센트 이내의 할인을 허용했다. 온라인서점은 이 법의 등장 이전에도 10퍼센트 이상 할인할 수 없었다. 하지만 실제적으로는 마일리지, 쿠폰, 현물 경품, 현상 경품 등을 내건 무한 할인경쟁이나 다름없는 판매를 해왔다. 이는 공정거래법상 "사업자가 상품 또는 용역의 거래가액의 10퍼센트를 초과하여 소비자경품류를 제공하거나 제공할 것을 제의하는 경우에는 부당한 소비자경품류 제공행위에 해당된다. 다만 경품류가액이 5,000원 미만인 경우에는 그러지 아니하다."라는 경품고시 조항을 악용한 결과였다. 그러나 (변형)도서정가제의 정착을 위해 발간 뒤 18개월 이내 도서가액의 10퍼센트까지만 소비자경품으로 인정하는 개정안이 2008년에 시행되면서 어느 정도 질서가 잡혔다. 이미 쿠폰은 할인행위로 유권해석을 받았기에 이제 10퍼센트의 직접할인과 10퍼센트 이내의 경품으로 새로운 규칙이 적용된다.

9위 저작권법 등 출판관련법의 개악

문화관광부가 2007년 9월 12일 개최한 '저작권법 일부개정(안)' 공청회에서 "출판분야에만 인정되던 배타적 이용권 제도를 저작물 전 분야에 걸쳐 인정한다"는 명분 아래 진행된 출판권 소외 노력은 출판계의 공분을 샀다. 개정안을 준비하면서 단 한 번도 출판계의 의견을 구하지 않았기 때문이다. 개정안에서도 출판권자를 "지식문화의 생산자, 저작권자의 일차적 이용자·수요자, 저작권자의 권익을 증대하고 구현하는 동반자로 보는 것이 아니라, 저작권자의 권리를 위한 수단이나 단순한 인쇄물 배포업자로 전락시키고 있다는 느낌을 지울 수 없"을 정도로 출판권자의 권리를 축소하려는 의도를 드러냈다. 출판계가 그동안 지속적으로 요청해왔던 판면권, 대여권의 요구도 완전히 무시했다.

이광재 의원이 발의한 '디지털 자료 납본 및 이용에 관한 법률안'은 디지털 출판물의 납본을 강제할 뿐 아니라 저작권자의 이용허락 없이 자동수집 소프트웨어로 수집 복제하는 것을 허용하고, 저작권자가 디지털 이용을 허락한 출판물은 사용자가 도서관 안팎에서 쥐꼬리만 한 이용료만 내고 무한대로 이용할 수 있다는 취지를 담고 있었다. 전자책업계는 이 법안이 출간 자체를 어렵게 만드는 악법이라며 이 법이 통과될 경우에는 디지털 사업 자체를 전면 보류할 것이라는 성명서를 발표했다.

10위 크로스미디어전략의 필요성 증대

영상과 책의 결합은 2007년에 더욱 강화됐다. 그러나 앞으로 책은 영상뿐만 아니라 모바일, 인터넷, 게임, 애니메이션 등과 결합해갈 것이다. 세계 출판계는 모든 미디어가 결합되는 크로스미디어 전략을 세우고 있다. 2007년 말에 아마존닷컴이 모바일 개념을 도입한 독서단말기 킨들Kindl을 출시했다. 하지만 앞으로 책 시장은 휴대전화를 중심으로 모든 미디어가 통합돼갈 것이다.

지금 휴대전화에서는 소설, 만화, 사진(1:5:10)만이 주로 '소비'된다. 매출도 출판 전체의 2퍼센트 정도로 아직 가능성 수준에 머물러 있다. 휴대전화는 BcN(광대역통합네트워크)이 가능해진 4세대의 문턱에 돌입해있다. 4세대에는 IT 기술과 초고속 정보통신망을 기반으로 사회 전반에 걸친 변화를 기대하고 있으며, 유선 무선과 방송 등 모든 미디어가 통합된 형태로 발전하여 언제 어디서나 어떤 형태의 단말기로도 정보통신망에 연결되는 진정한 유비쿼터스 환경이 도래할 전망이다. 본격적인 CT 시대에 돌입하는 것이다. 대략 2015년이면(기술 진척에 따라 시기는 유동적이지만) 모든 미디어가 통합될 것으로 예상되는데 그때 모든 콘텐츠의 근본인 출판은 새로운 시대를 주도할 것이다. 그러기 위해서 출판은 지금부터 크로스미디어전략을 철저하게 짜 나아가야 한다.

'현명한 삶'을 추구하는 개중을 울린 '한마디'

김애란의 두 번째 소설집 『침이 고인다』(문학과지성사)에 실린 작품「자오선을 지날 때」에 등장하는 아버지는 '그류'(그래유의 준말)라는 말밖에 할 줄 모른다. 여기서 아버지는 '386세대'로 볼 수 있다. 나는 김애란의 첫 소설집인 『달려라, 아비』(창비)가 출간된 2005년 말에 이 소설집을 한 잡지에 '올해의 책'으로 추천했다. 그 이유로는 386세대의 자식 세대들에 의한 '아버지' 조명이 곧 화두가 될 것임을 들었다.

『달려라, 아비』에서 아버지는 딸을 놀이터에 버리고 달아난다. 그게 바로 20대의 딸들에게 비친 386세대 아버지의 자화상이다. 2005년 무렵만 해도 한국사회에서는 박정희로 대표되는 아버지 세대와 현 정권의 실세인 386세대가 남북문제나 민주화 같은 시대적 문제를 놓고 끝없이 대립했다. 일단 386세대가 그 논쟁에서 '승리'했다고 볼 수 있지만 그들마저도 세계화의 거센 물결 아래 '먹고사는' 문제만은 어쩌지 못해 아버지세대와 자식세대 양쪽으로부터 배척당하는 진퇴양난의 처지에 빠져들었다. 김애란은 자식을 버리고 떠난 아버지를 실종됐다고 담담히 표현하는데, 나는 그것을 부재不在상태인 아버지와 조심스럽게 화해를 모색하는 징후로 보았다.

한마디에 열광하는 개중

그리고 2년이 지났다. 『침이 고인다』에 등장하는 딸들은 13평 원룸, 반지하방, 4인용 여성전용 독서실, 신림동 고시원 등에서 '지상의 방 한 칸'에 목숨을 걸고 살아간다. 심지어 「성탄특선」에 등장하는 연인은 성탄 전야를 함께 지낼 방 한 칸을 찾아 밤새 헤매지만 결국 뜻을 이루지 못한다.

지금 386세대는 '버림받은' 것이나 다름없다. 386주니어세대는 '그류'밖에 할 줄 모르는 아버지 세대보다 박정희로 대표되는 할아버지 세대에 더 정이 간다. 그래도 그들은 '먹고사는' 문제만은 해결했다고 보이기 때문이다. 그러다 보니 이 땅에는 보수의 물결이 넘쳐흐른다. 나는 2005년 한 좌담에서 20대와 50대가 정서의 공감대를 이루는 듯하다는 말을 했는데, 당시에는 그리 큰 호응을 얻지 못했다. 그러나 지금은 내 말에 동감하는 이들이 많을 듯싶다.

세계경제포럼WEF이 발표한 2007년 한국 국가경쟁력 순위가 지난해보다 12단계 상승해 11위라는데도 '부패'보다 '경제'가 먼저라는 논리가 통용된다. 부패한 권력이 경제를 얼마나 잘 살릴지는 모르겠지만 지금 국민들은 상대적인 빈곤감에 잔뜩 젖어있는 듯하다. 물론 그렇게 만든 주범 가운데 하나는 양극화다. 세계가 하나의 상권으로 묶인 신자유주의 체제에서 한 나라의 정권이 '지상의 방 한 칸'을 마련해주기는 쉬운 일이 아니다. 어쨌든 권력을 쥔 사람은 책임을 면하기 어려워 보인다.

신자유주의의 논리가 더욱 견고해진 대학, 지성과 감성은 내팽개쳐 버린 지 오래인 대학은 이제 취업을 위한 지식이나 조건을 마련하는 통과의례의 장소로 전락했다. 대학은 갈수록 무한경쟁의 논리를 양산하며 그 경쟁에서 헤어나지 못하고 있다. 대학을 나왔다고 해서 문제가 해결되는 것도 아니다. '이구백'이라는 조어마저 나온 마당이니 당장 목숨을 부지하는 데도 버거운 세상이다.

『침이 고인다』에 등장하는 아버지는 여전히 무능의 극치를 달린다. 그런 아버지가 자신 있게 할 줄 아는 말은 '그류'라는 말뿐이다. '그류'를 무심코 내뱉으며 어머니가 애써 벌어놓은 돈을 남에게 빌려주거나 빚보증을 서 결국 가족을 궁지에 내모는 난감한 사람이다. 그러고도 아르바이트를 하며 어렵사리 대학을 다니는 딸에게 돈을 요구하는 참으로 어찌할 수 없는 인간이다. 사실 여부는 차치하고라도 지금 20대에게 아버지는 그렇게 자기 정체성을 찾지 못하고 허공을 떠도는 한심한 인간으로 전락했다.

현실에서 고통을 받는 이들이 듣고 싶은 진정한 한마디는 무엇일까? 박완서의 『친절한 복희씨』(문학과지성사)에 실린 단편 「그리움을 위하여」에 등장하는 화자의 사촌 동생의 남편은 죽기 전날 느닷없이 아내의 손을 잡고 사랑한다고 말한다. "기분이 이상해서 누구 보고 싶은 사람 없냐, 아이들을 부를까 물어봤더니 아니 아무도 안 보고 싶다고 당신만 있으면 그만이라고 사랑한다고 강조"한다. 2007년 출판시장에서 대중은 이 동생이 듣고 수없이 되뇐 '사랑한다' 같은 '한마디'를 찾았다.

이런 성향을 보여주는 2007년의 대표적인 책은 『시크릿』이다. 이 책에는 "수 세기 동안 단 1퍼센트만이 알았던 부와 성공의 비밀"이라는 부제가 붙어있지만 그 비밀이라는 게 연인에게만 은밀하게 던지는 '사랑한다'는 한마디와 별반 다를 게 없다. 책에서 말하는 비밀이란 처음부터 끝까지 자신을 우주의 중심으로 생각하고 스스로를 믿으며 진정 자신이 원하는 것에만 집중하라는 말뿐이지만 적어도 이런 이야기가 독자에게는 자신만을 위한 한마디로 다가간다는 것이다.

　프랑스의 어느 마을에 쿠에라는 사람이 약국을 경영하고 있었다. 그런데 유난히 그 약국만 장사가 잘 되었다. 경쟁자들이 그냥 넘어갈 리 없다. 그들은 쿠에의 약국이 마약을 판매하고 있다고 고발했다. 경찰도 그냥 넘어갈 수 없었다. 그래서 은밀하게 조사를 했다. 그러나 모든 약국이 똑같은 약을 팔고 있다는 사실만 확인했다. 그렇다면 쿠에의 약국이 장사가 잘 된 이유는 무엇일까? 그 비밀은 약 봉투에 있었다. 쿠에는 손님에게 약 봉투를 넘겨주면서 약을 먹기 전에 약봉지에 씌어 있는 글귀를 꼭 읽으라고 부탁하곤 했다. 봉투에는 "나는 날마다 조금씩 나아지고 있다"라는 글귀가 있었다.

　『시크릿』에 열광하는 대중은 어쩌면 약 봉투에 씌어 있던 말과 같은 '가르침'을 절실하게 찾고 있었는지도 모른다. 죽어가는 남편이 '사랑한다'고 말했다 해서 경제적 형편이 나아지지는 않는다. 자신이 원하는 것에만 집중한다 해서 빚 갚으라고 독촉하는 통지서가 월급봉투로 바뀌는 것은 아니다. 하지만 그래도 '나는 날마다 조금씩 나아지고 있다'는 말과 비슷한 심리적 위안을 얻을 수 있다. 지금 대중은 데카르트의 '합리적 이성' 같은 것은 더는 믿지 않는다. '플라시보 효과'를 가져올 듯한 맹목적인 한마디에 좌우된다고 볼 수 있다.

2007년의 키워드는 '현명한 삶의 추구'

2007년 연초에 나는 2007년의 키워드로 '현명한 삶의 추구'를 선택했다. 다음은 〈출판문화〉에 발표한 「출판평론가가 바라본 2007년 출판계 기상도」(2007.1)의 일부다.

이런 연장선상에서 바라본다면 2007년의 키워드는 '현명한 삶'이 될 것으로 보인다. 여기서 현명이라 함은 단지 철학자처럼 지혜롭다는 뜻만은 아니다. 영악스러울 정도로 유연하면서도 자연스럽게 '나만의 생활'을 즐기는 것을 말한다. 유행이나 시대흐름에 무조건 따라가지 않고 자신만의 개성(차이)과 내면의 아름다움을 내보이고자 할 것이다.

여성에 한정해 보더라도 이제 대중이 추구하는 여성상은 한없이 사랑받기만 하는 객체로서의 여성, 외모만 아름다운 여성, 전인미답의 길을 걷는 커리어우먼 등이 아니라 일과 개인생활의 균형감각을 유지하면서 자신의 '능력'과 '한계'를 정확히 깨닫고 어깨에 힘을 뺀 여유 있는 삶을 살아가는 현명한 여성이 될 것이다. '억압'과 '공격'이라는 정正과 반反의 과정을 거쳐 합合의 단계에 이르렀다고나 할까? (…) 최근 들어 아무리 열심히 일해도 풍요로워질 수 없는 신빈곤층이 증가하면서 안정된 사회에 대한 기대감은 급격하게 무너지고 있다. 더구나 가족해체가 빠르게 진행되다 보니 그에 대한 반작용으로 가정이라는 울타리 안에서 안정을 취하려는 경향이 강하게 나타나고 있다. 쉽게 맺어지고 또 단절되는 인터넷상의 즉자적인 관계들이 일반화되면서 항구적인 믿음을 갈구하는 것이다. 따라서 이제 대중은 '사회 속의 인간'이 아닌 '가정 속의 인간', 나아가 가정의 굴레에서도 완전히 벗어난 오로지 홀로선 개인으로서 자기의 행복을 추구하는 데 도움이 되는 '언어'를 찾고 있다. 그들은 이미 스스로의 정체성에 대한 고민을 끝냈다. 남은 것은 자신이 갈 길만 걸어가는 일뿐이다. 이제 그들은 일과 개인생활을 양립해서 상승효과를 보았거나 일을 효율화하는 기술과 훈련을 통해 보다 높은 생산성과 풍부한 인생을 얻으려고 할 것이기에 그 실행의 방향을 세밀하게 제시하는 미용, 패션, 여행, 건강, 문화 등의 책을 많이 찾을 것으로 보인다.

그렇다면 대중이 현명한 삶을 추구하는 이유는 무엇일까? 활자문화(아날로그) 시대의 독자는 정보를 얻는 것으로 만족했다. 주로 그것은 객관적 명제였다. 그러나 이제는 일자리를 찾지 못하는 20대부터 노후를 염려해야 하는 50대까지 우리 사회의 핵심독자층 모두가 급격하게 변하는 새로운 흐름을 따라잡지 않으면 도태될 수밖에 없다는 불안감에서 단 하루도 벗어나기 어렵다. '마흔 이후 30년'은 제2의 성장기라지만 현실은 마흔 이후에도 언제나 미래를 준비하는 데에 거의 모든 노력을 쏟아야 하고 제대로 즐길 시간을 찾기 힘들다.

따라서 "개중(개인＋대중)은 그런 불안감 때문에 정치, 경제, 역사, 문화 등 다양한 분야에서 새로운 가치와 논리가 생성되는 모습을 지켜보면서 자신을 빠르게 변화시켜야 한다는 강박관념에서 헤어나지 못한다. 그래서 그들은 돈과 성공, 건강이라는 생활 관련 장르에서부터 철학과 고전 등 문학 장르에 이르기까지 이것만 읽으면 기본은 한다는 기초적 책 찾기에 열을 올린다. 하지만 말이 기초이지 개중은 그것을 만병통치약(솔루션)으로 여기고 있"(《한겨레》 2007.10.6)는 것이다.

지금 개중은 남보다 효율적으로 핵심을 취하고 싶다는 욕구에 충만해 있다. 따라서 그런 욕구에 맞는 책이 갈수록 시장성을 키워갈 수밖에 없다. 이런 경향에 맞아떨어지는 2007년 출판흐름은 대략 다음의 여섯 유형으로 나타난다.

첫째, 앞에서 언급한 『시크릿』처럼 독자에게 다가가는 한마디를 던져주는 책이다. 이것은 경쟁의 공포에서 헤어나기 어려운 사람들에게 크나큰 정서적 위안을 가져다준다.

둘째, 『이기는 습관』(전옥표, 샘앤파커스), 『대한민국 20대 재테크에 미쳐라』(정철진, 한스미디어), 『회사가 당신에게 알려주지 않는 50가지 비밀』(신시야 샤피로, 서돌), 『금융회사가 당신에게 알려주지 않는 진실』(송승용, 웅진윙스), 『1일 30분 – 인생 승리의 공부법 55』(후루이치 유키오, 이레) 같은 자기계발서다. 이 책들은 "어느 누구도 가르쳐주지 않았"지만 "내 인생의 바이블"이 될 만한 사항들을 당신에게 알려준다고 속삭이는데 "누구라도 실천할 수 있는 구체적인" 매뉴얼을 담았다는 공통점이 있다.

셋째, 미래에셋 박현주 회장의 돈과 인생에 대한 이야기 『돈은 아름다운 꽃이다』, 불가촉천민에서 세계경제를 움직인 지도자가 된 인도의 살아있는 영웅 나렌드라 자디브의 자유와 희망을 그린 『신도 버린 사람들』(이상 김영사), 아주 작은 약국을 마산의 랜드마크로 키워낸 김성오의 독특한 경영철학을 담은 『육일약국 갑시다』(21세기북스), 중증장애를 갖고 태어난 손자에게 심리학 박사 할아버지가 들려주는 삶의 지혜인 『샘에게 보내는 편지』(대니얼 고들립, 문학동네), 인생에서 소중한 것이 무엇인가를 깨닫게 만드는 일상의 경험담이 담긴 『청소부 밥』(레이 힐버트 외, 위즈덤하우스) 등 자전적 이야기가 가미된 책이다.

넷째, 『여자의 모든 인생은 20대에 결정된다』(남인숙, 랜덤하우스코리아)와 『여자생활백서』(안은영, 해냄)의 '성공' 이후 갈수록 자장을 넓혀가는 여성용 자기계발서다. 『나는 쇼핑보다 경매투자가 좋다─지하 단칸방에서 80만원으로 시작한 젊은 여자의 경매재테크』(박수진), 『여자라면 힐러리처럼』(이지성, 이상 다산북스), 『여자야망사전』(전혜성, 중앙북스), 『솔직한 여자가 사랑도 강하다』(이은미, 랜덤하우스중앙) 등 젊은 여성용 자기계발서가 '홍수'처럼 쏟아진다. 선배가 후배에게 들려주는 이야기 같은 이 책들의 저자는 대부분 여자다. 이제 여성의 사회참여는 '선택'이 아니라 '필수'가 되었고 여성끼리의 경쟁도 날로 심화된다. 그런 현실에서 여성의 '생활준칙'이 쏟아지고 있는 것이다. 개인적으로 여성이 쓴 자기계발서 중에 삼성전자 최초 여성 임원이 썼다는 『대한민국 진화론』(이현정, 동아일보사)은 제목에 여성이 들어가지는 않지만 무척 감동적으로 읽힌다.

다섯째, 『배려』(한상복), 『경청』(조신영 외, 이상 위즈덤하우스), 『소통』(박태현, 웅진윙스), 『겸손』(김희수, 엘도라도) 등 인간의 마음 한 구석을 확대해 보여주는 한 단어 제목 책의 유행도 같은 흐름으로 볼 수 있다. 이런 책들은 자기계발서에도 스토리텔링이 매우 중요해졌음을 각인시켰다.

여섯째, 『두나'S 런던 놀이』『두나'S 도쿄 놀이』(이상 배두나, 테이스트팩토리), 『클로즈업 홍콩』(김형일 외), 『두 번째 파리』(티파샤, 이상 에디터), 『카페 도쿄』(임윤정, 황소자리), 『동경오감』(박성윤, 삼성출판사), 『열흘짜리 배낭여행』(김유경, 예담) 등의 '블로그형 에세이'는 개인의 일상을 적나라하게 노출하는 책이다. 독자는 다른 사람의 사생활을 엿보는 듯한 즐거움과 함께 자기중심의 여행을 하는 데 필요한 정보를 얻는다.

기획자가 주목해야 할 열 가지 원칙

그렇다면 앞으로 출판시장에서 기획자는 무엇을 주목해야 할까? 사실 지금까지 변화보다 우리가 앞으로 어떻게 대처해야 하는가가 더욱 중요하다. 다음의 열 가지는 그 대처법을 정리해본 것이다.

첫째, 내용의 '권위'를 키워야 한다. 정보과잉 시대에 단순하게 '나열된' 정보는 앨빈 토플러가 이름 붙인 압솔리지obsoledge, 즉 쓸모없는 지식일 확률이 높다. 그런데 이제 대중이 기대하는 정보는 객관적 명제가 아니다. 하늘에 떠 있는 별을 정보라고 한다면 우리가 그것을 끄집어내 일일이 자신과의 관계성을 떠올릴 때 비로소 의미가 발생한다. 그 의미는 나의 심금을 울릴 '한마디', 즉 주관적 절실성에 맞아떨어져야만 한다. 또 그 분야의 최고 전문가가 쓴 글이면 더 좋다. 앞으로 소설도 전업작가보다 전문직에 종사하는 겸업작가가 쓴 소설이 더욱 인기를 끌 수도 있다. 전문가가 썼다는 말은 신뢰할 수 있는 정보임을 의미한다. 이런 책은 대체로 충성고객이 먼저 감동한다. 인터넷에서 활동하는 알파블로거의 블룩이 인기를 끄는 것을 상정해보라. 책 내용의 신뢰성은 전문강좌 CD, 세미나, 텔레비전 프로그램과 연결해 '권위'를 키울 때 더욱 커진다.

둘째, 실제 인물이 자신의 사실적 경험을 담되 리얼하게 쓴 이야기여야 한다. 앞에서 언급한『돈은 아름다운 꽃이다』『샘에게 보내는 편지』『육일약국 갑시다』『대한민국 진화론』등은 과거의 성공신화와 분명 격이 다르다. 특수한 정보를 가진 사람이거나 신비한 직업을 가진 사람이 자신의 삶을 트리밍해서 정확한 메시지를 던져줄 수 있다면 개중은 그것에 열광할 것이다. 저자가 경험을 언어로 표현하는 능력이 없을 때는 과거처럼 대필한 사람을 커튼 뒤에 숨겨 놓을 것이 아니라 라이터를 내세우는 것이 좋다.

셋째, 개중이 폭넓게 생각하는 데 결정적 계기를 마련해줄 원 테마를 찾아야 한다. 나는 검색 습관으로 말미암아 책의 세계는 분할과 통합이 동시에 진행된다고 말해왔다. 한 권의 책이 다루는 내용은 갈수록 쪼개지지만 설명하는 방식은 통합적이라고. 그런데 이것이 현실이 되고 있다. 그렇다고 원 테마를 기계적으로 쉽게 설명하거나 교과서적 교양만을 나열해서는 안 된다. 안방에서 저자와 천천히 대화할 수 있는 즐거움을 안겨주는 느낌이 나도록 처음부터 끝까지 힘 있게 밀고 나아가야 한다.

넷째, 로하스(LOHAS, Lifestyles Of Health And Sustainability)에 맞는 내용을 찾아라. 『로하스 경제학』(김민주, 미래의창)에 따르면 로하스는 "자신과 가족의 신체적이고 정신적인 건강은 물론, 환경, 사회정의 및 지속가능한sustainable 소비에 높은 가치를 두고 생활하는 사람들의 라이프스타일"을 말한다. 진정한 이기주의자는 다른 사람의 가치도 존중하는 법이다. 이벤트 중에서도 공익이벤트가 각광받는 세상이 아닌가? 물질적인 도네이션(기부)보다 정신적인 도네이션이 감동을 안겨줄 것이다.

다섯째, 남성과 여성의 성 역할을 바꿔 제시하라. 지금 사회는 새로운 모계사회를 꿈꾼다. 남남경쟁이나 남녀경쟁보다 여성끼리의 경쟁이 더욱 격화되었다 볼 수 있다. 남성은 일이 아닌 다른 무엇을 갈구하기 시작했으며 여성은 세상과 이웃, 친구나 동료와 친해지는 법을 알기 원한다. 최근의 여성 자기계발서의 성공에서 교훈을 얻을 수 있다.

여섯째, 모든 것을 경험한 사람만이 누릴 수 있는 감동을 선사하라. 단 하루를 즐겨도 평생 남을 만한 감동을 원하는 사람은 무엇이 의미 있는지, 무엇이 맛있는지를 경험한 사람이다. 제2의 인생을 황금기로 만들기 위해 필요한 돈을 쓸 줄 알고, 그 상한선도 잘 아는 세대가 갈수록 늘어난다. 인문서 시장에 '뜨내기' 독자는 존재하지 않는다고 보아야 한다. 『만들어진 신』『생각의 탄생』처럼 자신의 욕구에 맞아떨어진다면 책값이나 내용의 난이도와 관계없이 즉각 구매하는 독자층이 존재한다. 예술이나 패션, 미용, 건강, 음식, 여행 정보를 담을 때에 초보 냄새를 풍겨서는 절대 성공할 수 없다.

일곱째, 장년세대가 직면할 수밖에 없는 매우 리얼한 실용적 주제와 청춘시대를 그리워하는 서브컬처에 주목하라. 노후를 편안하게 보낼 만한 매우 구체적이고 세밀한 정보, 젊은 시절의 추억을 감동적으로 선사하는 서브컬처와 연결된 책의 수요는 갈수록 커질 것이다.

여덟째, 마우스와 스크린에 익숙한 세대의 정서를 생각하라. 김성곤 교수(서울대 영문과)는 『29개의 키워드로 읽는 한국문화의 지형도』에 실린 「미래의 문학 – 한국문학의 청사진」이라는 글에서 앞으로 한국문학은 하이퍼픽션을 적극 활용하거나 문학과 컴퓨터 게임의 혼용 형태로 나타나거나 영화와 손을 잡는 형태로 나타날 것이라고 보았다. 일본에서는 이미 표지와 삽화에 애니메이션이 등장하는 젊은 층 대상의 오락소설인 라이트노블이 강력하게 부상하고 있다. 라이트노블은 연애, SF, 판타지, 미스터리, 호러 등 다양한 장르를 포함한다. 텔레비전 게임과 애니메이션 작품 등을 원작으로 한 노베라이즈 판도 발행되며 거꾸로 라이트노블을 원작으로 하여 애니메이션이나 영화 등을 제작하는 미디어 믹스 또한 성황을 이룬다. 라이트노블의 주요 특성으로는 현대적 구어체로 쓰였다는 점, 캐릭터가 확실하다는 점 등을 거론하지만, 부분적으로 해당될 뿐 완전히 들어맞지는 않는다. 다만 쓰는 자와 읽는 자의 문화적 공통체험에 그 원점이 존재한다는 것만은 분명하다. 소비자와 생산자가 겹친다는 것이다.

영상장면이 스치듯 지나가고, 현실과 환상의 경계를 넘나들면서, 사소한 개인(주인공 바리데기)이 세계사적 변화 속에서 살아가는 삶을 그린 『바리데기』를 읽고 내가 감탄한 것은 바로 이런 흐름을 읽었기 때문이다. 환갑을 한참 넘긴 작가가 이런 소설을 쓰는데 젊은 작가들이 쓰지 못할 이유가 없다.

아홉째, 풍부한 사례를 예시하되 스토리텔링이 확실해야 한다. 1997년부터 2006년까지 '해리포터' 시리즈가 달성한 매출액이 308조 원(소설, 영화, 관련 캐릭터 판매액 포함)이나 된다고 한다. 바야흐로 이야기산업이 뜨고 있다. 풍부한 사례라 함은 사실적 상상력인 팩트라 할 수 있으며 스토리텔링은 허구적 이야기인 픽션이다. 팩트는 이론이 아니라 구체적인 사람과 사물과 사건이다. 대중은 팩트를 통해 차이가 안겨주는 상상력을 추구한다. 오늘날 대중은 '영웅'의 일대기보다 '스타'의 개인기를 좋아한다. 하지만 그런 내용을 담았다 해도 단순히 정보만을 제공하는 수준의 책은 성공할 수 없다. 확실한 상상력을 발휘하는 스토리텔링이 필요하다.

열째, 잡지(책)와 웹, 책과 모바일 모두에서 통하는 내용이어야 한다. 오늘날 개중은 궁금한 것이 있을 때 가장 먼저 인터넷에서 검색을 한다. 검색으로도 궁금증이 해소되지 않으면 맞춤한 책을 찾는다. 따라서 웹이나 모바일에서 비롯되지만 결국은 책으로 연결되는 무언가를 찾아야 한다. 웹에서 건너뛰며 필요한 것만을 '쪼아서' 읽는 사람에게 먹이로 선택되려면 글의 제목이나 같이 제시되는 이미지부터 달라야 한다. 물론 글 또한 달라야 한다. 독자와 교감할 만한 강한 임팩트를 지닌 팩트를 제시하면서 이야기를 잘 풀어나가야 한다. 결국 결론은 또 이야기다. 하긴 이야기의 중요성은 백번 강조해도 지나침이 없다.

선택과 집중, 그리고 동맹이 화두

2007년 말에 일본 서점에 들렀을 때 유난히 눈에 띄는 책이 세 권 있었다. 한 권은『여성의 품격』(반도 마리코, 창해에서 번역 출간)인데 "200만 부돌파"라는 띠지를 두르고 집중 진열돼 있었다. 2006년 최고의 베스트셀러『국가의 품격』영향 때문인지 책 표지에 '품격'이라는 단어가 넘쳐났다.

심지어『아이의 품격』이라는 책까지 나와 있었다. 또 한 권은『홈리스 중학생』. 인기 개그맨 다무라 히로시가 공원에서 살았던 어린 시절 경험을 이야기한 자서전으로, 9월에 출간하여 두 달 만에 100만 부를 돌파했다고 띠지에 적혀 있었다.

마지막으로 "처녀를 잃고 불륜에 빠지기까지"라는 띠지를 두른『구로黑』인데 작가 유미리가 자신의 파트너였던 히가시 유타카의 시선에서 그려내는, 구성도 문체도 지금까지 볼 수 없었던 파격적인 형식이었다. 책 표지에 제목도 저자 이름도 넣지 않았다.

탁월한 기획으로 주위를 설득할 수 있어야

사람의 눈은 다 같은 것인가? 서울로 돌아와〈편집회의〉신년호를 보니 「기획이 통한다! 출판기획서」라는 특집기사가 있었는데, 그 특집에서 다룬 책이 이 세 권이었다. 특집 리드문은 "편집자의 기획이 형상화되어 독자들이 받아보기까지 많은 사람의 협력을 빼놓을 수 없습니다. 또한 머릿속에만 존재하던 아이디어를 주위 사람에게 설명하고, 이해를 구하고, 협력을 얻기까지는 노하우와 전략이 필요합니다. 이번 호에서는 자신의 의도를 이해시키기 위한 효과적인 설명방법에서 서류 작성법까지, 주위를 움직일 수 있는 설득의 기술을 히트서의 편집자와 저자를 대상으로 취재, 기획을 실현시키기 위한 프레젠테이션의 노하우를 소개해 봅니다. 편집자가 머릿속에 그린 기획을 형상화하려면 저자와 서점, 회사 등 다양한 사람을 설득할 필요가 있습니다. 여기서는 기획을 통과시키기 위해 고군분투한 편집자들에게 주위 사람을 움직이는 비결을 들어 보았습니다"였다.

특집 기사를 읽어보니 이 책들은 모두 탁월한 아이디어가 상업적 성공으로 귀결된 경우였다. 『여성의 품격』은 남성의 무사도에 대한 여성의 감정을 테마로 쓰고 싶다는 저자의 말을 듣고, 일반인을 대상으로 한 신서로는 어려운 내용이니 여대생을 가르칠 수 있는 내용으로 써달라고 부탁하고, 『상품上品의 인간, 하품下品의 인간』을 본떠 '상품의 여자, 하품의 여자'로 사내 허락을 받아냈지만, 최종적으로는 『여성의 품격』이라는 제목으로 출간돼 성공할 수 있었다는 것이다. 이 책은 또한 출판의 흐름을 잘 탄 기획상품 성격이 짙다.

『홈리스 중학생』은 지금까지 여러 연예인과 유명인사의 작품을 세상에 내놓았던 편집자의 작품이다. 가난했던 시절을 밝게 이야기하는 저자에게 수많은 불행에도 굴하지 않았던 어린 시절을 써달라 했고, 에세이로 출간하려고 기획했던 것이 계기였다. 가벼운 읽을거리로 정리할 심산으로 다무라의 공원 생활 이야기를 취재하러 갔지만, 눈물 나는 이야기, 훈훈한 이야기가 너무 많아 자서전으로 확대했다. 인기 개그맨인 저자가 제목에 난색을 표한 것은 당연한 일. 하지만 저자의 생일에 발매 기념 발표회를 연 이 책은 연예인의 가장 극적인 삶을 트리밍했다고 평가받았고 상업적으로 크게 성공했다.

『구로黑』는 『도쿄타워 — 어머니와 나, 때때로 아버지』를 기획한 편집자의 또 다른 작품이다. 이 소설은 문예지 〈entaxi〉에 3년 동안 연재됐던 것으로 충격적 내용이 적나라하게 드러난다. 북 디자인은 마사요시 나카조가 맡았는데, 그는 작가의 독특한 세계관을 책의 표지에 표현하고 싶다는 생각으로 파격적인 표지 디자인을 구성했다. 내용에 맞는 형식의 파격이 성공의 요인이라는 평가다.

바야흐로 기획의 시대다. 2008년은 임프린트 시스템이 출판계 화두가 된 지 3년째인 해다. 한 사람의 기획자가 총괄해서 책의 기획을 책임지는 시스템이 자리를 잡아가고 있다. 한 사람이 한 자리에서 버티는 기간을 평균 3년이라고 이야기한다. 그런 다음에는 변화를 꾀하기 십상이라는 것이다. 그렇다면 한국출판의 지형도는 2008년을 분기점으로 커다란 변화를 이룰 전망이다.

2007년 출판사별 실적은 상위권 출판사의 점유율 변화가 컸을 뿐만 아니라 그 안에서 최상위 4위권 출판사와 다른 출판사 간의 양극화 현상이 심해졌다. 임프린트 시스템을 주도한 웅진은 400억 원을 돌파했다. 2005년 업계 10위권대의 매출을 기록하던 웅진은 지난 2년 동안 급성장하여 단행본 업계 최대 매출수준을 달성하는 약진을 보였다. 홈쇼핑 비중이 줄어든 민음사는 약 400억 원, 시공사는 380억 원, 『만들어진 신』을 비롯해 의미 있는 베스트셀러를 펴낸 김영사는 360억 원을 넘긴 것으로 보인다.

웅진의 외적 성장은 시사하는 바가 크다. 임프린트 시스템에 대한 논란이 끝나지 않은 가운데 일단 외형을 키우는 데는 성공했기 때문이다. 이를 바탕으로 기획출판의 시대를 본격적으로 열어갈지가 2008년 출판시장의 화두라 할 수 있다. 만약 이 시스템이 안정화되어 이익을 낼 수 있을 뿐 아니라 '대형 성공'의 기획서들이 연이어 나올 수도 있을 것이다.

하지만 수많은 기업들은 이익을 내는 데에 목숨을 걸어야 할 것이다. 요즘처럼 책을 기획하기 어려운 적이 없었다. 물론 앞으로는 그 정도가 더 심해질 것이다. 무가정보와 인터넷 정보 범람으로 출판사는 당장 살아남기에 급급할 수밖에 없다. 내가 문고에 주목하는 것도 같은 이유이다. 일본은 문고 '천국'이다. 출판선진국에는 그 나라를 대표하는 문고가 있다. 그런데 이제 문고도 진화하고 있다. 형식은 문고이되 시의성 있는 정보를 다룬 책을 발 빠르게 펴낼 수 있어야 한다. 일본에서는 그것을 신서가 담당한다. 앞에서 예로 든 『여성의 품격』도 신서인데 출판사마다 이러한 신서 창간이 이어지고 있다.

오늘날 편집자는 그 역량을 더욱 키울 것을 요구받고 있다. 특히 중요한 것은 세상의 흐름을 정확하게 읽어내는 힘이다. 물론 지금까지 편집자에게 요구되던 전통적 품성을 이행하는 것은 기본이다. 그러한 기본을 확실히 파악하는 견실함이 바로 대담한 기획을 할 수 있는 힘의 원천이 될 수 있다.

이제는 '마이크로트렌드'

그렇다면 우리는 어떻게 세상의 흐름을 읽어야 할까? 이 글을 쓰기 위해 읽은 책 가운데 하나인 『The World in 2008』(한국경제신문) 머리말에는 "물론 미래를 예측하는 것은 위험한 일이다. 실제로 미래학의 장래에 관한 우리의 기사를 보면, 영향력이 큰 메가트렌드를 짚어내는 시대는 막을 내릴 것이다. 그렇다고 몇 가지 중요한 예측이 이번 호에 실리지 못한 것은 아니다. 새로운 우주 시대 개막과 미국을 넘어선 문화 전쟁의 확산이 그 예다. 그러나 오늘날에는 불확실성이 멋있어 보이고 작은 것이 유행하고 있다. 즉 마이크로트렌드를 잡아내는 산업이 성장하고 있다"는 말이 나온다.

본문에 실린 이코노미스트닷컴 부편집장 로버트 코트렐은 「미래학의 미래」에서 미래학자를 꿈꾸는 사람들에 대한 최선의 조언은 '작게 생각하라는 것'이라고 밝힌다. 최고의 미래 예측서인 존 나이스비트의 『메가트렌드』가 탄생한 것은 1982년인데 25년 뒤인 2007년의 대응작은 마크 펜의 『마이크로트렌드』다. 논리적으로 볼 때 다음 단계는 '나노트렌드'라는 책이 등장할 터인데, 이 표제어는 이미 한 나노엔지니어링 잡지가 소유하고 있다고 한다.

"오늘날의 분파적 사회에서는 성공적으로 움직이려면 서로 엇갈린 방향으로 빠르고 격렬하게 나아가며 성장하고 있는 열정적인 주체성 identity 집단을 이해해야" 한다. 이 집단이 바로 마이크로트렌드다. 마크 펜은 "우리 사회의 가장 강력한 세력들forces은 현재 우리 눈앞에서 부상하며 내일의 모습을 형성하고 있는(그렇지만 눈에 잘 보이지는 않는) '반反직관적인 트렌드들'이라는 아이디어에 기초"해 마이크로트렌드를 찾아냈다.

세계는 이미 "얽히고설킨 미로와 같은 선택들에 의해, 다시 말해서 쌓이고 쌓이는 '마이크로트렌드'들에 의해 이끌려가고 있다. 대개 인구의 1퍼센트밖에 포함하지 않지만 강력하게 우리 사회의 모습을 형성해 나가고 있는, 레이더에 포착되지 않는 작은 세력들 말이다. 단지 '스몰small'이 새로운 '빅big'이기 때문만은 아니다. 진정 세상이 어떻게 돌아가고 있는지 알려면 맨눈이나 유창한 혀보다 더 나은 도구가 필요하기에 이렇게 말하는 것이다. 우리는 확대경과 현미경에 상당하는 것들을 필요로 하는데, 사회학적 용어로 말하자면 바로 여론조사와 표본조사 그리고 통계수치 등이 그런 것들이다. 문제의 단면을 취해서 크고 명료하게 보이도록 펼쳐놓고 연구하며 검증해야 한다. 그러면 우리는 내부적으로 우리 자신과 친구, 고객, 소비자, 경쟁자 등을 기대했던 것 이상으로 훨씬 명확하게 파악하게 될 것"이다.

선택의 힘은 "특히 자기 자신의 삶에 대해 스스로 결정을 내리는 사람들이 많아지면서 더욱 극명하게 드러나고 있다. 예를 들어 미국의 경우, 인구성장률은 꾸준히 둔화되어 0.9퍼센트에 이르렀는데 가구의 수는 폭발적으로 늘어났다. 이혼하는 사람과 가급적 늦게 결혼하는 사람, 독거노인, 독신자들이 느는 가운데 미국 사회는 요즘 호주戶主 숫자의 폭발적 증가를 목도하고 있다(1980년에 대략 8,000만 가구였는데 2006년에는 거의 1억 1,500만 가구에 달했다). 1인 가구의 비율도 1970년의 17퍼센트에서

2003년에는 26퍼센트로 늘었다. 그와 더불어 자녀가 있는 결혼 가구의 비율은 25퍼센트 이하로 떨어졌다. 이렇게 홀로 독립적인 삶을 추구하는 사람들이 늘어나면서 미국에는 수백의 작은 틈새들(그리고 틈새시장들)이 조성되고 있다."(『마이크로트렌드 – 세상의 룰을 바꾸는 특별한 1퍼센트의 법칙』, 마크 펜 외, 해냄)

출판시장이라고 다르겠는가? 우리 또한 1퍼센트밖에 드러나지 않은 어떤 현상 중에서 앞으로 크게 뻗어나갈 마이크로트렌드를 찾아내 가능성을 확신할 수 있어야 한다. 출판시장에도 자기 욕구에 맞으면 책값에 관계없이 무조건 책을 구매하는 5-10만 명의 확실한 독자층이 형성돼 있다. 물론 '사후약방문'식 결과론적 예측이 아니라 사전에 이럴 것이라는 어떤 예측이 필요하다.

사회의 '불안'이 청년층으로 집중된 현실

그렇다면 2008년의 화두는 무엇일까? 2007년 대선 토론에서 최고 화두는 일자리 창출이었다. 너나없이 250-500만 개의 일자리를 창출하겠다고 호언장담했지만 과연 현실화될까? 더구나 젊은이들이 선호하는 일자리를 말이다. 한 통계에 따르면 1995년에 251만 개이던 대기업의 일자리는 2005년에 180만 개로 줄어들었다. 그 사이에 서비스업 일자리는 982만 개에서 1,164만 개로, 소기업 일자리는 1,363만 개에서 1,515만 개로 늘어났다.

그럴듯한 일자리는 줄어들고 불완전한 일자리만 늘어난 것이다. IMF 관리체제를 겪기 전만 해도 이른바 '스카이SKY대학'에 입학하기만 하면 성공의 에스컬레이터를 타는 것처럼 비쳤다. 18세에 어떤 대학에 입학하는가에 따라 한 사람의 인생이 결정되는 듯 보였다. 그런데 지금은 그런 대학을 나와도 절반 이상이 고시원에 틀어박혀 고시나 공무원 시험을 준비한다고 한다. 마음에 드는 직장을 잡으려고 아르바이트, 공모전, 봉사활동, 인턴, 자격증 같은 이른바 취업 5종 세트를 갖추는 데 열을 올린다. 그런데도 20대는 여전히 "영혼을 팔아서라도 직장을 갖고 싶다"고 몸부림친다니 상황이 만만치 않다.

지금의 20대는 어려움을 모르고 자랐다. 부족한 것이 있으면 과외를 받아 해결했다. 부모들은 '기러기 아빠'를 마다하지 않고 자식을 위해 모든 것을 털어 넣었다. 그러다 보니 학군이 좋은 강남의 집값은 크게 뛰었으며 사교육비 또한 하늘 높은 줄 모르고 치솟았다. '초등 4학년 성적'에도 안심할 수 없어 유치원 시절부터 관리를 시작한 부모들의 극성은 유명 사립초등학교에 입학하는 데 5,000만 원을 뿌리기도 한단다.

그런데도 20대는 취업부터 막혀 1년 앞을 내다보지 못하고 있다. 사실 20대의 노동유연화는 세계적인 추세다. 한·중·일을 비교해보자. 일본은 종신고용과 연공서열에 따른 임금제, 직업 훈련의 기회를 보장하고 주거와 각종 수당 등 충분한 후생복지를 마련한다는 '일본식 경영'을 통해 1억 '총중류사회', 즉 모두가 중산층으로 잘사는 사회를 추구했다. 그러나 1990년대 중반 이후 이런 체제가 급속히 붕괴되고 사회 양극화가 진행되면서 젊은이들은 '하류사회'로 내팽개쳐졌다. 단카이 세대가 여전히 기득권익을 보호받는 가운데 젊은이들은 '프리터'나 '니트'로 전락했다. 부모에게 기생충처럼 딱 달라 붙어산다고 패러사이트족으로, 캥거루처럼 부모 품에 얹혀산다고 캥거루족이라 불리는 등 좋지 않은 별칭은 다 그들 몫이다. 미국에서는 하층 일자리를 이민노동자들이 채

왔지만 일본에서는 젊은이들이 그 자리를 차지하고 있어 단카이 세대와 단카이 주니어 세대인 젊은이들의 사이가 매우 좋지 않다.

IMF구제금융 관리체제를 겪은 지 10년이 지난 한국은 어떤가? 초등학교부터 고등학교까지는 대학을 가기 위한 정거장 구실만 수행하는 듯 보인다. 젊은이들은 독재권력에 대항하지 못하고 비굴하게 살아온 세대라 할지라도 산업화는 이뤘다는 50대 이상의 세대와 정치적 성향이 닮아가고 있다. 하지만 민주화는 이뤘으나 노동유연화의 거대한 흐름을 막지 못한 386세대에는 비판의 자세를 취하고 있다.

1995년에 WTO에 가입한 중국은 국유기업 개혁을 통해 사회주의 부문의 축소와 시장경제 공간의 확대를 지향했다. 1990년대 후반 대학 졸업 인력에 대한 국가의 할당제도가 완전히 폐지된 뒤 많은 수의 대졸자가 시장 주도의 직업 선택에 직면했고, 개인사업을 일으키거나 예술가, 통역·번역가, 프리랜서 변호사 같은 성장 직종의 자영업자가 되고자 했다. 이것이 기회가 될 수도 있겠지만 대다수는 '끊임없는 불안'을 안고 살아갈 수밖에 없다.

동아시아의 3대 강국 모두 성장 중시 체제로 가는 과정에서 청년 실업자가 양산되었다. 사회의 '불안'이 청년층으로 집중되었지만 정치권력은 이를 해결할 능력이 없다. 신자유주의 체제가 굳어지면서 국경 밖의 강력한 힘이 작용하고 있기에 한 나라의 정부가 단독으로 해결하기에는 한계가 많다. 그러다 보니 지금 개중은 모든 문제를 지극히 개인적으로만 해결하려 하고 있다. 그런 성향이 책 흐름에서 나타나고 있다. 2006년에 『마시멜로이야기』를 비롯한 성공우화에 빠져든 것이나 2007년 '현명한 삶'에 부합되는 책의 인기는 그런 흐름을 확실하게 보여준다.

2008년 화두는 선택과 집중, 그리고 동맹

그렇다면 개중의 2008년 꿈과 희망은 무엇일까? 10년의 중도개혁정권
을 심판하고 경제와 실용을 중시하는 이명박을 선택한 것에서 알 수 있
듯이 앞으로 개중은 곧바로 효율을 얻을 수 있는 책을 찾을 것으로 보인
다. 지금의 젊은 세대는 아무리 현실이 어렵더라도 자기 입장을 확실하
게 표출할 줄 안다. 따라서 자신이 할 수 있는 일이 무엇인지를 최대한
좁혀서 '선택'하고 그것에 더욱 '집중'하는 데 필요한 지식을 담은 책을
선택할 것이다.

'실용정부'를 지향하는 이명박 대통령은 취임 전부터 기업의 규제완
화를 통한 투자활성화로 취업난과 고용불안을 해소해 사회적 통합을
이루겠다고 공언했다. 이는 민주화 이전의 산업화와 신자유주의가 결
합한 '신자유주의적 산업화'와 다름없다. 그들이 '선진화'라고 하는 것
은 성장과 복지가 선순환 구조로 원활하게 돌아가게 하는 것이 아니라
신자유주의 체제를 공고화해 사회적 양극화가 한층 심각해질 가능성이
매우 짙다. 따라서 젊은이들의 현실적 어려움은 하루아침에 해소되지
않을 것이다. 자식의 일자리, 주택문제와 사교육비에 시달릴 뿐 아니라
자신의 미래도 불안한 40대 이후의 세대 또한 정서적으로는 20대와 크
게 다르지 않을 것이다.

새 정부는 친미, 친일적인 성향마저 띤다. 특히 서브프라임 부실사태
등으로 급격한 경제침체를 겪는 미국과의 지나친 유대는 썩은 동아줄
을 부여잡는 것일 수도 있다. 이렇게 신자유주의 체제 강화로 사회적 양
극화를 더욱 부채질해 레임덕 현상이 1-2년 안에 올 수도 있다. 아니 이
미 오고 있는지도 모른다.

우선 공직사회와 공기업에서 적지 않은 인력이 밀려나오고 있다. 이로 말미암아 그렇지 않아도 노동유연화로 고통을 겪는 사람들의 불만은 증대되고 있다. 그들은 그래서 자신이 할 수 있는 일과 할 수 없는 일, 보수와 진보라는 정치적 입장, 취미나 성향 등에서 자기 욕구에 맞는 것을 더욱 절박하게 찾으려들 것이다. 그리고 한 번 선택한 것은 어떻게든 유지하려는 집중화 현상을 보일 것이다. 따라서 개인의 수준을 업그레이드할 수 있는 생활밀착형 지식, 상상력과 창의력을 키우는 데 결정적 아이디어를 제공하는 책, 도네이션(기부)과 환경의 가치를 아는 기업이 생산한 상품, '소울메이트' 수준의 인간관계 추구에 필요한 설득 커뮤니케이션, 눈앞에 보이는 구체적 결과를 보여주는 사례와 경험을 더욱 기대할 것으로 보인다.

〈니케이日經 트렌디〉는 2007년에 알갱이가 확실해서 씹을수록 깊은 맛이 나는 One & Only상품(독창적 상품), 예를 들면 무한 푸치푸치(반다이의 디지털 뽁뽁이), billy? boot camp(다이어트 비디오) 등 작은 알갱이 같은 상품이 유행했다면, 2008년에 주목해야 할 키워드로 '동맹alliance'을 들었다. 아사히 맥주와 가고메가 함께 내놓은 토마토 칵테일 '토마테'가 좋은 예다. 나는 이런 흐름을 실용서 기획자들이 주목했으면 한다. 원더걸스의 춤이 시사하는 바와 같이 '복고'와 '첨단'이 멋지게 결합한 것, '영화'가 원작인 '뮤지컬'을 일컫는 무비컬 같은, '술과 음악'이 아니라 '술과 커피'처럼 두 가지 요소의 근본적 동맹을 통해 아주 특별하고 새로운 트렌드를 창출해보라고 말이다.

출판계 전체적으로는 청소년과 시니어출판의 영역이 더욱 넓어지고, 문화콘텐츠의 중요성이 부각되면서 크로스미디어 전략의 중요성을 깨

278

닫게 될 것이다. 한국 최초 우주인의 활약으로 항공우주 같은 과학기술에 대한 관심이 증대되고, 2013년 교토의정서 발효를 앞두고 환경과 에너지의 문제에 대한 대중의 관심도 더욱 증대할 것이다. 또 인간의 근원적인 상상력과 창의력을 키울 책의 필요성이 증대할 것이기에 풍부한 사례(팩트)를 예시하되 스토리텔링(픽션)을 갖춘 책, 일종의 팩션형 책들의 유행이 심화될 것이다. 고전과 명작처럼 근본적이고 근원적인 것 또한 더욱 주목받을 것이다. 『홈리스 중학생』처럼 한 사람의 인생에서 가장 극적인 면을 트리밍해서 보여주는 감동적인 이야기도 상한가를 칠 것이다.

2008년 8월에는 베이징올림픽이 열리기에 중국에 관한 관심이 더욱 커질 것이다. 또 IPA(국제출판인협회) 총회 서울 개최로 세계 출판계와의 교류가 늘어날 것이며 저작권문제에 대한 논란과 대안수립의 필요성도 증대할 것이다. 하지만 이보다 중요한 것은 유통의 변화다. 앞으로 유통은 온라인의 비중이 더욱 커지면서 알파블로거의 활약상 또한 더욱 많아질 것으로 보인다.

'실용' 정부와 자기계발서

『시크릿』이 2008년 2월 중순 드디어 100만 부를 돌파했다. 출간된 지 8개월 만이다. 근래 몇 년 사이 가장 빠른 기간에 밀리언셀러 반열에 오른 셈이다. 해마다 연말이 되면 새해 계획을 세우는 연초 분위기를 겨냥해 책들이 출간되는데 그들 중에 좋은 반응을 얻는 책이 나오게 마련이다. 그러나 2008년 벽두에는 그런 책들이 『시크릿』의 벽을 넘지 못했다.

실용 정부의 후광을 가장 많이 받은 『시크릿』

『시크릿』은 이명박 정부 탄생의 후광을 가장 많이 받은 것으로 보인다. 2007년 연말에 출간된 '마음을 따뜻하게 만드는' 유의 책들은 별 힘을 쓰지 못하고 주저앉았다. 그맘때쯤이면 등장해 나름대로 괜찮은 성적을 내던 트렌드 서적들도 암담한 성적표를 받았다.

그나마 빅 타이틀인 『마이크로트렌드』(마크 펜 외, 해냄)도 10만 부를 넘기지 못했고, 『SERI 전망 2008』(삼성경제연구소)도 예년에 비해 성적이 좋지 않았다. 대중은 위기를 극복하려는 적극적인 노력을 기울이는 데

참고가 되는 책을 찾기보다는 스스로 원하는 바를 간구하고, 그것을 열정과 자기 신뢰의 힘으로 이루어가는 정신을 가지라는『시크릿』의 충고에만 귀를 기울였다.

『시크릿』은 스스로를 믿으라고 누누이 강조한다. 얼마나 믿을 게 없으면 자신만을 믿어야 할까. 가정과 직장과 사회와 국가의 울타리는 더는 개인에게 믿음을 주지 못한다. 도덕이고 철학이고 간에 돈만 벌면 장땡이다. 이명박 정부의 탄생은 그런 교훈을 확실하게 심어주었다. 돈을 버는 과정에서 위장취업과 위장전입 같은 허물은 누구에게나 있는 법이고 그것은 아무 허물이 되지 않음을 확실하게 깨우쳐주었다. 어쩌면 허물이 있는 자들은 이명박을 지지함으로써 자기 허물에 면죄부를 받았다고 착각했을지도 모른다.

직전의 대형 베스트셀러였던『마시멜로 이야기』는 아무도 가지 않은 외길을 걸어가라고 떠밀었다. 외나무다리를 홀로 걸어가는 사람은 얼마나 외로운가? 칠흑 같은 어둠에 홀로 걸어가는데 이제 믿을 것은 자기밖에 없다? 창조적 실용정부를 지향한다는 이명박 정부의 탄생은 참여정부에 대한 불신의 결과다. 하지만 '실용'정부에 대한 위기감은 정부가 출범하기도 전에 증폭되고 있다.『시크릿』은 실용정부를 지향하지만 제대로 실용적이지 못한 사람들이 안겨주는 불안감이 갈수록 커지는 사회적 분위기에 힘입어 정상을 고수한 것이 아닐까.『시크릿』은 연말연초 선물용으로 많이 팔려나갔다. 또 예스24가 대통령 후보들에게 실시한 설문조사에서 이명박 후보가 권할 만한 책 세 권 중 한 권으로『시크릿』을 꼽은 효과도 어느 정도 있었을 것이다.

지난 몇 년 동안 우리 출판시장은 '성공'을 버리고 '나만의 행복'으로,

다시 '현명한 삶'으로 코드를 바꿔왔다. 2007년 대통령선거 국면에서 주도권을 잡고 결국 대권을 거머쥔 사람이 내건 구호는 '경제대통령'이었다. 하지만 법과 상식을 어기더라도 돈만 벌면 그만이라는 인식만 사회적으로 팽배해졌다. 또한 지금 한반도가 지닌 모순들을 극복하고 미래를 확실히 열어가기 위한 비전과 단계별 미션을 제시하지 못하고 그냥 일자리 창출이라는 구호만 외쳐댔다.

나는 대선 직전 마지막 후보자 텔레비전 토론에서 토론자 모두 일자리 창출의 대가처럼 떠드는 것을 보면서 전혀 차별점을 찾을 수 없었다. 3류 코미디 쇼보다 못한 그런 토론을 봐야 함에 화가 났다고나 할까? 나처럼 텔레비전 토론을 보면서 믿을 만한 사람을 찾지 못한 사람이 적지 않으리라. 어쨌든 국민은 '경제대통령'을 선택했다. 선택된 이는 자신이 대통령이 되면 1년 안에 주가를 3,000포인트대로 진입시키겠다고 장담했다. 규제를 풀어 기업 할 풍토를 조성하면 자본가들이 투자를 아끼지 않을 것이고, 따라서 주가는 바로 뛸 것이라나.

하지만 연초부터 주가는 곤두박질쳤다. 미국 서브프라임 부실이 초래한 경제적 위기는 한국 주가에도 직격탄을 날렸다. 이런 위기는 이미 예고된 것이었다. 2007년 11월 말에 출간된 『SERI 전망 2008』에 따르면, "이미 세계 경제는 지난 몇 년간 보여준 호황의 끝자락에 서 있다. 저금리와 과잉 유동성을 바탕으로 유지해온 호조세를 이어가기 힘든 상황으로 성장 둔화가 불가피하다. 뿐만 아니라 그동안의 고속 성장 과정에서 누적된 부실과 과잉이 해소되면서 조정국면이 진행 중"인데 그만큼 "한국경제가 대외 여건의 호조에 기대어 성장할 수 있는 여지가 축소"되었다.

새 정부는 경제를 살릴 재주가 있기나 한 것인가

사실 이 정도의 글은 익히 보아왔던 것이다. 새로 집권한 사람들은 노무현 정권이 경제를 망쳤다고 떠들어댔지만 『SERI 전망 2008』이 "최근 한국경제는 수출 호조와 내수 개선 등 경제성장의 모멘텀을 확보하며 경기회복세를 보이고 있다. 수출은 연속 두 자릿수의 증가율을 보이고 있으며, 얼어붙었던 경제심리가 서서히 풀리며 소비와 투자가 기지개를 펴고 있다"고 정리한 것에서 알 수 있듯이 완전히 망친 것은 아니었다. 서서히 살아나고 있었던 것이다. 2007년에는 국민소득이 2만 달러를 넘어섰다. 하지만 "한국경제가 대외 충격에서 벗어날 수 있을 만큼의 충분한 자생력과 복원력을 갖추었다고 보기는 힘들"었다.

그런 면에서 경제가 그리 나쁘지 않다고 주장했다가 몰매를 맞은 정동영 후보는 억울할지 모른다. 하지만 국민들이 갖는 경제적 박탈감은 심각했다. "아직까지 소비와 투자 등 내수가 경기 상승의 탄력을 확대, 발전시킬 만한 여력을 확보하지 못"했기에 실물경기의 찬바람이 대중의 살을 헤집을 만큼 사회적 양극화가 심각했다. 노동유연화가 가져온 임시직 노동자의 폭발적 증가는 사회 불안을 최고조로 가속화했다. 그러니 정동영의 발언은 역풍을 자초한 것이었다. 결과적으로 그는 대단한 오판을 한 셈이다. 물론 그가 정확한 경제지표를 제시하면서 국민을 설득했다 해도 이미 무조건 바꿔보자고 작정한 국민의 지지를 얻어낼 수는 없었을 것이다.

앞에서 말한 대로 마지막 텔레비전 토론의 핵심 주제는 일자리 창출이었다. 지금 젊은 세대의 노동유연화 추세는 심각하다. 대학생들은 교문 밖으로 나서는 것을 두려워할 정도다. '88만원' 안팎의 임금을 받는 비정규직 노동자가 되기 위해서 죽어라고 공부해 대학을 나온 사람은 없다. 인생설계마저 제대로 할 수 없는 지금의 20대가 믿을 수 있는 것은 무엇일까? 스스로 해낼 수 있다고 믿으라는 한마디다. 그렇기에 한 여자(남자)에 집중하면 그 사람은 자기 사람이 될 것이며, 청구서를 월급봉투라고 생각하면 그렇게 바뀔 수 있다는 속삭임에 열광하는 것이리라. 긍정적인 생각과 간절할 믿음이 있으면 좋은 결과를 낳는다는 평범한 진실이 "수 세기 동안 단 1퍼센트만이 알았던 부와 성공의 비밀"로 포장돼 대중의 가슴을 후벼 판 것이다. 사실 실용정부의 장관 후보자들은 대부분 1퍼센트의 범주에 들 정도로 재산 모으기에 열중한 사람들이 아닌가? 현실이 이러니 취임 첫 해에 주가를 3,000포인트로 끌어올리고 집권하는 동안 5,000포인트를 달성하겠다는 자신감 넘치는 사람이 마음에 들었을 것이다. 이제 막 대통령에 취임한 사람에게 당장 그 발언을 책임지라는 사람은 없을 것이다. 그러나 나는 아무리 선거용이라 하더라도 무책임할 뿐 아니라 복안도 없는 발언으로 보여 불안하다. 신자유주의에서 벗어나야 한다는 목소리가 높아가는 마당에 새 대통령은 그야말로 신자유주의 체제의 하수인이 되고자 기를 쓰는 모습이다. 노무현 정부도 후반기에 어정쩡하게 신자유주의 노선을 걸었다.

신자유주의 구조는 양극화를 심화시키는 체제다. 그런데 '실용' 지향의 정부는 신자유주의 찬양자들 일색이다. 그들이 내뱉는 영어몰입교육을 둘러싼 발언들을 듣고 있노라면 열통이 터질 뿐이다.

아니, 복안은 있어 보인다. 대기업 총수를 모아놓고 기업규제를 풀어줄 테니 투자하라고, 힘든 것 있으면 직접 전화하라고 말한 것에서 유추할 수 있듯이 정경유착을 통해 전국적인 토목공사를 하나 벌이는 것이다. 맞춤한 거리도 하나 마련해놓지 않았는가? 한반도 대운하 말이다. 그러나 한반도 대운하만은 막아야 한다고 기를 쓰고 반대하는 사람이 많으니 이도 그리 호락호락하지는 않을 것이다. 내가 외국투자가라면 정경유착 기도를 통해 제2의 IMF 사태를 가져올 발언을 서슴지 않는 대통령을 보고 당장 손을 뺄 것이다. 그러니 주가가 곤두박질하는 것은 당연한 일이다.

어린이책에도 자기계발서 열풍이

『시크릿』직전 밀리언셀러에 등극했던 『마시멜로 이야기』도 속편인 『마시멜로 두 번째 이야기』가 나오면서 다시 강세를 띠고 있다. 이 두 책이 1, 2위를 달리면서 2008년 초반 대형서점 베스트셀러는 그야말로 자기계발서 천국이다.

성인의 자기계발서 열풍은 어린이책의 판도까지 바꾸어놓았다. 아니 어린이책 시장은 더 심각해 보인다. 2월 중순 교보문고 어린이 베스트셀러 10위를 보면 『어린이를 위한 시크릿』『어린이를 위한 끈기』『어린이를 위한 마시멜로이야기』『어린이를 위한 자율』『리더—성공한 위인들의 리더 방법』『어린이를 위한 이기는 습관』등이 1-6위를 차지했고 『어린이를 위한 배려』가 8위를 차지했다. 가히 자기계발서 천국이라 할 만하다. 창작동화, 그림책, 위인전기 등으로 나뉘어 진열되던 서점의 어린이책 코너는 어린이CEO, 어린이처세, 어린이재테크 등 특설코너로 대체되고 있다. 이걸 보고 웃어야 할까, 울어야 할까? 이러다가는 조만간 '어린이를 위한'과 차별화를 꾀한 '유아를 위한' 책들이 쏟아질지 모르며, '태아를 위한'으로 진화할지도 모르겠다.

사실 몇 년 전만 해도 자기계발서 주 독자층은 3~40대 남성이었다. 그러나 이제 남녀 구별은 의미가 없을 뿐 아니라 독자의 연령대도 낮아졌다. 『마시멜로 이야기』를 20대, 나아가 10대 후반들이 읽을 때만 해도 '이럴 수가'하는 분위기였지만 지금은 20대가 주류로 등장했으며 그 파장은 어린이까지 확장되었다. 30대 선배가 20대 후배에게 속삭이듯 이야기해주는 『여자의 모든 인생은 20대에 결정된다』나 『여자생활백서』 같은 20대 여성을 겨냥한 자기계발서의 폭발적 장세가 이런 분위기에 기름을 끼얹었을 것이다.

하여튼 지금 출판시장에서는 자기계발서를 제외하고 팔리는 책이 별로 없다. 사실 1월은 기업들이 새해 계획을 입안하는 시기라 예산이 확정되지 않아서 기업광고는 비수기이고 문화상품 또한 잘 팔리지 않는다. 게다가 정권교체기라 공적 수요 또한 크게 주춤한 상태다. 문화판도 보수적 색깔로 '바뀌는 중'이어서 긍정적인 변화를 기대하기는 힘들어 보인다. 출판시장 전체적으로 실용 광풍이 거세게 불고 있는 것이다.

취임도 하기 전에 레임덕을 불러올 만큼 리더십 부재와 함께 휘청거리는 모습을 보여준 새 정부, 그에 따라 촉발되는 정치적 불안, 세계적인 금융 불안, 고유가와 환율 불안 같은 경제적 불안, 국보 1호인 숭례문을 태워먹고도 국민모금으로 3년 안에 후딱 복원하면 된다는 저열한 문화마인드에 따른 문화적 불안, 한반도의 지정학적 리스크인 남북관계를 더욱 악화시킬 것 같은 박약한 민족의식, 사교육만을 키우려고 작정한 듯한 경박한 엘리트 교육정책, 고소영(고려대, 소망교회, 영남) 에스(서울시청)라인·강부자(강남의 부동산 자산가) 등의 냉소적 표현을 불러온 특정한 인간관계와 지역만 중시하는 인사정책으로 야기될 사회적 박탈감

등은 앞으로 자기계발서 시장을 더욱 키울 것으로 보인다.

불안한 시대에 대중은 어떻게 살아갈지를 고민하지 않을 수 없다. 그러니 『시크릿』이 담고 있는 '믿을 것은 오로지 자신'뿐이라는 인식은 더욱 확대될 것이다. 따라서 대중은 당장의 위기감에서 벗어나는 데 도움이 되는 책을 더욱 열렬히 찾을 것이다. 나는 2008년의 키워드로 '선택과 집중'을 꼽았다. 때마침 출간된 『선택과 집중의 기술』(김현기, 한스미디어) 띠지 문구는 "천재처럼 선택하고 바보처럼 집중하라"다. 그 또한 쉬운 일이 아니다. 이 책은 지속적 경쟁우위를 유지하기 위해서 기업의 강점을 극대화할 수 있는 분야를 선택하고 일단 선택한 일에는 집중하라고 말하지만 대중은 단지 살아남기 위해서 선택할 수밖에 없다. 일과 개인생활 모두에서 영악할 정도로 이기적인 모습을 보이는, 즉 현명한 삶을 추구하는 것은 경쟁 우위 확보가 아니라 목숨을 부지하며 그 안에서 만족을 찾기 위해 불가피한 일이다. 그런 사람들이 찾는 책은 무엇인가? 하루에 30분만 투자하라는 『1일 30분』(후루이치 유키오, 이레)이나 시간관리만 잘하면 하루에 4시간만 일하고도 행복하게 살 수 있다는 『네시간』(티모시 페리스, 부키)처럼 삶의 양식을 더 구체적으로 전형화해주는 책이 인기를 끌 것이다.

'선택'과 '집중'의 관점에서 살펴본 열 가지 키워드

이 시장의 주 독자층 연령이 낮아짐에 따라 책의 흐름이 바뀌고 있는 건 사실이다. 한 신문 보도에 따르면 미국의 '오바마 돌풍'은 Y세대가 이끈다고 한다. Y세대는 2차 대전 직후 등장한 베이비붐세대의 자녀들로 1980-95년에 출생했으며 '밀레니엄 세대' 또는 '인터넷 세대'라고도 한다. 어릴 때부터 컴퓨터 키보드를 두드리고 자라 인터넷에 익숙하며 넉넉한 용돈으로 쇼핑을 즐긴다. 우리라고 다르지 않다. 한국에서도 Y세대는 경제적 궁핍을 모르고 자랐으며 부족한 것은 과외로 해결하면 그만이라는 인식을 가진 세대다.

〈뉴욕타임스〉가 기존의 모든 가치관을 부인하고 변화를 갈구하는 세대라는 뜻에서 '포스트 에브리싱post-everything 세대'라고 명명했듯이 Y세대는 전 세대인 X세대와는 근본적으로 성향이 다르다는 점을 출판기획자는 염두에 두어야 한다. Y세대를 염두에 두고 선택과 집중에 맞는 흐름을 열 가지 정도의 키워드로 정리해본다. 물론 Y세대에게만 적용되는 것은 아니다.

1. **상식(교양)**: 누구나 알고 있는 상식을 나만 모른다면 당연히 불안하다. 따라서 나도 이 정도는 알고 있음을 표출하고 싶은 허영심을 자극하는, 거기다 1퍼센트만이 알고 있는 '핵심'정보라 하면 궁금할 수밖에 없다. 이것이 1퍼센트만 알고 있다는 '협박'이 먹히는 확실한 이유다.

인터넷 검색으로 자기에게 정말 필요한 정보를 얻으려면 일정한 시간을 투자해야 할 뿐 아니라 수많은 시행착오를 거쳐야 한다. 누군가가 그 역할을 대신해준다면 독자는 고마워할 것이다. 도서요약 서비스가 큰 호응을 받았던 것을 생각해보라! 지금 당장 독자들이 원하는 상식은 돈과 성공을 위한 생활밀착형 정보이지만 그것에 한정된 것은 아니다. 그들의 관심은 철학과 고전, 과학, 예술, 문화 등 가히 전방위적이라 할 수 있다. 이런 점을 염두에 두면 출판기획자가 찾아낼 수 있는 잠재적 독자는 넘친다. 여기서 꼭 염두에 둘 하나의 교훈은 믿을 만한 정보여야 한다는 것이다. 믿을 수 있는 멘토가 정리해주는 상식이어야 한다.

멘토가 무조건 유명인일 필요는 없다. Y세대는 변화를 열망하고 자신들도 변해야 한다는 강박관념에 젖어 있기에 홀연히 나타난 스타가 새로운 시각으로 던져주는 상식에 더욱 열광한다.

2. 삶의 방식: 지금은 '어떻게 살아갈 것인가'(인생론)보다 '어떻게 살아남을 것인가'(생존론)를 더 고민해야 하는 시대다. Y세대는 왕따 분위기에 젖어 학창시절을 보냈다. 자기 삶의 방식을 동세대와 편하게 상의하기 어려웠다. 그렇다고 부모 세대가 이들에게 삶의 좌표를 제시하지도 않았다. 30대 선배가 20대 후배에게 편하게 이야기하는 형식의 매뉴얼이 먹히는 것을 생각해보라. 모두가 경쟁자로 여겨지는 험난하고 불안한 세상을 헤쳐 나갈 힌트에 목말라 한다. 『시크릿』이나 『긍정의 힘』(조엘 오스틴, 두란노) 등이 지닌 스피리추얼(영성)의 힘이 있다면 금상첨화다. 한국형 자기계발서인 『배려』가 25개월 만에 밀리언셀러에 등극했다. 그 사이에 한 단어 제목의 성공우화 출간이 줄을 이었는데 이처럼 적극적 삶의 방식을 제시하는 책은 당분간 큰 흐름을 이룰 것이다. 『(이기는) 습관』(전옥표, 샘앤파커스)의 폭발적 장세는 『몰입』(황송문, 랜덤하우스코리아)으로 이어졌는데 다음은 무엇일까?

3. 자기 성장: 상식을 추구하고 삶의 방식을 찾는 것은 여유에서 비롯된 게 아니다. 글로벌 경쟁 시대에 현대인은 늘 막다른 골목에 몰려 있다고 느낄 정도로 여유가 없다. 따라서 독자들은 경쟁에서 지지 않기 위해 실무에서 자신의 수준을 한 순간에 높여줄 지식을 찾는다. 『지식e―

가슴으로 읽는 우리 시대의 지식』(EBS 지식채널e, 북하우스) 같은 다이제
스트 지식이 먹히는 이유다. 책에 대한 책, 책을 압축해 정리한 책도 갈
수록 늘어나고 있다. 책 읽는 방법론을 다룬 책들의 출간이 이어지는 것
도 같은 맥락이다. 또 2008년에 긍정적이든 부정적이든 '영어 광풍狂風'
이 거세게 불 것이다. 2007년 11월 길벗이지톡에서 펴낸『네이티브는
쉬운 영어로 말한다─ 일상회화편』(박수진)은 일부 서점에서 종합 베스
트셀러에 올라 있다.

4. 소울메이트: 인간은 자기 말을 귀담아 들어주는 단 한 사람만 있어
도 자살을 하지 않는다고 한다. 지금 외로운 영혼들은 소울메이트 수준
의 인간관계를 지향한다. 따라서 가족과 친구와 직장동료 등 모든 인연
을 주제로 하여 소울메이트의 의미를 되새기게 하는 책이 인기를 끌 것
이다. 글을 잘 쓰고 말을 잘 하는 것은 인간관계를 부드럽게 만든다.

물론 자기 성장에 도움이 되면서 인간관계를 바람직하게 하는 책으로
여성들이 앞장 서 살 수 있는 책이면 더 좋다. 하지만 소울메이트는 책
의 저자나 주인공이 되기도 한다. 성공우화가 한결같이 멘토를 제시하
는 것을 생각해보라.

5. 동맹: 2004년에 출간된『당뇨병을 다스리는 최고의 밥상』(동아일보
사 편집부, 동아일보사)은 잘 먹으면서 당뇨병을 고칠 수 있다는 컨셉트로
대단한 반응을 얻었다. 올해는 그런 추세가 더 강화될 것이다. 요즘 책
은 귀에 걸면 귀걸이, 코에 걸면 코걸이 식으로 여러 분야를 연결지어
놓아 전통적인 방식으로 책을 분류하기 힘들다. 하지만 이제는 여러 요

소를 잘 조합해 동맹을 맺어야만 새로움을 줄 수 있기에 책은 좀더 근본적인 동맹(짝짓기)을 맺어야 한다. 대체로 성공하는 동맹은 과거에서 영감을 얻되 새로운 트렌드를 짚어주는 것이다. 유행은 과거에서 영감을 얻어 발생하는 것이 많다. 과거를 공유한다는 것은 지금을 좀더 즐기기 위한 행동과 연결된다고 생각한다. 이를테면 원더걸스가 7-80년대 유행했던 패션춤을 변형한 새로운 춤으로 폭발적인 호응을 얻었던 것에서 시사점을 얻을 수 있다. 헬스 케어몰 같은 닥터즈 레스토랑에서 스파, 호텔까지 원스톱으로 즐기는 시설 등이 주목을 받는 세상이다.

출판에서는 고전이나 명작, 역사적 인물과 처세를 연결시키는 것도 중요한 방법이다. 고전과 명작과 인물 등 오래된 것을 알아가는 것은 인생을 풍요롭게 하는 기초체력을 쌓는 것과 같다.

6. 건강: 두말할 필요 없이 건강이라는 코드는 중요하다. 『이원복 교수의 와인의 세계, 세계의 와인 1』(이원복), 『내 몸 사용 설명서』『내 몸 다이어트 설명서』(이상 마이클 로이젠 외) 등은 최근 김영사가 펴낸 건강 분야의 베스트셀러들이다. 이 책들은 육체적 건강을 다루고 있지만 정신적 건강으로 확장되기도 한다.

7. 환경: 태안반도 석유유출사건이 터진 후 자원봉사를 다녀간 사람은 100만 명을 넘어섰다. 환경에 대한 관심은 점점 높아질 것이며, 따라서 2008년에는 한반도 대운하를 둘러싼 논쟁은 더욱 거세질 것이다.

8. 샐러리우먼: 자기계발서 주 독자층이 남성에서 여성으로 완전히 넘

어가는 듯한 느낌이 들 정도로 여성을 염두에 둔 책의 출간이 늘고 있다. 그것도 일에 자신감을 가지고 당당하게 살아가는 여성들을 다룬 책들 말이다. 또 맛집, 패션, 뷰티, 레저, 엔터테인먼트를 다루는 여성을 위한 라이프스타일의 책이 늘어날 것이다.

9. 타깃: 모든 세대가 자기계발에 열을 올리지만 책은 타깃을 좁힐 필요가 있다. 그러려면 타깃 세대의 성장 흐름을 잘 살펴보아야 한다. 이 때 타깃 독자의 심성을 강하게 자극하는 제목이 필요하다는 사실을 유념해야 한다. 제목은 책의 내용을 한 순간에 떠올릴 만큼 강렬한 이미지를 지녀야 한다. 『88만원 세대』의 성공에 주목하라.

10. 알파블로거: 독자가 책을 구입하는 데 결정적인 영향을 끼치는 알파블로거의 힘이 갈수록 커지고 있다. Y세대는 인터넷 공간에서 정보를 즐기는 세대다. 그들이 주력 구매층이 되면서 알파블로거의 의견에 쉽게 현혹되는 경우가 늘고 있다. 이미 오피니언 리더나 게이트 키퍼의 추천보다도 더 영향력을 발휘하고 있다.